Michael Levi Rodkinson

Tract Rosh Hashana

Michael Levi Rodkinson
Tract Rosh Hashana
ISBN/EAN: 9783337244064
Printed in Europe, USA, Canada, Australia, Japan
Cover: Foto ©Lupo / pixelio.de

More available books at **www.hansebooks.com**

TRACT

ROSH HASHANA,

("NEW YEAR")

OF THE NEW EDITION OF THE

BABYLONIAN TALMUD,

EDITED, FORMULATED AND PUNCTUATED
FOR THE FIRST TIME

BY

MICHAEL L. RODKINSON,

AND TRANSLATED FOR THE FIRST TIME FROM THE ABOVE TEXT

BY

RABBI J. LEONARD LEVY, B. A. (London),

OF THE

REFORM CONGREGATION KENESETH ISRAEL, PHILADELPHIA,

Honors' Graduate, University of London.   Fielden Scholar, University College, London.
Prize Essayist in Hebrew Literature, Jews' Theological College, London, England, etc., etc.

PHILADELPHIA:
CHARLES SESSLER, PUBLISHER,
1895

To the

REV. DR. ISAAC M. WISE,

*in deep appreciation of the invaluable services
he has rendered the cause
of Judaism,
This Translation is dedicated by*

THE TRANSLATOR.

OPINIONS.

Des Kaiserlichen Rath,
Prof. M. Lazarus, Ph. D., D. D.

Berlin, Koenigsplatz 5.
July 20, 1885.

Dear Mr. Rodkinson:—

In reply to your kind favor of the 14th inst., I wish to say that I read your editorial in No. 298 of הקול with attention and pleasure, but it left me with a regretful feeling. I am delighted to see an idea expressed which affects a great and highly important concern of Judaism, and am saddened by the reflection that in all probability, I shall not live to see its realization.

At some time or other your plan must and will be executed, but only by means of the union and cooperation of a number of competent scholars, who in turn must have the necessary financial support of a large circle of well to do Jewish patrons. Unfortunately, Jews of both circles are possessed of deplorable indifference, while, on the other hand, those that regard the Talmud as a source of knowledge, or use it as such, are dominated by a petty spirit— they lack the broad, liberal conception of historical development which is a prime qualification for success in planning and executing a work of the kind suggested.

However, I shall greet with delight any contribution to its ultimate realization. But I am forced regretfully to decline to take interest or active part in any new undertaking. As it is, I am groaning under a burden of public duties, which I can in no wise lessen. Courage and inclination fail me for new projects, more particularly in cases when the participation of scholars is a highly improbable contingency.

With best wishes for your recovery,

Respectfully,
LAZARUS.

Rev. Dr. M. Jastrow,
Rabbi of "Rodeph Shalom" Cong. of Philadelphia.

Germantown, October 5, 1894.

Dear Sir!

At your request I take pleasure in stating my opinion that your planned edition of an abridged Talmud will be a great benefit to students who will be spared the wading through the intricate discussions frequently interspersed without direct bearing on the subject treated. An English translation of the book so abridged will then be, though not an easy, yet a possible labor.

Wishing your enterprise the full success it deserves, I am

Very Respectfully Yours,
M. JASTROW.

To Mr. Michael L. Rodkinson.

Prof. Dr. M. Mielziner
of Cincinnati.

Having perused some advance sheets of a part of the abridged Talmud edition which Mr. Michael

L. Rodkinson is about to publish. I find his work to be very recommendable. Such a Talmud edition in which all unnecessary digressions and all disturbing interpolations are judiciously omitted and in which the text is provided with punctuation marks, will greatly facilitate the study of the Talmud especially for beginners.

I trust that the friends of our ancient literature will liberally support this scholar, and enable him to complete this useful work.

Dr. M. MIELZINER,
Prof. H. U. College.
Cincinnati, November, 1894.

Rev. Dr. Isaac M. Wise,
President of the Hebrew Union College of Cincinnati. Editor of "American Istaelite" & "Deborah".

Cincinnati, Ohio, Jan. 14, 1895.
Rev . . . . *)
Dear Sir:—

The bearer of this letter is the well known Mr. M. L. Rodkinson, whom I would recommend toy our special attention.

The work which Mr. Rodkinson is doing, correcting the text of the Talmud and translating it into English is a gigantic enterprise which only such a man would and could undertake. If he succeeds it will give another life to American Judaism both here and abroad.

The question can only be, will he succeed? can he accomplish it? As far as his learning is concerned I am positive he can, and as to his energy I dare say he will; he is an indefatiguable worker. We have the duty to afford him the opportunity to publish one volume, as a sample copy, to convince the world whether he is or he is not the man to accomplish this task.

To get him at present the financial support to publish Vol. I. is what I ask of you for him. If this volume is what he promises, he will be the man to accomplish the task. Yours,

ISAAC M. WISE.

*) We heartily thank the venerable writer of this letter for his kind permission to publish same, but the name of the gentleman to whom it was addressed need not be mentioned.

Rev. Dr. B. Szold,
Rabbi of the Cong. "Oheb Shalom" of Baltimore.

Baltimore, Jan. 16, 1895.
To all whom it may concern. *)

Rev. M. L. Rodkinson, a renowned Hebrew scholar of repute and ability happening to be in Baltimore called on me in connection with his project of editing his work to be known as the "Ancient short Talmud". He laid before me a number of Hebrew proof sheets of the Treatise "Berechoth" and the whole of the Treatise "Sabbath" in Manuscript, and asked me to read with an eye of a critic his work, to the end that if it appeared to me valuable I should testify to the its merit and its purpose.

I very carefully read 16 chapters of the M.S. of treatise Sabbath and it affords me the greatest pleasure that I not only conscientiously consider the work of extraordinary

*) Extract from the Original in Hebrew.

merit and value at this time, but that I was exceedingly pleased to find that the editor has carefully arranged the text of the Talmud most consecutively and logically.

He facilitates the reading of the Talmud considerably on account of this excellent orderly arrangement. The commentary of Rashi was also arranged to meet the requirements suiting this edition and the editor has not added any explanations of his own, nor altered the wording of the text.

Although the contents of the Talmud were familiar to me from my youth, yet this new arrangement makes delightful reading and brought new light. The reader can now read the text intelligently, for it seems as if the waters of the Talmud flow directly from their source, and therefore it is with the sincerest pleasure that I hope the work will meet with the greatest success.

Every scholar will readily understand the necessity of such an admirable work at the present time, when the study of the Talmud in its voluminous shape will not without deep and difficult study infuse the student with a knowledge of all its intricacies and fine points. In the Talmud as formulated and abridged by Mr. Rodkinson, however, where all unnecessary repetitions and dispensible debates are discarded, the student will be able to gain a fair knowledge of all desirable and attractive points at the cost of very little time and trouble.

These considerations have constrained me to overstep my well defined limitations, and to beg all friends of our nationality and its estimable old literature to encourage and aid this able author to the end, that success may crown his valuable and much desirable efforts in this direction.

Let this tribute of mine to truth and righteousness be a testimonial for the coming generations of the high esteem felt by our contemporaries of the 19th century, toward the Talmud and our National traditions and how ready we were to encourage those who made the Talmudical study the aim of their existence.

With the assurance of the satisfactory results which will obtain to all Talmudical students by a perusal of this abridged Talmud.

I am very respectfully,
B. SZOLD.

Rev. Dr. K. Kohler,
Rabbi of the Cong. "Beth-El" of New York.

New York, Febr. 12th, 1895.
Dear Sir!

I gladly and heartily indorse the opinion expressed by Prof. Lazarus and the Rev. Drs. Jastrow, Mielziner and Szold, as to the merits of your planned edition of the Talmud. I also consider an abridged edition of the Talmud while omitting the many interpolations which tend to confuse the reader and facilitating the study by the addition of modern punctuation marks, would render the reading of the difficult passages a pleasure rather than a task, a benefit for the scholarly world both

Jews and Gentiles, and I can only recommend the undertaking of the work to the support of generous-hearted patrons of our so little subsidized Jewish literature.

Dr. K. KOHLER.
To Michael L. Rodkinson.

Rev. Dr. Felsenthal,
Rabbi of the Cong. "Zion" of Chicago.

Chicago, Febr'y 14, 1895.
Mr. Michael L. Rodkinson,
New York City.

Dear Sir:—

The fact cannot be denied that the Talmud, as it has been handed down to us, is very voluminous, and that furthermore, by the intricacies of the dialectics prevailing therein and by the labyrinthical methods pursued in the same, it cannot be fully mastered except by scholars who devote their lives, their days and their nights, almost exclusively to the study of this grand branch of ancient literature. In our present times and in countries where of necessity all students, rabbis included, have to pursue other branches of learning also, such an exclusive devotion to Talmudical studies is out of the question. For the majority of the students, and especially for those who, in colleges or in other ways, begin to study the Talmud, an abridgment of the same — such an abridgment by which the more important parts of the Talmud would be contracted into a narrower compass and many of its difficulties would be avoided — will be very desirable, especially if by the inserting of punctuation marks into the text and by explatory notes at the bottom of its pages or at the end of the various volumes the reading and the understanding of the talmudical extracts will be facilitated.

I would recommend therefore your intended publication of an epitomized Talmud to all friends of Jewish literature in general and to students of Theological Colleges especially. And may the wealthier ones among our coreligionists, even if they themselves are personally unable to read and enjoy such literature, nevertheless patronize your great undertaking and follow the example given by the wealthy merchants among the Zebulunites who supported the less wealthy students of our sacred literature belonging to the tribe of Issachar.

May you then succeed in furnishing us with an abridged Talmud in which especially the pedagogical requirements of a work of this kind will have been satisfied!

Respectfully,
B. FELSENTHAL.

Rev. M. Friedman,
Lector of the "Beth Hamedrash" of Vienna.
The Rev. M. L. Rodkinson,*)

Yours to hand, and I take this opportunity to inform you that I have read your article and heartily agree with you in most of your conclusions, although I beg to differ in regard to some omissions you made from my text, which I consider valuable and should have been left intact. However, the subject is of no importance and more of an academical than practical merit. As a rule, those who are rich in material wealth are poor in educational resources, and the rich in knowledge are poor in wordly possessions in verification of the Prophecy: for the wisdom of their wise men shall perish, and the understanding of their men shall be hid. (Isaiah, XXIX, 14.) and although you are not well versed in sacred mysteries (your own confession) yet you will I surmise readily understand the secret of "hid"

Yours very truly,
MEYER FRIEDMAN.

———

*) Translated from Hebrew which was published in the "Call" July 16, '85

As I am a stranger in America, I deem it advisable to give the opinion on my work expressed by European scholars ten years ago.

M. L. RODKINSON.

Letters from the celebrated physicist, Dr. A. Bernstein, founder of the Reform Congregation, and of "Das Volksblatt."

Dear Mr. Rodkinson :—

Accept my cordial thanks for your valuable work "Tefilla Lemoshe," which in many respects has given me valuable explanations of the development of the laws on "The wearing of the Tefillin."

I was exceedingly interested in your view on the influence of the Jewish Christian sect on the form of the "Tefillin," and the presentation of the laws relating to them. You would be doing signal service to science, if you were to continue your research on the Ebionites incidentally mentioned. The treatment of this theme would earn for you the gratitude of all men of science, and every layman should consider it a privilege to contribute to an undertaking of the kind.

Sincerely yours,
DR. A. BERNSTEIN.

Gr. Lichtenfeld, near Berlin,
23, 10, 1883.
Have you finished my "Abraham, Isaac and Jacob?" I should like to hear your opinion of it.

To Dr. Ritter, preacher of the Reform Congregation in Berlin.

Esteemed Sir :—

Many thanks for your New Year's sermon, the receipt of which pleased me the more, as I am unfortunately prevented by illness from leaving the house, and cannot hope to enjoy your addresses at first hand at the proper time and place. Permit me to address a question to you.

I have read "Tefilla Lemoshe," by Mr. Rodkinson, which you sent me, and find that since our Holdheim's most productive time no polemic work of such learning and judgment has appeared against orthodoxy. The author has planned other works of similar character, and I beg leave to ask you whether you do not consider it the duty of our congregation to support him in their execution.

It is a fact, of which I have been painfully aware since the last twenty years, that our congregation subsists on the "works of our fathers," without bearing in mind that our reason for existence is the promotion of the reform of Judaism. If we have come to a standstill in this endeavor, it continues to be our duty to support men who, like Mr. Rodkinson, fulfill their original mission by the aid of varied attainments and talents.

Were I not hindered by illness, I would plead his cause personally. At the end of my life I feel it more keenly than ever that I who was active in the matter from the first, must remember the saying, "To him who begins a work, we say, finish it."

I cherish the hope that you will succeed in obtaining at the proper place a realization of my wish.

With kindest regards,
Sincerely yours,
DR. A. BERNSTEIN.

Letter from the Rev. Dr. N. Brüll, Rabbi at Frankfort-on-the-Main.

Frankfort-on-the-Main,
August 4, 1883.

To Mr. M. L. Rodkinson, at Ems.

Esteemed Sir :—

I am in receipt of your valued letter addressed to me and my brothers, and take pleasure in saying the following in reply :

I have finished reading your valuable works on "Tefillin" from cover to cover with great attention. The novel and surprising views it contains will not fail to meet with careful consideration from the learned. It is a subject which latterly has been extensively treated by archaeologists and historians, but by none so comprehensively and exhaustively as by yourself. Your plan and its mode of execution, your cautious use of the critical method, your precise analysis and profound understanding of the Talmudic passages and Mediaeval literature applicable to the subject, the convenient arrangement of the material and the clear, excellent manner, might serve as models, for similar works. At present I must deny myself the pleasure of a detailed review, as I am very busy with literary work of different kinds. You may expect to see an exhaustive criticism of your book in the seventh volume of my "Jahrbuch" to appear early in 1884. In my brother's journal there will be a long notice in September or October, as all his space until then is occupied.

We have received Mr. L. Bing's work; it will receive a deserve by favorable notice.

I am with high regard,

DR. N. BRÜLL.

Letter of the Rev. Mr. Isidore, Chief Rabbi of France.

My dear Co-religionists:—

Mr. Rodkinson is a man of real merit, worthy of interest. His past and his present alike speak in his favor. He has written two works of permanent value, which throw light on two questions of prime importance to Judaism.

I should be glad to have him meet with a favorable reception at Paris.

ISIDORE,
Chief Rabbi of France.

P. S.—I have read with deep pleasure your work "Tefilla Lemoshe," and have taken three copies.

Letter of the learned philosopher and scholar, Dr. Steinthal, professor at the University of Berlin.

Berlin, W. Blumeshof 8,
21, 10, 1888.

Dear Sir:—

You wish to have my opinion on your work "Tefilla Lemoshe." I herewith give it to you gladly, and in so doing I do not believe myself guilty of judging matters with which I am not familiar.

I am particularly fond of works like yours, works, I mean, in which the meaning and history of religious thoughts and ceremonies are presented in a strictly scientific way. Such investigations are not only attracted from a psychologic, but also of the highest importance from a religious, point of view; they protest, or liberate us from superstition, and strengthen true religiousness.

Your work appears to me to be thorough; it shows how the Tefillin arose in the course of centuries, develops their history, and their changes in form. Whether you have quoted all the passages in our literature relating to Tefillin, I cannot say. But, in my opinion there are passages of such indisputable importance, that the meaning of all others depends upon theirs. A passage of that kind is the one you quote from the "Semag."

I wish to make one remark. According to my view, also, the "Tefillin" can be derived from no Biblical passage. The well-known verses supposed to refer to the Tefillin have only a symbolic meaning. The argument that *Uqshartem* is followed by *Ukhthabhtem* is not valid, for the latter is also to be taken symbolically. Or, has the law ever been written on doorposts in its entirety, or even Deuteronomy?

On doorposts as little as on hearts, but in hearts!

I wish your work this success: that henceforth a Jew who uses the phylacteries will not call one who does not use them an atheist; that he who obeys this custom hallowed by tradition does it, not as the fulfillment of a command, but as a voluntary clinging to a ceremony, by which he wishes to remind himself most impressively of the religious and moral principles that are to guide him.

May this, as well as all hopes cherished by you and me and all good Jews, be realized. Yours,

PROF. STEINTHAL.

NAMES OF SUBSCRIBERS.

We feel, at this issue, that we should publish a list of names of all who have thus far given us their aid, in the form of subscriptions to our undertakings. We cannot but feel that this edition of the Talmud is destined to become historic, and we are proud to perpetuate the names of those who extended us their warm support at the beginning of our vast enterprise. We regret that time has not permitted us to visit even our friends in New York, much less seek subscriptions there. The subscribers to date follow here, but subsequently we shall publish the names of all who contribute to this work.

PAID IN FULL FOR THE HEBREW AND ENGLISH COPIES.

Hon. Judge Sulzberger, (3 copies) $70.00
    Rev. Dr. M. Jastrow, the late Simon Muhr, Philip Lewin, Charles J. Cohen, Morris Newberger, Simon B. Fleisher, Marks Bros., all of Philadelphia . . . 25.00 each
Rev. Dr. Isaac M. Wise (Cincinnati), Hon. Oscar Straus, Hon. Nathan Straus, Edward Lewison (New York), 25.00 each

PAID IN ADVANCE FOR ONE COPY OF HEBREW AND ENGLISH:

Rev. Dr. Jacob Vorsanger of San Francisco, William Rayner and Alfred Ullman (Baltimore), Moses Klein, S. L. Bloch, L. M. Leberman, A. Kaufman (Philadelphia), Rev. Henry Cohen (Galveston), I. B. Kleinert (New York) . . . . $10.00 each

SUBSCRIPTION PAID FOR THE ENGLISH TRANSLATION.

Rev. Dr. Krauskopf, Rev. Dr. Berkowitz, Rev. W. Loewenburg, Wm. B. Hackenburg, J. Kriger, Simon Miller, Morris Stern, H. B. Blumenthal, Henry Jonas, D. Teller, M. Mayer, J. Gerstley, Edwin Wolf, M.

B. Loeb, R. Blum, Herman Jonas, M. Pfaelzer, A.
B. Loeb, D. W. Amram, J. Morwitz, W. Lichten,
A. Hess, J. K. Arnold, M. H. Pulaski, J. Bacher,
Dr. M. Franklin, Dr. L. W. Steinbach, Dr. J. L.
Salinger, B. Kirschbaum, Dr. C. J. Spivak, M.
Behal, E. Lederer, B. F. Greenewald, M. H. Stern,
S. Klopfer, Morris Rosenberg (all of Philadelphia), $5.00 each
Rev. Dr. Szold, Rabbi T. Shanfarber, Rabbi Rosenau,
Rev. A. Kaiser, Dr. A. B. Arnold, Isaac Strauss,
Henry Sonnenberg, W. L. Wolf, A. Hantz Bros.,
Wm. Fisher, Mrs. G. Blum, J. Mann, G. Erlanger,
Ph. Hamburger, Mrs. Joel Gutman, E. Greenbaum,
D. Greenbaum, S. Frank, B. Cohen (all of Baltimore).......................... 5.00 each
Rev. Dr. D. Philipson, Dr. M. Mielziner, Dr. G. Deutsch,
M. Bettmann, Julius Freiberg (all of Cincinnati, O.) 5.00 each
Rev. Dr. K. Kohler, Dr. H. Baar, A. Solomon, Hon. M.
Ellinger, Rev. Dr. M. H. Harris, Rev. Dr. S. H.
Sonneschein, Rev. Dr. R. Grossman, C. Weingart,
D. P. Hays, C. Sulzberger, Isaac Muslimer (all of
New York).......................... 5.00 each

We are also glad to be afforded a long awaited opportunity to express our heartfelt gratitude to the reverend gentlemen of the several cities visited by us during the year 1893, for their generous efforts in our behalf, both for their own subscriptions and also for soliciting the aid and support of their friends for our forthcoming works. In this connection we wish to inform our subscribers to the second revised edition of our History of Amulets that, owing to circumstances beyond our control, we are compelled to delay its publication for the present, although it is already in the hands of the printer, and shall, in its stead, forward to our subscribers this edition of the Talmud, subject, however, to their approval.

We take the pleasure to record the names of the following Rabbis and gentlemen with accounts received from them, with the assurance that we shall ever remember them with gratitude and thanks.

Rev. Dr. J. L. Leucht (New Orleans) and ten subscribers . $110.00
Rev. Dr. M. Heller (New Orleans) and nine subscribers . 90.00
Rev. H. Cohen (Galveston) and seventeen subscribers . . . 101.00
Rev. Dr. Chapman (Dallas) and two subscribers 40.00
Rev. H. Bien (Vicksburg) and four subscribers 25.00
Rev. Saenger (Shreveport) and four subscribers 20.00
Rev. Dr. Samfield (Memphis) and four subscribers 25.00
Rev. C. Rubenstein (Little Rock) and ten subscribers . . . 52.00
Rev. Dr. Schulmann (Kansas City) and eight subscribers . 38.00
Per J. Half (Houston) 30.00

The address of the Editor is:

399 W. Sixth Street, CINCINNATI, O.

A FEW WORDS TO THE ENGLISH READER.

BY

MICHAEL L. RODKINSON.

The Hebrew edition of this work contains an elaborate introduction in three chapters, the translation of which does not appear here. Its contents include many important rules which we have followed in this work, but we do not feel called upon at this time to engross the time of the English reader by reciting them. We, however, deem it a duty to say a few words so that the reader may understand our position, and the reason that we have undertaken a work that cannot prove financially profitable, and that will probably be productive of much adverse criticism in certain quarters.

The fate of the Talmud has been the fate of the Jews. As soon as the Hebrew was born,* he was surrounded by enemies. His whole history has been one of struggle against persecution and attack. Defamation and deformation have been his lot. So, too, has it been with the Talmud. At the beginning of its formative period it was surrounded by such enemies as the Sadducees, the Boëthusians, and other sects. When its canon was fixed the Karaites tried to destroy or belittle its influence, and since that time it has been subjected to an experience of unvarying difficulty. Yet, with remarkable truth the words of Isaiah [xliii. 2] may be applied to both, "When thou passest through the waters, I will be with thee; and through the rivers, they shall not overflow thee; when thou walkest through the fire, thou shalt not be burned; neither shall the flame kindle upon thee." There is, however, one point concerning which this simile is not true. The Jew has advanced; the Talmud has remained stationary.

Since the time of Moses Mendelssohn the Jew has made vast strides forward. There is to-day no branch of human activity in which his influence is not felt. Interesting himself in the affairs of the world, he has been enabled to bring a degree of intelligence and

---

* Vide Genesis xliii. 32.

industry to bear upon modern life, that has challenged the admiration of the world. But with the Talmud, it is not so. That vast encyclopedia of Jewish lore remains as it was. No improvement has been possible; no progress has been made with it. Reprint after reprint has appeared, but it has always been called the Talmud Babli, as chaotic as it was when its canon was originally appointed.* Commentary upon commentary has appeared, yet the text of the Talmud has not received that heroic treatment that will alone enable us to say that the Talmud has been improved. Few books have ever received more attention than this vast storehouse of Jewish knowledge. Friends and enemies it has had. Attack after attack has been made upon it, and defence after defence made for it; yet whether its enemies or its defenders have done it more harm, it would be hard to tell. Not, forsooth, that we do not willingly recognize that there have been many learned and earnest spirits who have labored faithfully in its behalf, but for the most part, if the Talmud could speak it would say, "God save me from my friends!" For the friends have, generally, defended without due knowledge of the stupendous monument of Rabbinical lore; and the enemies have usually attacked it by using single phrases or epigrams disconnected from their context, and which could be used to prove anything. In both cases, ignorance has been fatal. For how many have read all the Talmud through and are, thus, competent to judge of its merits! Is it right to attack or defend without sufficient information? Is it not a proof of ignorance and unfairness to find fault, with that of which we are not able to give proper testimony?

If those, especially, who attacked the Talmud and hurled against it venomous vituperation, would have had an intimate knowledge of it, would they, for example, believe that a work that in one part said, "When one asks for food, no questions may be asked as to who he is, but he must immediately be given either food or money," could be guilty of teaching the monstrous doctrines it is so frequently charged with? Could a work be accused of frivolity and pettiness that defines wickedness to be "the action of a rich man who hears that a poor man is about to buy a piece of property, secretly overbids him (Qiddushin 59a)? Could there be a higher sense of true charity than that conveyed by the following incident? Mar Uqba used to support a poor man by sending him on the eve of each Day of Atonement four hundred zuz. When the Rabbi's son took the money on one occasion, he heard the poor man's wife say, "Which wine shall I put on the table? Which perfume shall I

---

* Vide Introduction.

sprinkle around the room?" The son, on hearing these remarks, returned with the money to his father and told him of what he had heard. Said Mar Uqba, "Was that poor man raised so daintily that he requires such luxuries? Go back to him and give him double the sum!" (Ketuboth 7a). This is not recorded by the Talmud as an exception; but it is the Talmudical estimate of charity. The Talmud is free from the narrowness and bigotry with which it is usually charged, and if phrases used out of their context, and in a sense the very reverse from that which their author intended, are quoted against it, we may be sure that those phrases never existed in the original Talmud, but are the later additions of its enemies and ignoramuses. When it is remembered that until it was first printed, that before the canon of the Talmud was fixed in the sixth century, it had been growing for more than six hundred years (the Talmud was in manuscript for eight centuries), that during the whole of that time it was beset by ignorant, unrelenting and bitter foes, that marginal notes were easily added and in after years easily embodied in the text by unintelligent printers, such a theory as here advanced seems not at all improbable. In fact in this very volume we have an instance which has been retained only because of its usefulness, as an example. In Chapter III, the question is asked, "What is the measure of the cornet sound?" In characteristic phrasing the answer is given that R. Simon b. Gamliel* explained (PIRESH) that, etc., etc. The term here used is altogether un-Talmudical, and this is an illustration of a marginal note, later incorporated in the text.

The attacks on the Talmud have not been made by the enemies of the Jews alone. Large numbers of Jews themselves repudiate it, denying that they are Talmud Jews, or that they have any sympathy with it. Yet there are only the few Karaites in Russia and Austria, and the still fewer Samaritans in Asia Minor, who are really not Talmud Jews. Radical and Reform, Conservative and Orthodox not only find their exact counterparts in the Talmud, but also follow in many important particulars the practices instituted through the Talmud, e. g., New Year's Day, Pentecost (as far as its date and significance are concerned), the QADDISH, etc., etc. The modern Jew is the product of the Talmud, which we shall find is a work of the greatest sympathies, the most liberal impulses, and the widest humanitarianism. Even the Jewish defenders have played into the enemy's hands by their weak defences, of which such expressions as

---

*In the Talmud only the initials of the name, R. S. b. G., are given, and these could stand for a number of names. It is usual to interpret these letters, as is done in this accompanying translation, but we are sure that R. Simeon b. Gamliel is not the commentator referred to.

"Remember the age in which it was written" or "Christians are not meant by 'gentiles,' but only the Romans, or the people of Asia Minor, etc.," may be taken as a type.

Amid its bitter enemies, and weak friends the Talmud has suffered a martyrdom. Its eventful history is too well-known to require detailing here. We feel that every attack on it, is an attack upon the Jew. We feel that defence by the mere citation by phrases is useless, and at the best weak. To answer the attacks made upon it through ludicrous and garbled quotations were useless. There is only one defence that can be made in behalf of the Talmud. Let it plead its own cause in a modern language!

What is this Talmud of which we have said so much? What is that work on which so many essays and sketches, articles and books have been written? The best reply will be an answer in negative form. The Talmud is not a commentary on the Bible; nor should the vein of satire or humor that runs through it be taken for sober earnestness. Nor is the Talmud a legal code, for it clearly states that one must not derive a law for practical application from any halakhic statement, nor even from a precedent, unless in either case it be expressly said that the law or statement is intended as a practical rule [Baba Bathra 130 b]. Further: R. Issi asked of R. Jo'hanan: "What shall we do if you pronounce a law to be a Halakha?" to which R. Jo'hanan replied: "Do not act in accordance with it until you have heard from me, 'Go and practice.'" Neither is the Talmud a compilation of fixed regulations, although the Shul'han Arukh would make it appear so. Yet, even when the Shulkhan Arukh will be forgotten, the Talmud will receive the respect and honor of all who love liberty, both mental and religious. It lives and will live because of its adaptability to the necessities of every age, and if any proof were needed to show that it is not dead, the attacks that are with remarkable frequency made on it in Germany might be given as the strongest evidence. In its day the Talmud received, not the decisions, but the debates of the leaders of the people. It was an independent critic, as it were, adapting itself to the spirit of the times; adding, where necessary to the teachings of former days, and abrogating also what had become valueless in its day. In other words the Talmud was the embodiment of the spirit of the people, recording its words and thoughts, its hopes and aims, and its opinions on every branch of thought and action. Religion and Ethics, Education, Law, History, Geography, Medicine, Mathematics, etc., were all discussed. It dealt with living issues in the liveliest manner and, therefore, it is living, and in reading it we live over again the lives of its characters.

Nothing could be more unfair, nothing more unfortunate than to adopt the prevailing false notions about this ancient encyclopedia. Do not imagine it is the bigoted, immoral narrow work that its enemies have portrayed it to be. On the very contrary; it is as free as the bird in its statements. It permits no shackles, no fetters to be placed upon it. It knows no authority, but conscience and reason. It is the bitterest enemy of all superstition and all fanaticism.

But why speak for it? Let it open its mouth and speak in its own defence! How can it be done? The Talmud must be translated into the modern tongues, and urge its own plea. All that we have said for it would become apparent, if it were only read. Translation! that is the sole secret of defence! In translating it, however, we find our path bristling with difficulties. To reproduce it as it is in the original is in our judgment an impossible task. Men like Pinner and Rawicz have tried to do so with individual tracts and have only succeeded in, at the best giving translations to the world, which are not only not correct, but also not readable. If it were translated from the original text one would not see the forest through the trees. For, as we said above, throughout the ages there have been added to the text marginal notes, explanatory words, whole phrases and sentences inserted in malice or ignorance by its enemies and its friends.* As it stands in the original it is, therefore, a tangled mass defying reproduction in a modern tongue. It has consequently occurred to us that in order to enable the Talmud to open its mouth, the text must be carefully edited. A modern book, constructed on a supposed scientific plan, we cannot make of it, for that would not be the Talmud; but a readable, intelligible work it can be made. We have, therefore, carefully punctuated the Hebrew text with modern punctuation marks, and have re-edited it by omitting all such irrelevant matter as interrupted the clear and orderly arrangement of the various arguments. In this way, there disappears those unnecessary debates within debates, which only serve to confuse and never to enlighten on the question debated. Thus consecutiveness has been gained, but never at the expense of the Talmud, for in no case have we omitted one single statement that was necessary, or of any importance. In other words we have merely removed from the text those accretions that were added from outside sources, which have proven so fruitful a source of misunderstanding and misrepresentation.

---

* In other of our works we have named these interpolators.

It may be asked who and what are we that we undertake so colossal a task? We are simply a lover of the Talmud, who believe that we have discovered its spirit. The liberal, free, tolerant, broad humanitarian spirit that pervades that spiritual encyclopedia has been shamefully misrepresented and it cries out for rectification. Scholar after scholar has tried to improve matters by weighty commentaries that have only made the already intricate more difficult of comprehension. For ten years we have asked through letters, periodicals and books for a synod of scholars to judge of our work, and determine how to deal with this case. We have not had our request granted until now and so we have decided to proceed with our work alone. We realize that it is by no means perfect, nor beyond criticism. The enterprise is vast; and he who undertakes it is single-handed. The difficulties to be overcome are incalculable, one of the greatest being that the work is absolutely unendowed, and we must, in addition to the important work of editing, travel hither and thither to collect funds with which to continue publication.

We continue our labors in the full and certain hope that, "he who comes to purify, receives Divine help" and that in our task of removing the additions made by the enemies of the Talmud, we shall be purifying it from the most fruitful source of the attacks made on it and thereunto we hope for the help of Heaven. As we have already said we feel that this work will not be received everywhere with equal favor. We could not expect that it would. Jewish works of importance have most usually been given amid "lightning and thunder," and this is not likely to prove an exception. Yet this we ask, that the reader believe that we have been actuated only by the love of the Talmud, to save it from its cruel enemies and weak friends, and to put it in such a position that it can plead its own cause in its own defence.

TRANSLATOR'S PREFACE.

There has never been, in all probability, any work, that has received more attention than the Talmud, with the exception, perhaps, of the Bible. Both of these productions of Jewish genius have been the subject of the world's discussion for many a century. Nor is it likely that debate will cease now. Both of these works are too valuable to lie hid and blush unseen. They were never intended to waste their perfume upon the desert air. They have had so strong an influence upon humanity, that the world must think, speak and write about them. *Quot homines, tot sententiæ.* You cannot expect the world to be unanimous in its judgment.

For the most part the opinions concerning the Talmud have been made second-hand, as are the quotations that are so frequently made from it. Few, very few, have gone to the fountain-head. A mature, impartial judgment, therefore, were an impossibility. Friends have been able to prove by it, whatever they desired; so too have enemies. Friends have quoted from it page after page of ethical precepts, so noble, so lofty, that we think we are reading of a Socrates or an Aurelius. Enemies have published citations that have shocked us. Partisanship will not enable us to give a calm judgment. Heated controversy concerning the unknown and unread will not hasten a correct estimate of this *Encyclopædia Judaica*. The indulgence of friends is as fatal to justice as the severity of enemies. The apologies of the one are as futile as attacks of the other. We want deliberation, not heated one-sided argument. Hence it is that the thousand and one articles, pamphlets, monographs, lectures are almost useless, because for the most part, they are partisan.

The Talmud deserves consideration at the hands of both Jew and Gentile. The Jew owes to it, in a large degree, his preservation. For a thousand years it formed the subject of his mental disquisitions, and for another thousand years it was his library. When the Jew was "hunted as a partridge on the mountains;" when to be a Jew meant to be plundered and persecuted; when to be of the ancient faith meant to be in daily fear of stake, rack or thumbscrew; when to be of the people of Israel meant to have public schools and universities closed against one, then it was that a complete vade-mecum, an "Enquire within for everything," a miniature library was provided by the twelve folio volumes of the Talmud. When in the bitterness of his soul the

Jew might say, "Without are dogs," snarling and barking and waiting to jump at his throat, he might stay within and find solace in his Talmud. An old tradition says that when the Jews went into exile to Babylon, they carried with them some of the stones of the Temple. They, indeed, found sermons in these stones, and in later generations they served to console them in times of distress, to strengthen their saddened hearts, to quicken their intelligence, to inspire them with hopes for the future. The aim of the contributors to the Talmud was to keep pure the God-Idea of the Bible, and in doing this they tried to keep the Jew pure too.

The Christian owes much to the Talmud, too. The best and most complete treatise on Jews and Judaism in the times of the founder of Christianity is the Talmud. Christianity is indebted to it, for much of its terminology. That many of its ethical precepts are found in the Talmud is a matter of common knowledge.* It is needless for us to expatiate on that which is accepted as a truism.

There is but one means by which a fair and unbiased estimate of the Talmud can be formed. Neither abuse nor defence will provide it; neither attack nor apology will furnish it. The evidence of its lovers will be rejected as must be the testimony of those who hate it. We cannot destroy it. During the famous Reuchlin and Pfefferkorn controversy, the former said, when he heard that the Emperor Maximilian had decreed that it should be burnt, "Burning is but a brutal argument." So we say to-day. Attack is but a weak argument. Defence is weaker. Make the sphinx talk! Its own words will be its vindication or condemnation. This our editor has undertaken by means of his "New Edition of the Babylonian Talmud," of which in course of time a translation will appear, and towards which the present volume is the first contribution.

I have been moved to present my translation to the editor free of all charge, because, with him I feel, that the best that can be heard in behalf of the Talmud will be its own words. From my boyhood, when I sat at the feet of some of the most learned Talmudists in Europe, I learned to love this wonderful work, this testimony to the mental and spiritual activity of my ancestors. And I feel that I am but doing a disciple's duty in reproducing their words, modestly yet lovingly, in a modern language. Of this particular Hebrew edition it is not for me to speak. Some of the most eminent scholars of America and Europe have approved of the manner in which the

---

* The best monographs in English on this subject, known to us, are those essays on "*The Talmud*," "*Notes of a Lecture on the Talmud*," and "*A Lecture delivered at the Midland Institute, Birmingham*," by EMANUEL DEUTSCH. Vide, "*Literary Remains of the Late Emanuel Deutsch*." London, 1874; John Murray.

editor has dealt with the text, and this was a sufficient guarantee to me that if I could successfully translate their words, I should be doing some service in behalf of Hebrew literature and its proudest monument, the Talmud. In addition to this present volume, I shall present, at the end of this year, the translation of BERAKHOTH (Benedictions).

The task of translation is not easy. The few score pages that represent this first volume is the result of many weeks' work. The genius of the Hebrew is synthetic, a few words expressing much. The genius of English is analytic. Those familiar with the Talmud know how, when it is read in Jewish schools and colleges, a tone of the voice, a single gesticulation, a single word, or an untranslated phrase will convey more than line upon line of cold type. There are other difficulties, in reproducing a dead language into a living one, so well known to the public that they need not be detailed here. I have had no model to follow. *There is, to my knowledge, no English translation of any volume of the Talmud, taking us through the mass of Halakha and Haggada as they exist in the original.* I have endeavored to give a literal translation, and have sometimes sacrificed grace of diction for literalness. The editor desired a translation, not a paraphrase, and perhaps, not in one single instance, have I resorted to circumlocution. There will be found, however, a mass of parentheses. A translation without these would have been positively unreadable. The parentheses, for the most part, represent the commentary of Rashi. The few notes scattered throughout the volume are placed only where they have been found absolutely necessary. I could have desired that these foot-notes were more abundant, but until the financial support needed by the editor in his undertaking, is forthcoming, such additions will be impossible. There is no doubt but that if the proper support is given to this enterprise, subsequent volumes will contain elaborate foot-notes, and a later volume will also contain notes to accompany this present one.

In the English translation I have, at the special request of the editor, made a few corrections to the Hebrew text. I have added a few words omitted by the printer on page 19, line 23, the translation of which is, "of two who fall sick with the same sickness" (vide page 27). And at his request I have omitted the following passages inadvertently admitted by the printer and which will not appear in a second edition: page 7, lines 10–12; page 8, lines 8–11; page 11, line 4; page 13, lines 20–22; page 14, lines 1–4, 6 and 7; page 15, lines 14–16; page 34, lines 14–16; page 35, line 3; page 37, line 6.

As to the peculiar phraseology of the translation I feel that I should explain one or two matters. The letter "R." has been used for the titles, RABBAN, RABBI and RABH, and the letter "b." for the word BEN or BAR, thus R. Jo'hanan b. Zakkai should read Rabbi Jo'hanan the son of Zakkai. The quotations from the Scriptures will be found to differ frequently from the Authorized Version. There are two causes for this; first, the English translation of the Old Testament is very faulty, and secondly, I have endeavored to translate the original as the Rabbis of the Talmud understood it. The word "Torah" has been used because I feel that "Law" is a poor translation for it, and "Pentateuch" would have been unwieldy; and the words Malkhioth, Zikhronoth and Shophroth have been retained because no English word could adequately express them and because the dictionaries consulted also transliterate but do not translate them. The same is also true of the names of the sounds produced on the cornet (Shophar). The words in capital letters at the beginning of the paragraphs are the citations from the Mishna.

To avoid the too frequent use of quotation marks where speeches, addresses or remarks are reproduced, the Biblical expedient has been resorted to. A colon (:) is used and the word after it, the initial word of the *oratio recta*, begins with a capital letter, thus, The Rabbis taught: A king who ascends the throne, etc.; modernized this would read, The Rabbis taught, "A king who ascends the throne, etc." Another typical case will be found on page 14, where the colon (:) is followed by a comma (,) under similar circumstances: We have learnt in a Boraitha: R. Eliezer says, Whence do we know, etc.; modernized, this would read, We have learned in a Boraitha: "R. Eliezer says, 'Whence do we know, etc.'" On only two or three occasions has this rule been departed from, and then for reasons that will appear clear to the reader.

With these few words by the way of introduction I present this first fruit of my Talmudical labors to the public. I, however, desire to express my appreciation of two works that have proven invaluable in my task. The one is the REV. DR. M. JASTROW'S "Dictionary of the Targumin, the Talmud Babli and Yerushalmi and the Midrashic Literature," and the other is DR. M. MIELZIENER'S "Introduction to the Talmud." The editor joins me in expressing the highest sense of appreciation to MR. CHARLES SESSLER who so kindly superintended the publication of this translation. It is not of little significance that this volume appears during the Passover. That festival represents not only liberty, but also the removal of the leaven. May the Talmud, now awakened, be given the freedom it deserves. May the leaven of ignorance and unfairness that has surrounded it be forever removed.

Philadelphia, April, 1895. J. LEONARD LEVY.

BRIEF GENERAL INTRODUCTION

TO THE

Babylonian Talmud.

BY THE EDITOR.

On this the appearance of our latest literary undertaking we deem a few explanatory remarks necessary. The brief outline of the origin of the Talmud that follows may suggest the thought that we have departed from the usual manner of dealing with the questions here discussed, the more so since we have, for the sake of brevity, refrained from citing the authorities on which our statements are based. We wish therefore to declare here that we did not venture to make a single statement without the support of authorities well known in Hebrew literature. Our method was to select such views as seemed to us the best authenticated in the historical progress of Judaism. As we have taken our choice from the numerous works on our subject, the student is entitled to adopt or to reject the views that we represent.

Most of the Mishnayoth date from a very early period, and originated with the students of the Jewish academies, which existed since the days of Jehoshaphat, King of Judah [2. Chron. xvii. 9].

The rabbinical students of ancient times noted the essence of the academical teachings in brief form, and as a rule in the idiom in which it was spoken to them so that they could afterward easily commit it to memory. They have, sometimes however, added comments and extensive explanations in the form of notes so that the mass of their learning embraced in course of time, according to some authorities, as many as six hundred divisions.

The source of the Mishnayoth was the customs and regulations, practiced by the authorities in their administration of religious and civil affairs: such as the Sabbath, Prayers, Cleanliness (considered actually Godliness) Permitted and Forbidden Foods, and controversies arising concerning Slavery. Indebtedness and corporal punishment are subjects of academical discussions, conducted with the aim of perfecting them into national statutes, enforcible in all Jewish communities alike.

In course of time, however, when those Mishnayoth were noted down from earlier existing copies, many additions were made. Finally Rabbi Judah the Prince, generally called "Rabbi," concluded to collect all the Mishnayoth in his college for proper arrangement. From these he selected six divisions called according to the subject they deal with, viz., Plants, Feasts, Women, Damages, Sacrifices and Purifications, and he proclaimed them holy for all Israel. Of the Mishnayoth so treated by Rabbi, some were left entirely intact, and were reproduced in their original form. To others he parenthetically added brief comments of his own, and there are still others that he changed in form completely because already in his day old customs had changed and taken new forms.

Such of them as he desired to make final and indisputable national laws, he incorporated into the Mishna without mentioning the names of their authors. Where, however, he could formulate no definite decision himself, or where they were well known to the public, he gave full information of their authors as well as the names of those opposed to their conclusions, without any decision on his part. In still others he mentioned no names but contented himself with saying, "A'herim," *i. e.*, "Some say," not wishing to specify their authority for certain reasons.

Rabbi did not seek the compliance and agreement of all his contemporaries in his arrangement of the Mishna, and many differed from his conclusions, and even arranged Mishnayoth in accordance with their own views. Being, however, a man of great prominence, influence and wealth, Rabbi succeeded in quelling opposition and in making his conclusions, as acceptable as the Mosaic law itself, and his great pupils, seeing that his intentions were only to prevent dissensions, and their only aim the public weal, supported him nobly until his teachings were accepted as the law of the nation.

Many Mishnayoth were rejected and destroyed by Rabbi, but not being in possession of all those he wished to destroy, he went in search of them to Yeshibhoth outside of his jurisdiction. There, however, he met with great opposition. Some of the Mishnayoth were hidden beyond his reach, others were secretly preserved and arranged within the very limits of his domain and promptly brought to light after his death. But, Rabbi's pupils did not dignify them with the name MISHNA, implying: "Next to Mosaic law" but called them TOSEPHTOTH, meaning "additions of a later period" or merely *additional*, not *principal* matter. They were also named BORAITHOTH (outsiders) *i. e.*, secondary, not academical matter. They spread, however, very rapidly, after Rabbi's death and to such an extent as to threaten the Mishnayoth of Rabbi with entire extinction. Such would actually have been the result, had not the pupils of Rabbi organized again Yeshibhoth whose aim was to perpetuate the Mishnayoth of Rabbi which they also accomplished. Yeshibhoth of that character were those of Rabh and Samuel in Babylon and Rabbi Janai and Rabbi Jo'hanan in Palestine. These Yeshibhoth made strenuous efforts to explain and harmonize the Mishnayoth of Rabbi with the teachings of the Boraithoth, generally regarded as those of Rabbi 'Hija and Rabbi Oshaia who were greatly admired by the public. At times the Mishna of Rabbi was abbreviated and replenished with the text of the Boraitha, or explained with an opposing opinion so as to harmonize it with the latter, or suit the new conditions and consequent changes of the custom that originally caused the conclusion of the Mishna. Where, however, they found no other way to suit their purpose they inserted a new Mishna of their own composition into the text of Rabbis.

The teachers mentioned in the Mishna of Rabbi or in the Boraithoth and Tosephta were called Tanaïm (*singular* Tana) signifying Professor. The teachings of the Yeshibhoth covering a period of some centuries, which also found adherents and became the traditional law were called GAMARA signifying "conclusion." The intention was to harmonize the Mishna and Boraitha, and, in most cases, to arrive at a final decision as to the proper interpretation of the theory of the law (as Rabbi Jo'hanan prohibited compliance with the Halakha unless it is mandatory). These Gemara teachers were called AMORAÏM (interpreters) *i. e.*, they interpreted to the public the difficult passages in the Mishna. Being classified as interpreters only, they had no authority to deviate from the spirit of the Mishna unless supported by another Tana opposing the Mishna, in which case they could follow the opinion of the Tana with whom they agreed. Rabhina and R. Ashi who lived in the fifth century (third century of Amoraïm) began to arrange the Gemara but without success, and commenced a second time to arrange it. Unfortunately they died before accomplishing their task and the Gemara underwent troublous delivery from hand to hand until the appearance upon the scene of Rabono Jose, president of the last Amoraic Yeshibha in Pombeditha who foresaw that his Yeshibha was destined to be the last owing to the growing persecution of the Jews from the days of "Pyruz." He also feared that the Amoraic manuscripts would be lost in the coming dark days or materially altered, so he summoned all his contemporary associates and hastily closed up the Talmud prohibiting any further additions. This enforced haste caused not only an improper arrangement, and many unnecessary repetitions and additions but also led to the "Talmudizing" of articles directly traceable to bitter and relentless opponents of the Talmud. The time (Rabono Jose conducted his Yeshibha only seventeen years) being too short for a proper and critical review of each and every subject, many theories were surreptitiously added by its enemies with the purpose of making it detestable to its adherents. Of such character is the expression "That of R. Ashi is a fabrication" which is repeated numerous times throughout the Talmud and which could by no means have originated with the Amoraïm, who as a rule were very guarded in their expressions and would never have dreamed of applying it to such Talmudical authorities as R. Ashi and Mar, his son, or such like expressions with reference to even the Patriarchs or the Prophets. This closing up of the Talmud did not, however, prevent the importation of foreign matter into it, and many such have crept in through the agency of the "Rabono Saburaï" and the Geonim of every later generation.

The chief aim of the authors of the Gemara being to perpetuate the Mishna as the sole source of the Jewish religious and civil code after the Mosaic laws themselves, they not only directed all their energy to the discussion and perfecting of its deductions, but treated its very words and letters as inspired and as holy as the Bible itself, forming at times conclusions from a superfluous word or letter. Oftentimes when they found the Mishna differing with an established custom in their days, they resorted to subtle inquiry and minute discussion until they succeeded in establishing harmony between the differing points. All these efforts were directed to refute and disprove the assertions of the different sects, who opposed the oral law and who were inclined to adhere to the written law solely: Therefore, the Rabbis of the Gemara asked " MINALAN " (wherefrom its source?) in the treatment of a subject not plainly specified in the Bible; and also, the interrogatory remark " PESHITA " (Of course!) as regards subjects plainly enumerated in the Scriptures which do not admit of any other interpretation. Of the same origin is the question " LEMAI HILKHETHA "? (wherefore this discussion?) with reference to an obsolete custom. So much for its general history. We will now turn to the purpose of this tract in particular.

INTRODUCTION TO ROSH HASHANA.

The Scriptures do not in any way treat of the subject of the calendar, a matter of the greatest importance from an historical standpoint nor do they state from what period the year was begun to be reckoned, although there is a passage [Ex. xii. 2], "This month shall be unto you, the beginning of months; it shall be to you, the first month of the year" which obviously points to Nisan (about April), as not only the most important month, but also as the beginning of the year.

In another passage, however [Ex. xxiii. 16], we read "The feast of ingathering (Tabernacles) which is at the end of the year." The words " BESETH HASHANA " in this passage can be, with perfect accuracy, translated " during the year." This rendering would clear away all difficulty with regard to Nisan as the beginning of the year, but since Tishri is the New Year, this translation, under no circumstances could apply to Tabernacles, which is neither "at the end," nor " during the year " (*i. e.*, when the year has advanced). The passage should, therefore, be translated "and the festival for what is gathered about the end of the year," *i. e.*, in the months before Tishri.

In the face of these contradictory terms, we must revert to historical occurrences in support of one or the other of the above claims, and we find that not only the Egyptian rulers, but also the Jewish kings from Solomon, counted the beginning of their reigns from Nisan (April) while other Eastern monarchs, such as the Armenians and Chaldeans commenced theirs from Tishri (September).

We are not certain however whether the Jews upon their conquest of Canaan, reckoned their calendar like that of the country from which they came or of the country which they conquered, yet it is plain that in the Mishnaic period, or after the second restoration, they counted the beginning of the year from Tishri. It may, however, be that their kings still held Nisan as the beginning of the year following the example of their predecessors, and in all civil contracts and documents according to the then existing custom, used dates to agree with Nisan (April) as the first month of the year. The priestly tithes, however, during the days of the second restoration, were payable in Elul (August) which was considered the expiring season of the year, to prevent the disorder which might arise from mixing up one year's taxation with that of the other; only, the priestly taxation of fruits was delayed till Shebhat (February) (after the season when the fruits formed on the trees), so that the various tithes should not be mixed and to prevent the priests and levites from unduly interfering with the affairs of the people.

The prehistoric Mishna which always formed the law to suit the custom, found four different New Year days in four different months, and, desiring to make a uniform custom in all Jewish communities, taught its adherents to observe four days as New Year's to begin the first day of the four different months that they happened to be practiced in, and the text of the opening Mishna before it underwent Rabbi's scrutiny was as follows: There are four different New Year's days, First of Nisan, First of Elul, First of Tishri, and First of Shebhat. The different purposes for which they were appointed were well known at that time. Because at the time that the second commonwealth had ended, and the authority of the priesthood was abrogated and reverted to the House of David (in the person of Hillel the grandfather of R. Judah the Prince), he adds to the text of Mishna, by way of commentary "for kings, and for the cattle-tithe," and therefore he cites the opinion of R. Eliezer and R. Simon, in support of his own, because he felt no apprehension that the tithes due on one year's products would any longer be mixed with those of another, and that therefore a special New Year's day should be appointed for them. For the same reason he adds too, "the opinion of the school of Shamai and the school of Hillel."

From the Mishna "There are four days of judgment for the world every year" it appears that in the Talmudical period New Year's was considered a day of repentance; and since the principal feature of repentance is devotion to God, therefore says Rabbi in the Mishna that devotion is the only requirement in the penitential days (between New Year's and the Day of Atonement). But in his days the legend of "the opening of the Books on New Year's" was yet unknown. Furthermore the word "NIDON" in the Mishna Chapter I, 2, should be understood as "discussion" as we find that the Benai Bethaira say to R. Jo'hanan Ben Zakkai "Let us discuss (NIDON) and afterwards we will blow the cornet." Thus the passage cited by the Mishna "He who hath fashioned all their hearts understandeth all their works" can be made to harmonize with this interpretation, for meditation on spiritual matters will lead to investigation of one's own conduct.

The story that R. Kruspedai tells in the name of R. Jo'hanan that "on New Year's books are opened," etc., he quotes from the Boraitha: "Three books are opened on the day of Judgment." But in the Boraitha the meaning is not Rosh Hashana but the day of the Resurrection. That he cites it in the name of R. Jo'hanan proves nothing, for very often when teachers wanted to add weight to their opinions they would quote great Rabbis as their authorities; and R. Jo'hanan himself permitted this.

After the proper Mishnaic arrangement was completed by Rabbi regarding the number of New Year's days, making the principal one "the Day of Memorial," after treating upon the laws governing the blowing of the cornet, in an exceedingly brief manner, the custom in vogue in the Temple of covering the mouth of the horn with gold is dwelt upon and the requirements of the law of the sounding of the cornet is declared sufficiently fulfilled when a person only hears it in passing a synagogue. After arranging the prayers accompanying this ceremony in a few words he dilates, at great length, on the Mishnayoth governing the lunar movements by which alone the Jews were guided in the arrangement of their calendar; on the mode of accepting witnesses concerning the same, on the pictures of the moon used by Rabbi Gamliel; on the tradition handed down to him from his ancestors (meaning the undisputed correct regulations) and also the statutes ordained by Rabbi Jo'hanan Ben Zakkai, claiming that the wise of each generation are the sole arbiters about decreeing regulations although they may be of such a character as is not to be found in the Mosaic code; on the right of the chief of the Beth Din (court of chief judges) alone of that period to arrange the order of the holidays, on account of the then visible discontent springing up among the masses who wanted to take the management of these subjects in their own hands. He, therefore, dilated upon this with minute exactness and supported his assertions with the decision of his grandfather Rabban Gamliel also Rabbi Doso ben Harkhinas and Joshua that the existing generation has only to look for guidance to the existing Beth Din, whose opinion is as binding and decisive as that of Moses, even though the decision may appear erroneous. Such are the contents of this tract, certainly most important from an historical standpoint. Go now and study!

"NEW YEAR."

CHAPTER I.

MISHNA. There are four New Year days, viz: The first of Nisan is New Year for (the ascension of) Kings * and for (the regular rotation of) festivals; † the first of Elul is New Year for the cattle-tithe, ‡ but according to R. Eliezer and R. Simon, it is on the first of Tishri. The first of Tishri is New Year's day, for ordinary years, and for the reckoning of the sabbatic years, § and jubilees; and also for the planting of trees, || and for herbs.¶ On the first day of Shebhat is the New Year for trees,** according to the school of Shammai; but the school of Hillel says it is on the fifteenth of the same month ††

GEMARA. "For Kings." Why is it necessary to appoint such a day? R. 'Hisda answered, On account of documents.‡‡ The Rabbis taught: A king who ascends the throne on the 29th of Adar must be considered to have reigned one year as soon as the first of Nisan comes, but if he ascends the throne on the first of Nisan, he is not considered to have reigned one year until the first of Nisan of the following year. From this we infer that only Nisan is the commencement of years for kings (or the civil New Year's);

---

* It mattered not according to the sages at what period of the year a Jewish king ascended the throne, his reign was always reckoned from the preceding first of Nisan. If, for instance, a Jewish king began to reign in Adar, the eleven months before would be considered one year of the reign of the king just deceased, and the month of Adar would be considered one year of the new king's reign. The next first of Nisan would be the beginning of the second year of the king's reign. This rule had to be observed in all documents in which the year of the king's reign was mentioned.

† This refers to the law concerning vows. If one made a vow it had to be fulfilled before the three festivals elapsed in the order of Passover, Pentecost and Tabernacles.

‡ A date had to be appointed in order to keep the tithes of animals born and products of the earth, distinct from year to year.

§ Vide Lev. xxv. and Deut. xv.

|| With regard to the prohibition of eating fruit of newly planted trees [Lev. xix. 23-25].

¶ So as not to mix the tithe on herbs from year to year.

** With regard to the tithe due on fruit trees.

†† The Gemara fully discusses the reasons for these institutions, but we deem it wise to anticipate, for the sake of clearness.

‡‡ So that in the case of mortgages, one may know which is the first and which is the second by means of the year of the king's reign mentioned in the documents.

(1)

that even a fraction of a year is considered a year; and that if a king ascends the throne on the first of Nisan, he is not considered to have reigned one year until the next first of Nisan, although he may have been elected in Adar. The Boraitha* teaches this, lest one might suppose that the year should be reckoned from the day of election and therefore the king would begin his second year (on the first of Nisan following).

The Rabbis taught: If a king die in Adar and his successor ascends the throne in Adar (documents may be dated either) the (last) year of the (dead) king, or the (first) year of the new king. If a king die in Nisan, and his successor ascends the throne in Nisan, the same is the case. But if a king die in Adar, and his successor does not ascend the throne until Nisan, then the year ending with Adar should be referred to as the year of the dead king, and from Nisan it should be referred to as that of his successor.†

R. Jo'hanan says: Whence do we deduce that we reckon the commencement of years (for the reign) of kings, only from Nisan? It is said [1 Kings vi. 1] "And it came to pass in the four hundred and eightieth year after the children of Israel were come out of the land of Egypt, in the fourth year of Solomon's reign over Israel, in the month Ziv, which is the second month, etc." He institutes the following analogy between "the reign of Solomon" and "the Exodus from Egypt" mentioned in this passage: As the Exodus from Egypt is reckoned from Nisan, so also is the reign of Solomon reckoned from Nisan. But how do we know that the Exodus *even* should be reckoned from Nisan? Perhaps we should reckon it from Tishri! The facts of the case do not support such a presumption, for it is written [Numbers xxxiii. 38] "And Aaron, the Priest, went up into Mount Hor at the commandment of the Lord, and died there, in the fortieth year after the children of Israel were come out of the land of Egypt on the first day of the fifth month;" and it is written [Deut. i. 3] "And it came to pass in the fortieth year, in the eleventh month, on the first day of the month, Moses spake, etc." Since he mentions the fifth month, which is certainly Abh, and he speaks of (Aaron's death as happening in) the fortieth year (and not the forty-first year), it is clear that Tishri is not the beginning of years (for kings). This argument is acceptable as far as the former (Aaron's)

---

* The word Boraitha is derived from a root meaning "*external, foreign*," etc. It means the traditions and opinions of Tanaïm not embodied in the Mishna as compiled by R. Judah Hannasi.

† No reference should be made after the first of Nisan to the reign of the king just deceased. For instance: it was not permitted to speak of the year beginning with Nisan, as the second year after the death of the king.

case is concerned, for the text specifically mentions (forty years after) the Exodus; but in the latter (Moses') case, how can we tell that (the fortieth year) means from the Exodus? Perhaps it means (the fortieth year) from the raising of the Tabernacle in the wilderness! The terms "fortieth year" (mentioned in connection with both Aaron and Moses) are compared by analogy; as in the former case it means forty years from the time of the Exodus, so also in the latter case. But whence do we know that the incident that took place in Abh (the death of Aaron) happened before that which is related (the speech of Moses) as happening in Shebhat? Perhaps the Shebhat incident happened first! It is not reasonable to suppose this; for it is written [Deut. i. 4] "After he had slain Sihon the king of the Amorites," and when Aaron died Sihon was still living. Thus it is written [Numbers xxi. 1] "And the Canaanite, the King of Arad heard." What did he hear? He heard that Aaron was dead and that the clouds of glory had departed (and he thought that anyone might go up and fight against Israel). How can we make any such comparison? In the one place it speaks of the Canaanite, and in the other, of Sihon! Yes, we can, for a Boraitha says that Sihon, Arad and the Canaanite are identical. This opinion of R. Jo'hanan is quite correct, for we find that a Boraitha quotes all the verses that he quotes here, and arrives at the same conclusion.

R. 'Hisda says: They taught this rule about Nisan only concerning the kings of Israel, but for the kings of other nations, they reckon from Tishri. As it is said: [Nehem. i. 1] "The words of Nehemiah, the son of Hakhaliah. And it came to pass in the month of Kislev, in the twentieth year, Hanani, one of my brethren, came, he and certain men of Judah," and it is written: [ibid. ii. 1] "And it came to pass in the month Nisan, in the twentieth year of Artaxerxes the king, etc." Since Hanani stood before Nehemiah in Kislev, and the Bible speaks of it as the twentieth year, and since Nehemiah stood before the king in Nisan, and the Text calls it also the twentieth year, it is clear that the New Year (for the non-Jewish king, Artaxerxes) is not Nisan (or in the latter case he would have spoken of the twenty-first year). This argument is acceptable as far as the latter quotation is concerned, for it specifically mentions Artaxerxes, but in the former verse how do we know that he refers to Artaxerxes? Perhaps he refers to another event altogether! Says R. Papa: Since in the first passage we read "the twentieth year" and in the second we read "the twentieth year," we may deduce by analogy that as in the one case Artaxerxes is meant, so is he meant also in the other. But how do we know that the event, recorded as occurring in Kislev, and not the Nisan incident, happened first? Any other deduction would not accord with the facts of the case. For we have learnt in a Boraitha: The same words which Hanani said to Nehemiah in Kislev, the latter repeated to the king in Nisan, as it is said: [Nehem. i. 1-2] "The words of Nehemiah, son of Hakhaliah. And it came to pass in the month of Kislev, in the twentieth year, as I was in Shushan the palace, that Hanani, one of my brethren came, and certain men of Judah . . . . and the gates thereof are burned with fire." And it also said: [Nehem. ii. 1-6] "And it came to pass in the month of Nisan, in the twentieth year of Artaxerxes the king, that wine was before him . . so it pleased the king to send me; and I set him a time."

R. Joseph offered an objection: It is written [Haggai ii. 10] "In the twenty-fourth day of the sixth month, in the second year of Darius," and it is also written [ibid. 1] "In the second year, in the seventh month, in the one and twentieth day of the month." If the rule is that Tishri (the seventh month) is the beginning of years for non-Jewish kings, should not the Text read "in the third year of Darius" instead of the second year? R. Abahu answered: Cyrus* was a most upright king and the Hebrews reckoned his years as they did those of the kings of Israel (beginning with Nisan). R. Joseph again objected: If that were so there are texts that would contradict each other. First: it is written [Ezra vi. 15] "And this house was finished on the third day of the month Adar, which was in the sixth year of the reign of Darius the King." A Boraitha explains this to mean: At that same time in the following year Ezra and the children of the captivity went up from Babylon, and the Bible says about this [Ezra vii. 8] "And he came to Jerusalem in the fifth month in the seventh year of the king." But if the rule is (that for Cyrus the year began with Nisan and not Tishri) should not the Text say "the eighth year" (since the first day of Nisan, the beginning of another year, intervenes between the third of Adar, and the month of Abh)? And secondly: How can you compare these texts! In the one place it speaks of Cyrus, and in the other, of Darius! This remains unanswered.

"AND FOR FESTIVALS." Do then the festivals commence on the first of Nisan? Do they not begin on the fifteenth of that

---

* The Rabbis of the Talmud must have had a different reading in the book of Haggai from that which now exists. There is no verse in Haggai that reads, as the one quoted here. There is therefore a great difficulty in understanding the discussion. Rashi even, is unable to enlighten us on this point. It is possible, however, that some of the Rabbis knew that "Darius" mentioned in Haggai referred to Cyrus, for all the Persian kings of the Achæmenidan dynasty were called Darius.

month? R. 'Hisda answered: (The Mishna means that Nisan is) the month that contains that festival which is called the New Year for festivals (viz., Passover).

What difference does it make (in practice)? It makes a difference to one who has made a vow, because through this festival he becomes culpable of breaking the law, "Thou shalt not slack to pay."* And this is according to the opinion of R. Simon, who says: That (before one is guilty of delay) the three festivals must have passed by in their regular order, with Passover as the first (of the three).

The Rabbis taught: As soon as three festivals have passed by and the following duties (or vows) have not been fulfilled one is guilty of procrastination; and these are they. The vow of one who says " I will give the worth of myself (to the sanctuary)" or " I will give what I am estimated to be worth (in accordance with Lev. xxvii);" or objects, the use of which one has foresworn, or which one has consecrated (to the sanctuary) or sin-offerings, guilt-offerings, burnt-offerings, peace-offerings, charity, tithes, the firstlings, the paschal offerings, the gleanings of the field, that which is forgotten to be gathered in the field, the produce of corner of the field.† R. Simon says: The festivals must pass by in their regular order, with Passover as the first, and R. Meir says: As soon as even one festival has elapsed, and the vow has not been kept the law is infringed. R. Eliezer, b. Jacob, says: As soon as two festivals have elapsed, the law is infringed, but R. Elazar, b. Simon, says: Only the passing of the feast of Tabernacles causes the infringement of the law (whether or not any other festivals have passed by between the making and the fulfilling of the vow). What is the reason of the first Tana? Since in [Deut. xvi.] the Text has been speaking of the three festivals, why does it repeat "On the feast of Unleavened Bread, on the feast of Weeks and on the feast of Tabernacles?" It repeats these words to teach us (that the festivals must pass in the order just mentioned, before one is) guilty of procrastination. R. Simon says: It was not necessary to repeat " on the feast of Tabernacles," because the Text was speaking of that festival (when it mentioned the names of the three festivals). Why, then, does it repeat it? To teach us that Tabernacles shall be the last of the three festivals. R. Meir arrives at his opinion because it is mentioned of each festival " Thou shall come there (to Jerusalem) and ye shall bring there" (your

---

* This law of " Thou shalt not slack to pay," is known as " BAL TE'AHER;" *i. e.*, the law against procrastination or delay.

† Lev. xxiii. 22.

vows; and this being said of each festival, if *one* elapses and the vow is not brought, then the law against delay is infringed). The reason of R. Eliezer, b. Jacob is that the passage [Numb. xxix. 39] runs: "These shall ye offer to the Lord on your appointed feasts," and the minimum of the plural word "feasts" is *two*. On what does R. Elazar b. Simon, base his opinion? We have learnt in a Boraitha: "The feast of Tabernacles" should not have been mentioned in [Deut. xvi. 16], since the preceding passages (of that chapter) were treating of that feast. Why, then, was it mentioned? To indicate that that particular feast (Tabernacles) is the one that causes the infringement of the law.

What do R. Meir and R. Elazar deduce from the superfluous passage "on the feast of Unleavened Bread, on the feast of Weeks, and on the feast of Tabernacles?" They use this verse, according to R. Elazar, who says in the name of R. Oshaya: Whence do we know that the law of compensation * applies to the feast of Weeks (although the feast is only one day)? For this very reason the Bible repeats the three festivals; and he institutes a comparison between the feast of weeks and the feast of unleavened bread; as the law of compensation applies to feast of unleavened bread for seven days, so also does it apply to the feast of Weeks for seven days. Why, then, does the Torah find it necessary to repeat the words, "In the feast of Tabernacles?" To compare it with the feast of Unleavened Bread; as, during the feast of Unleavened Bread it was obligatory to stay over night (in Jerusalem), so was it also necessary during the feast of Tabernacles. But how do we know that it was obligatory during the feast of Unleavened Bread? It is written [Deut. xvi. 7], "Thou shalt turn in the morning (after staying over night), and go unto thy tents." What are the sources of the above arguments? The Rabbis taught the following interpretation of Deut. xxiii. 21: "When thou shalt vow a vow unto the Lord thy God, thou shalt not slack to pay it." Perhaps these words only apply to a vow! How do we know that they may also be applied to a voluntary offering? In the passage just quoted we read "vow," and in another place [Lev. vii. 16], we find "but if the sacrifice of his offering be a vow or a voluntary offering;" as in the latter instance the Torah includes the "voluntary offering," so does it also in the former; "unto the Lord thy God," *i. e.*, offerings expressed by "I will give the value of myself" etc., and other objects mentioned above; "thou shalt not slack to pay it:" *i. e.*, the object promised must be given and not

---

*The privilege of bringing on one of the later days of a festival a sacrifice that should have been offered on the first day.

anything in exchange of it;* "for he will surely require it," *i. e.*, the sin- guilt- burnt- and peace-offerings; "the Lord thy God;" these words refer to offerings of charity, tithes, and firstlings; "of thee;" this refers to the gleanings, that which is forgotten in the field and the produce of the corner of the field; "and it would be sin in thee," *i. e.*, and not in thy sacrifice (which is not thereby invalidated).

The Rabbis taught: Deut. xxiii. 23; may be explained thus: "That which is gone out of thy lips" refers to the mandatory laws (of the Torah); "thou shalt keep" refers to the prohibitory laws; "and perform" is a warning to the Beth Din† (that they should enforce the laws); "according as thou hast vowed" refers to vows; "to the Lord thy God" refers to sin- guilt- burnt- and peace-offering; "a free-will offering" means just what it is; "which thou hast spoken," refers to the sanctified objects devoted to the Temple for repairs, etc.; "with thy mouth" refers to charity. Says Rabha: One is culpable if he does not give forthwith that which he has vowed for charity. Why so? Because there are always poor people (needing immediate help). Is not this self-evident? Aye, but one might suppose that, since the law prohibiting delay is found in connection with the duty of giving charity and also of bringing the various voluntary offerings, it would apply to both, and it would not be infringed until the three festivals had elapsed, therefore he teaches us (that charity and sacrifices are different); in the latter case, the infringement of the law depends on the festivals, but in the case of charity it must be given immediately, for the poor are always to be found. And Rabha further said: As soon as three festivals have passed (and one has not brought his offering), he daily transgresses the law against delay. Against this opinion the following objection was raised: As soon as a year, containing three festivals or not, has passed (he that does not bring his offering) be it a firstling or any of the holy offerings, transgresses daily the law against delay. It is quite possible that the three festivals may elapse and yet a year may not go by (*e. g.*, from Passover till Tabernacles is only seven months), but how can it happen that a year may pass and the three festivals should not occur (in that time)? It may happen according to those who say (that the three festivals must elapse) in their regular order, but according to those who do not say (that the three festivals must go by) in their regular order how can such a case

---

* Lev. xxvii. 32.
† The ecclesiastical and civil courts were called Beth Din, and consisted of an odd number of judges, so that in case of a division of opinion, a majority was always assured. The minimum number of judges required to form a court was three. In our translation we shall always use "Beth Din" instead of "court;" using it as an English term, as Sanhedrim.

happen? It is possible according to Rabbi (who holds that the intercalary month* is not a part of the year), and it occurs in a leap-year, when one consecrates anything (to the Temple) after the feast of Passover: for when the end of the second Adar has arrived, a year (of twelve months) has elapsed, yet the three festivals have not passed by in their regular order. But how can such a case occur according to the Rabbis? It can happen; as a Boraitha teaches: R. Shemaiah says, The feast of Weeks falls on the fifth, sixth, or seventh of Sivan. How is this possible? In a year when the months of Nisan and Iyar have thirty days each, Pentecost falls on the fifth of Sivan; when they each have twenty-nine days, Pentecost falls on the seventh of Sivan; but when the one has twenty-nine days and the other has thirty days, Pentecost falls on the sixth of Sivan.

R. Zera asked: How does the law against delay affect an heir? Shall we argue that the Torah says [Deut. xxiii. 21] "When *thou* shalt vow a vow" (*i. e.*, the testator has vowed), but the heir has not vowed (consequently, the law does not apply to him), or shall we argue from the passage [Deut. xii. 5, 6] "When ye be come . . . . then ye shall bring" and the heir (who is obliged to come) is also in duty bound to bring with him (the objects vowed by the testator)? Come and hear! R. 'Hiyya teaches: It is written in this connection "from thee" (*i. e.*, from the one who vowed) and this excludes the heir. But did we not say above that these words refer to the gleanings, etc.? The Torah uses the word ME'IMMOKH ("from thee"), which we can explain to mean both the successor and the gleanings, etc. (*i. e.*, all that comes "from thee").

R. Zera also asked: How does the law against delay affect a woman? Shall I say that since she is not obligated to appear (in Jerusalem) the law does not apply to her? or perhaps it is her duty to go there because she is included in the law "to rejoice." "Certainly," answered Abayi, "she is bound by this law because it is her duty to rejoice."

The schoolmen asked: From when do we count the beginning of the year for a firstling? Answered Abayi: From the moment it is born; but R. A'ha b. Jacob said: From the moment it is acceptable as an offering (*i. e.*, when it is eight days old, Lev. xxii. 27). These opinions are not contradictory, for the former Rabbi refers to an unblemished animal and the latter to one with a blemish. May, then, a blemished animal be eaten (on the day of its birth)? Yes, if we are sure it was born after the full period of gestation.

---

* Leap year occurs seven times in a cycle of nineteen years. On such occasions one month, the second Adar, is added to the twelve lunar months.

The Rabbis taught: The first of Nisan is the new year for (arranging the) months, for (appointing) leap-years, for giving the half-shekels, and, some say, also for the rental of houses. Whence do we know (that it is new year) for months? From Ex. xii. 2 where it is written, "This month shall be unto you the beginning of months; it shall be the first month of the year to you." It is also written [Deut. xvii. 1] "Observe the month of Abhibh" (early stage of ripening). In which month is grain in the early stage of ripening? I can say, only Nisan, and the Torah calls it the first. Could I not say Adar (when the grain begins to shoot up)? Nay, for the grain must be ripening during the major portion of the month (and in Adar it is not). Is it then written that the grain must be ripening the major portion of the month? Therefore, says Rabhina, the sages do not find (the rule of calling Nisan the first month) in the Torah, but in the Book of Esther, where it is clearly stated [Esth. iii. 7] "In the first month, that is, the month Nisan."

"For Leap-Years." Do we, then, count leap-years from Nisan? Does not a Boraitha teach us that Adar only is the intercalary month? Answered R. Na'hman b. Isaac: The words "for leap-years" mean here the termination of leap-years* and our Tana † speaks of the beginning of the leap-year, and not the end.

"For Giving the Half-Shekels." And where is the scriptural text for this? R. Yashi answered: In Numb. xxviii. 14, "This is the burnt offering of the new moon each time it is renewed during the year." The Torah says *proclaim it a new month* and also bring a sacrifice from the new products: at the same time he makes a comparison between the words "year" used in this passage and in Ex. xii. 2, "it shall be the first month of the year to you," and he deduces that they both refer to Nisan.

R. Judah says in the name of Samuel: It is proper that the congregational sacrifices ‡ brought on the first of Nisan should be purchased with the shekels raised for the new year; but if one buys a sacrifice with the funds obtained from the former year's stock, it is acceptable, yet the law was but imperfectly complied with; also, if an individual offers from his own property (proper objects, for the congregational sacrifices), they are acceptable, but he must first present them to the congregation. Is this not self-evident? Nay, it may be feared that one will not give them to the congregation in the

* As soon as Nisan had been consecrated, there could be no further debate about making the past year intercalary, for once the new month had been called Nisan, it was forbidden to call it by any other name.

† The author of a Mishna. The plural of the word is Tanaïm.

‡ The Tamid or daily offering could not be presented to the Temple by an individual.

prescribed manner, and this, he teaches us, is not worthy of consideration. And the reason that our Tana does not mention that Nisan is a new year for the giving of shekels also, is because it is said above that if one has brought an offering (from the old stock) he has done his duty, therefore he could not make Nisan absolutely binding.

"AND SOME SAY ALSO FOR THE RENTAL OF HOUSES." The Rabbis taught: He who lets a house to another for a year, must count (the year) as twelve months from day to day; but if the lessee says (I rent this house) " for this year," even if the transaction takes place on the first of Adar, as soon as the first of Nisan arrives, the year (of rental) has expired. Can you not say Tishri (is the beginning of the year for such transactions)? Nay, it is generally understood that if a man rents a house in the autumn he rents it for the whole of the rainy season (winter). And the Tana of the first part of the above Boraitha (who does not fix Nisan as the month for rentals) and also our Tana both are of the opinion that in Nisan too, bad weather sometimes prevails (and therefore Nisan and Tishri are alike in this respect).

"ON THE FIRST OF ELUL IS THE NEW YEAR FOR THE CATTLE-TITHES." According to whose opinion is this? Says R. Joseph: It is according to Rabbi's own opinion which he formed according to the opinions of different Tanaïm. With regard to the festivals he holds the opinion of R. Simon and with regard to the cattle-tithe he holds the opinion of R. Meir. If that is so, are there not five beginnings of years, instead of four? Rabha answered that the Mishna mentioned only the four, which are not disputed by anyone; according to R. Meir there are four, if that " for the festivals " be excluded, and according to R. Simon there are four, if that " for the cattle-tithes " be excluded. R. Na'hman says: (No such explanation is needed); the Mishna means there are four (months) in which there are (or may be) many beginnings of years.

"ACCORDING TO R. ELIEZER AND R. SIMON IT IS ON THE FIRST OF TISHRI." R. Jo'hanan says: Both of them deduce their opinion by (various interpretations of) the same Scriptural passage. It is written [Ps. lxv. 13] " The pastures are clothed with flocks; the valleys also are covered with corn; they shout for joy, they also sing." R. Meir thinks (this is the interpretation) of these words: When are the pastures clothed with flocks? At the season when the valleys are covered with corn. And when are the valleys covered with corn? About (the time of) Adar. The flocks conceive in Adar and produce their young in Abh; consequently the beginning of the year (for the cattle-tithe) is Elul. R. Eliezer and R. Simon, however, say: When are the pastures clothed with flocks? At the season when they shout and sing. When do the ears of corn (seem to) send up a hymn of praise? In Nisan. Now, the sheep conceive in Nisan, and produce in Elul, consequently the beginning of the year (for their tithe) is Tishri. But Rabha says: All agree that only Adar is the time when the pastures are clothed with flocks, and the valleys are covered with corn. But they differ about this passage: [Deut. xiv. 22] "Thou shalt truly tithe" (*literally*, "Thou shalt tithe in tithing"), and we see that the Torah here speaks of two tithes, viz., of cattle and of grain. R. Meir thinks that this comparison may be instituted between the two; just as the tithe of grain must be given in the month nearest to the time it is reaped, so that of cattle must be given in the month nearest to the one in which they are born (Elul). R. Eliezer and R. Simon, however, are of the opinion that another comparison may be instituted between these tithes; just as the beginning of the year for giving the tithe of grain is Tishri, so also, is Tishri for that of cattle.

"The First of Tishri is the New Year's Day for Ordinary Years." For what purpose is this rule? Answers R. Zera, to determine the equinoxes (and solstices); and this agrees with the opinion of R. Eliezer, who says that the world was created in Tishri; but R. Na'hman says (it is the new year) for divine judgment, as it is written [Deut. xi. 12] "From the beginning of the year till the end of the year," *i. e.*, at the beginning of the year it is determined what shall be at the end of the year. But whence do we know that this means Tishri? It is written [Ps. lxxxi. 3] "Blow up the cornet* in the new moon, in the time, it is hidden on our solemn feast day." What feast is it in which the moon is hidden? I can only say Rosh Hashana (New Year's Day), and of this day it is written [ibid. v. 4] "For it is a statute unto Israel, a judgment (day) for the God of Jacob." The Rabbis taught: "It is a statute unto Israel," *i. e.*, the Supreme Court in Heaven does not enter into judgment until the Beth Din on earth proclaims the new moon. Another Boraitha teaches: It is written: "It is a statute unto Israel;" one might suppose that (New Year's Day is a day of judgment) only for Israel; whence do we know it is so also for other nations? Because it is written "it is the day of judgment of the *God* of Jacob" (the Universal God). Why, then, is "Israel" mentioned? To inform us that Israel enters for judgment first. This is the opinion of R. 'Hisda, who holds that if a king and a congregation have a law suit, the

---

* The word "cornet" will be used throughout this translation for the Hebrew word Shophar.

king enters first, as it is said [1 Kings viii. 59] "The cause of his servant (King Solomon) and the cause of his people." Why so? Because it is not customary to let a king wait outside.

"FOR THE COMPUTATION OF SABBATIC YEARS." On what Scriptural passage is this based? On Lev. xxv. 4, which runs: "But in the seventh year shall be a sabbath of rest unto the land," and he deduces (that it means Tishri) by analogy from the word "year" in this passage and in the following: "From the beginning of the year" [Deut. xi. 12], which surely refers to Tishri.

"AND JUBILEES." Do, then, jubilees begin on the first of Tishri? Do they not begin on the tenth of Tishri, as it is written [Lev. xxv. 9], "In the Day of Atonement shall ye make the cornet sound throughout all your land?" Yea, but our Mishna agrees with the opinion of R. Ishmael b. Jo'hanan b. Beroqa; for a Boraitha teaches: It is written [Lev. xxv. 10], "Ye shall sanctify the year, the fiftieth year." Why was it necessary to repeat the word "year"? Because in the same connection it is said [ibid. 9], "On the day of atonement shall ye make the cornet sound," and one might suppose that the Jubilee is sanctified only from the Day of Atonement (and not before). Therefore the word "year" is repeated to teach us that by the words "ye shall sanctify the fiftieth year" is meant, that from the very beginning of the year the Jubilee commences to be consecrated. From this teaching R. Ishmael b. Jo'hanan b. Beroqa says: From New Year's Day until the Day of Atonement, slaves used not to return to their (own) homes; neither did they serve their masters, but they ate and drank and rejoiced with the crown of freedom on their heads. As soon as the Day of Atonement arrived the Beth Din ordered the cornet to be blown and the slaves returned to their own homes and fields reverted to their (original) owners.

We have learnt in another Boraitha: "It is a jubilee" (JOBHEL HI). What is meant by (these superfluous words)? Since it is said [Lev. xxv. 10], "And ye shall hallow the fiftieth year," one might think that, as at the beginning of the year the Jubilee commences to be sanctified so also it should continue to be consecrated after the end of the year; and be not surprised at such a teaching, since it is usual to add from the non-sanctified to the sanctified. Hence the necessity of the words, in the passage (next to that quoted above), [Lev. xxv. 11] "A jubilee shall that fiftieth year be unto you;" *i. e.*, the fiftieth year shall be hallowed, and not the fifty-first. But the Rabbis (who do not explain this passage according to the above Boraitha whence do they derive the regulation that the fifty-first year is not sanctified)? They say: One counts the fiftieth year and not the fifty-first; this excludes the opinion of R. Judah who holds that the jubilee year is added at the beginning and end.* The Rabbis taught "JOBHEL HI (it is a jubilee)," even if the people have not relinquished (their debts), even if the cornet is not sounded; shall we also say even if slaves are not released? Hence the word "HI" is used (to indicate that only when the slaves are released it is a jubilee), so says R. Judah. R. Jose says: "It is a jubilee," even if debts are not relinquished, and slaves are not released; shall we also say, even if the cornet is not sounded? Hence the word "HI" is used (and means the sounding of the cornet). Since one passage includes (all that is prescribed) and the other passage exempts (certain regulations), why should we say it is a jubilee even if they have not released slaves, but that it is not a jubilee if they failed to sound the cornet? Because it is possible, that sometimes (a jubilee may occur) and yet there are no (Hebrew) slaves to release, but a jubilee can never occur without the sounding of the cornet (for a cornet can always be found). Another explanation is that (the sounding of the cornet) is the duty of the Beth Din (and it will never fail to perform it), while (the releasing of slaves) is the duty of the individual, and we cannot be sure that he will perform it. (Is not the first explanation satisfactory) that he gives this additional explanation? (It may not be satisfactory to some who might say) that is impossible that not one (Hebrew) slave should be found somewhere, to be released. Therefore (the Boraitha adds) that the blowing of the cornet is the duty of the Beth Din (and they will not fail to attend to it) while the release of slaves is the duty of an individual (and we cannot) be sure that he will perform it.

R. 'Hiyya b. Abba, however, says in the name of R. Jo'hanan: The foregoing are the words of R. Judah and R. Jose; but the masters hold that all three conditions may prevent the fulfillment (of the law), because they hold that the word "HI" [Lev. xxv. 10] should be explained of the subjects mentioned in the passage in which it occurs, and in the preceding and the following passages also. What is the force of the words "throughout the land?" (They lead us to infer) that at the time when (under a Jewish government) liberty is proclaimed throughout the land (Palestine) it should be proclaimed outside the land; but if it is not proclaimed in the land, it need not be proclaimed outside the land.

"AND ALSO FOR THE PLANTING OF TREES." Whence do we

* *i. e.*, The Jubilee year is, at the same time, the fiftieth year of the last and the first of the coming series.

know this? From Lev. xix. 23 where it is written, "Three years shall it be as uncircumcised," and also, [ibid. 24] "But in the fourth year." We compare the term "year" used here with that of Deut. xi. 12, "from the beginning of the 'year,'" and deduce by analogy that they both mean Tishri. The Rabbis taught: For one who plants, slips or grafts (trees) in the sixth year (the year before the sabbatic year) thirty days before the New Year's day (as soon as the first of Tishri arrives) a year is considered to have passed, and he is permitted to use, during the sabbatic year (the fruits they may produce), but less than thirty days are not to be considered a year, and the fruits may not be used, but are prohibited until the fifteenth of Shebhat, whether it be because they come under the category of "uncircumcised" or under the category of "fourth year planting" [Lev. xix. 23, 24]. Whence do we deduce this? It is said in the name of R. Jo'hanan or R. Janai: The Torah says [Lev. xix. 24, 25], "And in the fourth year. . . . And in the fifth year," *i. e.*, it may happen that in the fourth year (from the planting, the fruit) is prohibited because it is still "uncircumcised," and in the fifth year (from the planting) because it is still the product of the fourth year.

We have learned: R. Eliezer says, In Tishri the world was created, the patriarchs (Abraham and Jacob) were born, and the three patriarchs died; Isaac was born on the Passover; on New Year's Day Sarah, Rachel and Hannah were visited with the blessing of children, Joseph was released from prison, and the bondage of our fathers in Egypt ceased; in Nisan our ancestors were redeemed from Egypt, and in Tishri we shall again be redeemed. R. Joshua says: In Nisan the world was created, and in the same month the patriarchs were born, and they also died; Isaac was born on the Passover; on New Year's day, Sarah, Rachel and Hannah were visited, Joseph was released from prison, and the bondage of our fathers in Egypt ceased. In Nisan our ancestors were redeemed from Egypt, and in the same month we shall again be redeemed.

We have learnt in a Boraitha: R. Eliezer says, Whence do we know that the world was created in *Tishri?* From the Scriptural verse in which it is written [Gen. i. 11] "And God said, let the earth bring forth grass, the herb yielding seed, and the fruit tree, etc." In what month does the earth bring forth grass, and at the same time the trees are *full* of fruit? Let us say, Tishri; and that time of the year (mentioned in Genesis), was the autumn; the rain descended and the fruits flourished, as it is written [Gen. ii. 6] "But there went up a mist from the earth, etc." R. Joshua says: Whence do we know that the world was created in *Nisan?* From the Scriptural verse in which it is written [Gen. i. 12] "And the earth brought forth grass, and herb yielding seed, and the tree yielding fruit, etc." In which month is the earth covered with grass (and at the same time) the trees *bring forth* fruit? Let us say, Nisan; and at that time animals, domestic and wild, and birds mate, as it is said [Psalm lxv. 14] " The pastures are clothed with flocks, etc." Further says R. Eliezer: Whence do we know that the patriarchs were born in Tishri? From the passage [1 Kings viii. 2] "And all the men of Israel assembled themselves unto King Solomon at the feast, in the month ETHANIM (strong), which is the seventh month; *i. e.*, the month in which ETHANIM, the strong ones of the earth (the patriarchs) were born. How do we know that the expression ETHAN means strength? It is written, [Numb. xxiv. 21] ETHAN MOSHABHEKHA " strong in thy dwelling place," and it is also written [Micah vi. 2] " Hear ye, O mountains, the Lord's controversy, and (VE-HAETHANIM) ye strong ones the foundation, etc."

Further says R. Joshua: Whence do we know that the patriarchs were born in Nisan? From 1 Kings vi. 1, where it says " in the fourth year, in the month ZIV (glory), which is the second month, etc.," which means in that month in which the "glorious ones " of the earth (the patriarchs), were already born. Whether the patriarchs were born in Nisan or Tishri, they died (in later years), in the same month as that in which they were born; as it is written [Deut. xxxi. 2] " Moses said I am one hundred and twenty years old to-day." The word "to-day " implies "just this day " my days and years are complete," for God grants the righteous the fulfillment of the years of their life to the very month and day, as it is said: " The number of thy days, I will fulfill," [Ex. xxiii. 26].

Isaac was born in Nisan. Whence do we know this? It is written [Gen. xviii. 14] "At the next *festival* I will return to thee, and Sarah will have a son." What festival was it when he said this? Shall I say it was Passover, and he referred to Pentecost? That cannot be for what woman bears children after fifty days gestation? If I say it was Pentecost, and he referred to Tishri, a similar objection might be raised, for who bears children after five months gestation? If I say it was Tabernacles, and he referred to Passover, a similar objection may be made, for who bears children in the sixth month of gestation? But we have learnt that that year was a leap-year, and Mar Zutra says that although a child born after nine months' gestation is never born during the month (but only at the end of the required time) still a seven months' child can be born before the seventh month is complete, as it is said [1 Samuel i. 20] " and it came to pass, LI-TEQUPHATH HA-YAMIM (when the time was come about);" the minimum of TEQUPHOTH * is two and of YAMIM is also two (*i. e.*, after six months and two days gestation, childbirth is possible). Whence do we know that Sarah, Rachel and Hannah were visited on New Year's Day? Says R. Elazar: By comparing the expression "visit," that occurs in one passage, with the word "visit" that occurs in another passage; and also by treating the expression "remember" in the same way. It is written concerning Rachel [Gen. xxx. 32] "And God remembered Rachel," and of Hannah it is written [1 Samuel i. 19] "And God remembered her." He institutes an analogy between the word "remember" used in these passages and in connection with New Year's Day which is called [Lev. xxiii. 24] "a Sabbath, a memorial (*literally*, a remembrance) of blowing of cornets." It is also written concerning Hannah [1 Sam. ii. 21] "And the Lord visited Hannah;" and of Sarah it is written [Gen. xxi. 1] "And the Lord visited Sarah," and by analogy all these events took place on the same day, New Year's Day. Whence do we know that Joseph was released from prison on New Year's Day? From Ps. lxxxi; in verses 3, 4, it is written, " Blow the trumpet, when the moon is hidden in the appointed time on our solemn feast day. For it is a statute for Israel." In verse 5 of the same Psalm it is written, " This he ordained (for the day) when Joseph went out, etc." On New Year's Day the bondage of our fathers in Egypt ceased. Whence do we know this? It is written [Ex. vi. 6] " I will bring you out from under the burdens of the Egyptians," and it is written in Ps. lxxxi. 6, " I removed his shoulder from the burden," (*i. e.*, I relieved Israel from the burden of Egypt on the day spoken of in the Psalm, *viz.*, New Year's Day). In Nisan they were redeemed, as it is recorded in the Bible. In Tishri we shall again be redeemed. This he deduces by analogy from the word "cornet" found in the following passages. In Ps. lxxxi. 3, it is stated, " Blow the cornet on the new moon" (*i. e.*, on New Year's Day) and in Isaiah xxviii. 13. it is written, " And in that day the great cornet shall be blown " (and as it means New Year's Day in the one place, so does it also in the other). R. Joshua says: " In Nisan they were redeemed and in that month we shall be redeemed again." Whence do we know

---

* TEQUPHA—Solstice or equinox; hence, the period of three months, which elapses between a solstice and the next equinox, is also called TEQUPHA. The Talmud reads the Biblical term as if it was plural.

this? From Ex. xii. 42, which says, "It is a night of special observance," *i. e.*, a night specially appointed, since the earliest times, for the final redemption of Israel. The Rabbis taught: The Jewish sages fix the time of the flood according to R. Eliezer, and the solstices according to R. Joshua, but the sages of other nations fix the time of the flood also as R. Joshua does.

"AND FOR HERBS." To this a Boraitha adds "tithes and vows." (Let us see.)! What does he mean by "herbs"? The tithe on herbs; but are not these included with other "tithes"? (Nay! for the tithe on herbs) is a Rabbinical institution, while the others are Biblical. If so, should he not teach the Biblical command first? (This is no question); because it was pleasing to him (to have discovered, that although the tithe of herbs is only a Rabbinical institution, yet it should have a special New Year, to prevent the mixing of tithes from year to year) he, therefore, gives it precedence. And the Tana of our Mishna teaches us the Rabbinical institution (viz., the New Year for herbs), leaving us to infer that if that must be observed so much the more must the Biblical law be followed.

The Rabbis taught: If one gathers herbs on the eve of New Year's Day before sunset, and gathers others after sunset, he must not give the heave-offering or the tithe from the one for the other, for it is prohibited to give the heave-offering or tithe from the product of the past year for that of the present, or *vice-versa*. If the second year from the last sabbatic year was just ending and the third year was just beginning, then, for the second year he must give the first and second tithes,* and for the third year he must give the first and the poor tithes. Whence do we deduce that (in the third year no second tithe was to be given)? R. Joshua b. Levi says: In Deut. xxvi. 12, it is written, "When thou hast made an end of tithing all the tithes of thine increase the third year, which is the year of the *tithe*," *i. e.*, the year in which only one tithe is to be given. What is to be understood (by *one* tithe)? The first and poor tithes, and the second tithe shall be abrogated. But perhaps it is not so (that the first and poor tithe are one tithe), but that the first tithe shall be also abrogated? This can not be so, for we read [Numb. xviii. 26] "The tithe which I have given you from them, for your inheritance,

---

*Tithes must be given even to-day, according to the Rabbinical law, throughout Palestine and Syria.

It was the duty of the Israelite to give of his produce the following offerings and tithes: (1) TERUMA a heave-offering to be given to the priest every year; the measure was not fixed by the Bible; (2) MAÄSER RISHON, or first tithe, to be given every year to the Levite; (3) MAÄSER SHENI, or second tithe, was to be taken in the second year to Jerusalem and eaten there, or to be converted into money, which was to be spent there; (4) MAÄSER ANI, or the poor tithe, to be given in the third year.

etc." (From this we see that) the Scripture compares this tithe to an inheritance; and as an inheritance is the perpetual property of the heir, so also is the first tithe an uninterrupted gift for the Levite.

"AND FOR VOWS." The Rabbis taught: whoso vows to derive no benefit from his neighbor for a year, must reckon (for the year) twelve months, from day to day; but if he said "for this year," if he made the vow even on the twenty-ninth of Elul, as soon as the first of Tishri comes, that year is complete, for he vowed to deny himself some pleasure and that purpose (even in so brief a period) has been fulfilled. But perhaps we should say Nisan (should be regarded as the new year in such a case)? Nay, in the matter of vows we follow the common practice among men (who generally regard Tishri as the New Year). We have learnt elsewhere: (We reckon the year for giving the tithe), for fenugreek as soon as it begins to grow; for grain and olives as soon as they are one-third ripe. What do you mean by "as soon as it begins to grow?" When it has put forth its blossoms. Whence do we know that we reckon the tithe on grain and olives when they are one-third ripe? R. Asi says in the name of R. Jo'hanan, and some think in the name of R. Jose of Galilee: The Bible says [Deut. xxxi. 10] "At the end of every seven years, in the solemnity of the year of release, in the feast of tabernacles." What has the year of release to do with Tabernacles; it is already the eighth year (because the Bible says "at the end of every seven years")? It is only to tell you that all grain which was one-third ripe before New Year's Day must be regarded even in the eighth year as the product of the sabbatic year. And for this we find support in a Boraitha: R. Jonathan b. Joseph says, It is written [Lev. xxv. 21] "And it shall bring forth fruit for three (LISHLOSH) years. Do not read LISHLOSH "for three," but in this case read LISHLISH "for a third" (*i. e.*, it is considered produce when it is a third ripe). We have learnt elsewhere: Rice, millet, poppies and lentils which have taken root before New Year's Day come under the category of tithes for the past year, and therefore one is permitted to use them during the sabbatic year; but if they have not (taken root), one is forbidden to use them during the sabbatic year, and they come under the category of tithes, of the following year.

Says Rabha: (Let us see)! The Rabbis say that the year (for giving tithes) begins as follows: "for a tree from the time the fruits form; for grain and olives when they are one-third ripe; and for herbs when they are gathered. Now under which head are the above (rice, etc.) classed? After consideration Rabha remarked: Since these do not all ripen simultaneously but are gathered little by little, the Rabbis are right when they say they are tithable from the time they take root. A Boraitha teaches: R. Jose of Galilee says that from the words [Deut. xvi. 13] "When thou hast gathered in thy corn and thy wine" we infer that as corn and wine, now being gathered, grow by means of the past year's rains, and are tithed as last year's (before New Year's Day) products; so every fruit that grows by the rain of last year is tithable as the last year's produce; but herbs do not come in this category, for they grow by means of the rains of the new year, and they are tithable in the coming year. R. Aqiba says that the words "when thou hast gathered in thy corn and thy wine" lead us to infer that as corn and grapes grow chiefly by means of rain and are tithed as last year's products, so all things that grow chiefly by rain, are tithed as belonging to the past year; but as herbs grow even by watering, they are tithed as the next year's products. In what case is this difference of opinion applicable? Answered Abbahu: In the cases of onions and Egyptian beans; for a Mishna says onions and Egyptian beans which have not been watered for thirty days before New Year's Day are tithed as last year's products, and are allowed to be used during the sabbatic year, but if they have been watered, then they are prohibited during the sabbatic year and are tithed as next year's products.

"ON THE FIRST OF SHEBHAT IS THE NEW YEAR FOR TREES." Why so? Said R. Elazar, in the name of R. Oshaia, because at that date, the greater part of the early rains have fallen, although the greater part of the Tequpha is yet to come. The Rabbis taught: It once happened that R. Aqiba picked the fruit of a citron tree, on the first of Shebhat and gave two tithes of them, one in accordance with the custom of the school of Shammai and one in accordance with the school of Hillel's custom. Says R. Jose b. Judah: Nay! Aqiba did not do this because of the custom of the school of Shammai or the school of Hillel, but because R. Gamliel[*] and R. Eliezer were accustomed to do so. Did he not follow the practice of Beth Shammai because it was the first of Shebhat? Answered R. 'Hanina and some say R. 'Hananya: The case here cited was one of a citron tree whose fruit was formed before the fifteenth of last Shebhat and he should have given the tithe of it even before the present first of Shebhat, but the case happened to be as cited. But Rabhina says: Put the foregoing together and read the (words of R. Jose) as follows: It did not happen on the first of Shebhat but on the fifteenth; and he did not follow the regulations of the school of Hillel or the school

---

[*] The opinion of R. Gamliel is stated a little further on.

of Shammai, but the custom of R. Gamliel and R. Eliezer. Rabbah b. Huna says: Although R. Gamliel holds that a citron tree is tithable from the time it is picked, as is the case with "herbs," nevertheless the new year for tithing it, is in Shebhat. R. Jo'hanan asked R. Janai: "When is the beginning of a year for (the tithe on) citrons?" "Shebhat," he answered. "Do you mean" said he, "the month Shebhat as fixed by the lunar year or by the solar year (from the winter solstice)?" "By the lunar year," he replied. Rabha asked R. Na'hman, "How is it in leap-years (when there are thirteen lunar months)?" "Shebhat, as in the majority of years," answered he. We have learnt: R. Jo'hanan and Resh Laqish both say that a citron that has grown in the sixth year and is unpicked at the entrance of the sabbatic year is always considered the product of the sixth year. When Rabhin came (from Palestine) he said, in the name of R. Jo'hanan; A citron that was as small as an olive in the sixth year but grew to the size of a (small) loaf of bread during the sabbatic year, if one used it without separating the tithe he is culpable because of TEBHEL.*

The Rabbis taught: A tree whose fruits formed before the fifteenth of Shebhat, must be tithed as the product of the past year, but if they formed after that, they are tithed during the coming year. R. Ne'hemiah says: This applies to a tree that bears two crops a year. How can there be two crops? It looks like two crops (as is the case with grapes); but in the case of a tree that produces but one crop, as for example, the palm, olive or carob, although their fruits may have formed before the fifteenth of Shebhat, they are tithed as the products of the coming year. R. Jo'hanan remarked that in the case of the carob, people follow the opinion of R. Ne'hemiah. Resh Laqish asked R. Jo'hanan: Since white figs take three years to grow fully ripe, must not the second year after the sabbatic year be regarded as the sabbatic year for them? R. Jo'hanan was silent.

MISHNA. At four periods in each year the world is judged; on Passover in respect to the growth of grain; on Pentecost in respect to the fruit of trees; on New Year's Day all human beings pass before God, as sheep before a shepherd; as it is said [Ps. xxx. 9] "He who hath fashioned all their hearts, understandeth all their works;"† and on Tabernacles judgment is given in regard to water (rain).

GEMARA. What grain (does the Divine judgment, affect on

---

* Produces, in that stage in which the separation of levitical and priestly shares is required before one can partake of them.

† Vide introduction.

the Passover)? Does it mean the grain now standing in the field (about to be reaped)? When then were all the accidents that have happened to it until that time appointed (by Divine will)? It does not mean standing grain but that just sown. Shall we say that only one judgment is passed upon it? Does not a Boraitha teach: If an accident or injury befall grain before Passover it was decreed on the last Passover, but if it happen (to the same grain) after Passover it was decreed on the most recent Passover; if an accident or misfortune befall a man before the Day of Atonement, it was decreed on the previous Day of Atonement, but if it happened after the Day of Atonement it was decreed on the most recent Day of Atonement? Answers Rabha: Learn from this that it is judged twice (in one year). Therefore says Abayi: When a man sees that the grain, which ripens slowly is thriving, he should as soon as possible sow such grain as ripens quickly, in order that before the time of the next judgment, it may already have begun to grow.*

With whose opinion does our Mishna agree? Certainly not with that of R. Meir, nor with that of R. Judah, nor with that of R. Jose, nor with that of R. Nathan, for they say as follows in a Boraitha: All are judged on New Year's Day and the sentence is fixed on the Day of Atonement; so says R. Meir. R. Judah says all are judged on New Year's Day but the sentence of each is sealed each at its special times, at Passover for grain, at Pentecost for the fruit of trees, at Tabernacles for rain, and man is judged on New Year's Day and his sentence is sealed on the Day of Atonement. R. Jose says man is judged every day as we read [Job vii. 18] "Thou rememberest him every morning;" and R. Nathan holds, man is judged at all times, for we read [ibid] "Thou triest him every moment." And if you should say that the Mishna agrees with the opinion of R. Judah and that by the expression "judgment" it means the "sealing of the decree," then there would be a difficulty about (the fate of) man. Says Rabha: The Tana of our Mishna is in harmony with the school of R. Ishmael, which says: At four periods is the world judged; at Passover in respect to grain; on Pentecost in regard to the fruit of trees; on Tabernacles in respect to rain, and on New Year's Day man is judged, but his decree is sealed on the Day of Atonement, and the Mishna speaks of the opening of judgment only (and not the final verdict). R. 'Hisda asked: Why does not R. Jose quote the same passage in support of his opinion as R. Nathan? You may say that "trying" means simply "probing." But does not "remembering" also convey the same idea? Therefore says R. 'Hisda,

* An example of Talmudical humor.

R. Jose bases his opinion on another passage, viz., [1 Kings viii. 59] "that God may pass judgment on his servant and on his people Israel every day." Says R. Joseph: According to whom do we pray nowadays for the sick, and for faint (scholars)? According to R. Jose.

A Boraitha says: R. Judah taught in the name of R. Aqiba: Why does the Torah command [Lev. xxiii. 10] a sheaf of the first fruits to be brought on the Passover? Because Passover is the period of judgment in respect to grain, and God said: Offer before Me the first sheaf of produce on Passover so that the standing grain may be blessed unto you; and why the two loaves [Lev. xxiii. 17] on the Pentecost? Because that is the time when judgment is passed on the fruit of trees, and because of the offering, blessings should ensue. Why was the ceremony of "the outpouring of water" (on the altar) performed on the feast of Tabernacles? God said: Perform the rite of "the outpouring of waters," that the rains may fall in due season; and He also said recite before Me on New Year's Day, the MALKHIOTH, ZIKHRONOTH and SHOPHROTH*: the Malkhioth, that you proclaim Me King; the Zikhronoth that your remembrance may come before Me, for good; and how (shall this be done)? By the sounding of the cornet. R. Abbahu asked why is the cornet made of a ram's horn? God said: Sound before me on a cornet made of a ram's horn, that I may remember, for your sake, the offering of Isaac, the son of Abraham [vide Gen. xxii. 13], and I shall consider you as worthy, as if you had shown an equal readiness to sacrifice yourselves to Me. R. Isaac says: A man is judged only according to his deeds at the time of sentence, as it is said [Gen. xxi. 17] "God heard the voice of the lad, as he *then* was," and the same Rabbi also remarked: Three circumstances cause a man to remember his sins, *viz*: when he passes by an insecure wall, when he thinks deeply of the significance of his prayer, and when he invokes Divine judgment on his neighbor; for R. Abhin says: Whoso calls down Divine judgment on his neighbor is punished first, as we find in the case of Sarah, who said [Gen. xvi. 5] to Abraham, "My wrong be upon thee," and shortly after we read (that she died) "And Abraham came to mourn for Sarah

---

*These are the divisions of the Additional Service for the New Year's Day. The Malkhioth consist of ten scriptural passages in which God is proclaimed King. The Zikhronoth consist of an equal number of scriptural passages in which Divine remembrance is alluded to. The Shophroth are a similar series of selections in which the Shophar (cornet) is referred to. In chapter IV of this tract there is a discussion as to the composition of these selections. We retain the Hebrew names, because we feel that no translation or pharaphrase will adequately express what they mean.

and to weep for her" [Gen. xxiii. 2] (And all this only applies to cases where appeal could have been made to a civil court). R. Isaac also said: Four things avert the evil decree passed (by God) on man, viz: Charity, Prayer, Change of Name, and Improvement. Charity as it is written [Prov. x. 2] "Charity delivereth from death;" Prayer, in accordance with [Ps. cvii. 19] "They prayed unto the Lord in their trouble, and he saveth them out of their distresses;" Change of name, as it is written [Gen. xvii. 15] "As for Sarai, thy wife, thou shalt not call her name Sarai, but Sarah shall her name be," and the Text continues by saying [ibid. 16] "Then will I bless her and give thee a son also of her;" Improvement, we deduce from Jonah iii. 10, "And God saw their works that they turned from their evil ways," and the chapter continues and immediately adds "And God repented of the evil, he had said he would do unto them and he did it not;" Some add to these four, a fifth, Change of location, as we read [Gen. xii. 1 and 2] "And God said to Abraham, get thee out from thy land" (and afterwards) "I will make of thee a great nation."

R. Kruspedai * says in the name of R. Jo'hanan: Three books are opened on New Year's Day; one for the entirely wicked; one for the wholly good; and one for the average class of people. The wholly righteous are at once inscribed and sealed for life; the entirely wicked are at once inscribed and sealed for destruction; the average class are held in the balance from New Year's Day till the Day of Atonement; if they prove themselves worthy they are inscribed for life; if not they are inscribed for destruction. "Whence this teaching," asked R. Abhin? From Ps. lxix. 28 which reads "they shall be blotted out of the book of life and they shall not be inscribed with the righteous."

We have learned in a Boraitha: The school of Shammai says: There are three divisions of mankind at the Resurrection; the wholly righteous, the completely wicked, and the average class; the wholly righteous are at once inscribed and sealed for life; the entirely wicked are at once inscribed and sealed for Gehinnom; as we read [Dan. xii. 2] "And many of them that sleep in the dust shall awake, some to everlasting life, and some to shame and everlasting contempt." The third class, the mean between the former two, descend to Gehinnom, but they weep and come up again, in accordance with the passage [Zech. xiii. 9] "And I will bring the third part through the fire, and I will refine them as silver is refined, and will try them as gold is tried; and he shall call on My Name, and I will answer him."

* Vide Introduction.

Concerning this last class of men Hannah says: [1 Sam. ii. 6] "The Lord causeth to die and maketh alive, he bringeth down to the grave and bringeth up again." The school of Hillel says: The Most Compassionate inclines (the scale of justice) to the side of mercy, and of this third class of men David says [Ps. cxvi. 1] "I would that God should hear my voice;" in fact David applies to them all that Psalm down to the words "I was brought low and he helped me."

Transgressors of Jewish birth and also of non-Jewish, who sin with their body descend to Gehinnom, and are judged there for twelve months; after that time, their bodies are destroyed and burnt and the winds scatter their ashes under the soles of the feet of the righteous, as we read, [Mal. iv. 3] "And ye shall tread down the wicked, for they shall be as ashes under the soles of your feet;" but as for Minim, informers, and skeptics who deny the existence of the Torah, or the Immortality of the soul or separate themselves from the congregation (of Israel), or who inspire their fellowmen with dread of them, or who sin and cause others to sin, as did Jeroboam the son of Nebat and his followers, they all descend to Gehinnom and are judged there from generation unto generation, as it is said [Isaiah lxvi. 24] "And they shall go forth and look upon the carcases of the men who have transgressed against me; for their worm shall not die, neither shall their fire be quenched;" "even when Gehinnom will be destroyed, they will not be consumed, as we read [Ps. xlix. 14] "And their forms shall endure even when the grave is no more." Why does so terrible a fate await the above? Because just such people stretched out their hands against the dwelling (of God, *i. e.* the temple at Jerusalem); as we read [ibid.] "because of what they did against His dwelling," and concerning them Hannah says, [1 Sam. ii. 10] "The adversaries of the Lord shall be broken to pieces." R. Isaac b. Abhin says: Their faces are black like the sides of a caldron; whilst Rabha remarked: Those who are now the handsomest of the people of Me'huza will yet be called the children of the nether-world.

What do you mean by Jews who transgress with their *body*? Says Rabh: The QARPAPHTA (frontal bone) on which are not placed the phylacteries.* And who are meant by non-Jews who transgress with the *body*? Those guilty of the sin (of adultery). Who are those who inspire their fellowmen with dread of them? A leader

---

* There were sects at that time who did not wear the phylacteries on the frontal bone, but on other places. The people here referred to are those mentioned in Mishna Megillah III. 5. Those who do not wear phylacteries at all are, under no circumstances, included under the head of these transgressors. (Vide Tosaphoth, ad.loc.) For fuller information the reader is referred to "The History of Amulets," by the editor.

of a community who causes the people to fear him over-much, without furthering thereby a high purpose. R. Judah says in the name of Rabh: No such leader will ever have a learned son, as it is said [Job xxxvii. 24] "Men do therefore fear him: he will never see (in his family) any wise of heart."

The school of Hillel said above: He who is full of compassion will incline the scale of justice to the side of mercy. How does He do it? Says R. Eliezer: He *presses* on (the side containing our virtues) as it is said [Micah vii. 19] "He will turn again, he will have compassion upon us; he will suppress our iniquities." R. Jose says: He *lifts off* (the sins), as it is said [ibid. 18] "He removes iniquity and passeth by transgression," and it was taught in the school of R. Ishmael that this means that He removes each first sin (so that there is no second), and this is the correct interpretation. But, remarked Rabha, the sin itself is not blotted out, so that if one be found in later times with more sins (than virtues), the sin not blotted out will be added to the later ones; but, says Rabha, Whoso treats with indulgence one who has wronged him (forms an exception to this rule) for he will have *all* his sins forgiven, as it is said [Micah vii. 19] "He removes iniquity and passes by transgression;" from whom does He remove iniquity? From him who passes by transgression (committed against him by his neighbor). R. Huna b. R. Joshua fell sick and R. Papa went to visit him. The latter saw that the end was near, and said, to those present, "Make ready his provisions (shrouds)." Finally, he recovered, and R. Papa was ashamed to see him. "Why did you think him so sick," said they? "He was so, indeed," he replied, "but said God, since he was always indulgent (with every one), he shall be forgiven," as it is said, "He removes iniquity and passes by transgression." From whom does He remove iniquity? From him who passes by transgression.

R. A'ha says: The phrase "of the remnant of his inheritance" [Micah vii. 18] is like unto a fat tail (of an Arabian sheep) with a thorn through it (that will stick some that lay hold of it); (for He forgives) the *remnant* of His inheritance, and not all His inheritance. (What is meant by remnant)? Only those who deport themselves like a remnant (*i. e.*, modestly). R. Huna points out a contradiction in these passages: It is written [Ps. cxlv. 17] "The Lord is *just* in all his ways" and in the same passage, "and *pious* in all his works." It means, in the beginning He is only *just*, but in the end He is *pious*; (when He finds that strict justice is too severe on mankind He tempers justice with piety or mercy.) R. Elazar asked about the contradictory phrase in Ps. lxii. 12. "Unto thee, O Lord, belongeth *mercy;* for thou renderest to every man *according to his work.*" This is explained as the above; in the beginning He rewards every man according to his works, but in the end He is merciful. Ilphi, or Ilpha asks a similar question about Ex. xxxiv. 6, where it is written, "abundant in goodness and truth," and gives a similar explanation.

"And the Lord passed by before him and proclaimed." R. Jo'hanan said: Had this passage not been written, it would have been impossible to have said it; for it teaches us that the Holy One, blessed be He, wrapped Himself, as does one who recites the prayers for a congregation, and pointing out to Moses the regular order of prayer, said to him: Whenever Israel sins, let him pray to me, after this order, and I shall pardon him.

"The Lord, the Lord" (these words mean), I am the same God before a man sins as I am after he sins and does repentance. "God, merciful and gracious;" R. Judah said (concerning these words): The covenant made through the thirteen attributes [Ex. xxxiv.] will never be made void, as it is said [ibid. 10] "Behold *I* make a covenant."

R. Jo'hanan says: Great is repentance! for it averts the (evil) decreed against a man, as it is said [Is. vi. 10] "Make the heart of this people fat. . . . and hear with their ears, and understand with their hearts, and *repent*, and be *healed*." R. Papa asked Abayi: Do not these last words, perhaps, mean before the (evil) decree has been pronounced? It is written, he replied, "be healed." What is that which requires healing? I can only say that, against which, judgment has been pronounced. Is this not contradictory to the rule: He who repents between (New Year's Day and the Day of Atonement) is forgiven, but if he does not repent, even though he offered the choicest sacrifices, he is not pardoned? There is no difficulty here; in the one case it refers to (the sins of) an individual, and in the other, to (those of) a community. Come and hear! It is written [Ps. cvii. 23-28] "They that go down to the sea in ships, that do business in great waters; these see the works of the Lord. . . . for he commandeth, and raiseth the stormy wind, which lifteth up the waves thereof, they reel to and fro, and stagger like a drunken man. . . . then they cry unto the Lord in their trouble, and he bringeth them out of their distresses; O, that men would praise the Lord for his goodness, etc." Signs are given, such as the words "but" and "only" in the Torah (which intimate limiting qualifications) to indicate that if they cried before the decree was pronounced, only then would they be answered; but if after, are they not answered? (Would not this be a contradiction to the words "to those of a community")? Nay, for those on a ship are not a community (but are considered as a unit).

Come and hear! The proselyte Beluria asked R. Gamliel (concerning the following apparent contradiction): It is written in your Torah [Deut. x. 17] "The Lord which regardeth not persons" (*literally*, who lifteth not up countenances); and it is also written [Numb. vi. 26] "May the Lord lift up his countenance." R. Jose, the priest, joined her, and said to her, "I will tell thee a parable. To what may this be compared? To one who lent money to his neighbor, and set a time for its repayment before the king; and (the borrower) swore by the king's life (to repay it on time). The time arrived and he did not pay and he came to appease the king. Said the king to him, 'I can forgive you only your offence against me, but I cannot forgive you your offence against your neighbor; go and ask *him* to forgive you.'" So also here; in the one place it means sins committed by a man against Himself; but in the other, it means sins committed by one man against another. Nevertheless, the Tanaïm differ as to the decree pronounced against an individual, as we may see from the following Boraitha: R. Meir used to say, of two who fall sick with the same sickness, and of two who enter a tribunal (for judgment), on similar charges, one may recover, and one not, one may be acquitted, and one condemned. Why should one recover and one not, and one be acquitted and one condemned? Because the one prayed and was answered, and one prayed, and was not answered. Why should one be answered and the other not? The one prayed devoutly and was answered; the other did not pray devoutly and therefore was not answered; but R. Elazar says it was not because of prayer, but because the one prayed *before*, and the other *after* the decree was pronounced. R. Isaac says: Prayer is helpful for man before or after the decree has been pronounced. Is it then so, that the (evil) decree, pronounced against a congregation is averted (through the influence of prayer)? Does not one Scriptural verse [Jer. iv. 14] say, "Wash thine heart from wickedness, and another runs [ibid. ii. 22] "For though thou wash thee with nitre, and take thee much soap, yet thine iniquity is marked before me." Shall we not say in the one case it means *before*, and in the other *after* the sentence has been pronounced? Nay; both refer (to a time) after the decree has been pronounced and there is no contradiction, for in one case it refers to a decree issued with an oath, and in the other, to a decree pronounced without an oath, as R. Samuel b. Ammi points out;

for he says in the name of R. Jonathan: Whence do we know that a decree, pronounced with an oath, cannot be averted? From [Sam. iii. 14] which says: "Therefore I have sworn unto the house of Eli, that the iniquity of Eli's house shall not be purged with sacrifice nor offering forever." Says Rabha: Even in such a case, it is only through *sacrifices* that sin cannot be purged, but by (the study of) the Torah it may be; and Abayi says: With sacrifice and offering it cannot be purged, but by (the study of) the Torah, and by active benevolence, it can. (Abayi based this opinion on his own experience for) he and (his master) Rabba were both descendants of the house of Eli; Rabba, who only studied the Torah, lived forty years, but Abayi, who both studied the Torah and performed acts of benevolence, lived sixty years. The Rabbis tell us also: There was a certain family in Jerusalem whose members died at eighteen years of age. They came and informed R. Jo'hanan b. Zakkai. Said he: "Perhaps you are descendants of Eli, of whom it is said 'all the increase of thy house shall die in the flower of their age'" [1 Sam. ii. 33]; "Go, then, study the Torah, and live!" They went and studied, and they lived, and they called that family R. Jo'hanan's. R. Samuel b. Inai says in the name of Rabh: Whence do we know, that if the decree against a community is even sealed, it may nevertheless be averted? From Deut. iv. 7 where it is written "as the Lord, our God, in *all* things that we call upon him for;" (but how can you harmonize that with the passage) [Is. lv. 6] "Seek ye the Lord while he may be found?" The latter passage refers to an individual, the former, to a community. When is that time that he will be found even by an individual? Answered Rabba b. Abhuha: During the ten days, from New Year's Day till the Day of Atonement.

"ON NEW YEAR'S DAY ALL THE INHABITANTS OF THE WORLD PASS BEFORE HIM KIBHNE MARON (LIKE SHEEP)." What does the Mishna mean by these last two words? "Like Sheep," as they are translated in Aramaic; but Resh Laqish says they mean "as the steps of the Temple" (*i. e.*, narrow, so that people ascended them one by one); R. Judah, however, says in the name of Samuel: (They mean) "like the armies of the house of David" (which were numbered one by one). Says Rabba b. Bar 'Hana in the name of R. Jo'hanan; Under any circumstances they are mustered at a glance. Said R. Na'hman b. Isaac: Thus also we understand the words of our Mishna: "He that fashioned all their hearts alike" [Ps. xxxiii. 15] *i. e.*, the Creator sees all their hearts (at a glance) and (at once) understands all their works.

MISHNA: Messengers were sent out* in the following six months; in Nisan, on account of the Passover; in Abh, on account of the fast; in Elul, on account of the New Year; in Tishri, on account of appointing the order the (remaining) festivals;† in Kislev, on account of the Feast of Dedication; in Adar, on account of the Feast of Esther; also in Iyar, when the Temple was in existence, on account of the minor (or second) Passover. ‡

GEMARA: Why were they not also sent out in Tamuz and Tebheth (in which months there are also fasts)? Does not R. 'Hana b. Bizna, say in the name of R. Simon the pious: What is the meaning of the passage [Zech. viii. 19], "Thus saith the Lord of hosts; the fast of the fourth, and the fast of the fifth, and the fast of the seventh and the fast of the tenth, shall be to the house of Judah, joy and gladness" etc., that they are called fasts, and also days of joy and gladness? Are we not to understand that only in the time of peace (cessation of persecution) they shall be for joy and gladness, but in the time when there was not peace, they shall be fasts? Answered R. Papa it means this: When there was peace, these days should be for joy and gladness; in the time of persecution they shall be fasts; in times when there are neither persecution, nor peace, people may fast, or not, as they see fit. If that is so, surely then (messengers should not have been sent out) on account of the fast of Abh? Answered R. Papa: The fast (ninth day) of Abh is different, since many misfortunes occurred on that day, as the teacher says: On the ninth of Abh, the first and second Temples were destroyed, Bether was captured, and the city was razed to the ground.

A Boraitha teaches: R. Simon says, there are four matters that R. Aqiba expounded, but which I interpret differently; "the fast of the fourth" means the ninth of Tamuz on which the city was broken up, as it is said [Jer. lii. 6, 7] "in the fourth, in the ninth day of the month. . . . the city was broken up." What does he mean by fourth? The fourth of the months. "The fast of the fifth," means the ninth of Abh, on which the Temple of our God was burnt; and what does he mean by calling it, fifth? The fifth of the months. "The fast of the seventh" means the third of Tishri the day on which Gedaliah the son of Ahikam was slain (and we fast) because the death of the righteous is equal to the loss of the house of our

---

* The Beth Din sent them from Jerusalem to announce to other places the day which had been appointed New Moon, and thus to inform them whether it was the thirtieth or thirty-first day from the preceding New Moon.

† *e. g.* Tabernacles. This was necessary since the Beth Din might have made the month intercalary.

‡ Vide, Numb. ix. 10, 11.

God; and what does he mean by calling it the seventh? The seventh of the months. "The fast of the tenth," means the tenth of Tebheth, the day on which the king of Babylon set himself against Jerusalem, as it is said, [Ezek. xxiv. 1, 2] "Again in the ninth year, in the tenth month, in the tenth day of the month, the word of the Lord came unto me saying, Son of man write thee the name of the day, even of this same day; the king of Babylon set himself against Jerusalem:" and what does he mean by calling it the tenth? The tenth of the months; and actually this last event should have been placed first, (since it occurred first) and why is it placed here last in order? To mention the months in their regular order. However, (says R. Simon): I do not explain (the passage quoted above) in this manner, but as follows: "The fast of the tenth" means the fifth of Tebheth, on which day the news came to the exiles that the city was smitten, as it is said [Ezek. xxxiii. 21] "And it came to pass in the twelfth year of our captivity, in the tenth (month) in the fifth day of the month that one that had escaped out of Jerusalem came to me, saying, The city is smitten," and they held the day on which they received the news as the day (on which the Temple) was burnt. Moreover (says R. Simon) my opinion appears more satisfactory to me than R. Aqiba's, for I speak of the first, first, and of the last, last; while he speaks of the last, first, and of the first, last; he mentions them in the order of the months, whilst I mention them in the order in which the misfortunes occurred.

We have learnt: Rabh and R. 'Hanina say, The Book of Fasts (which contained the names of minor holidays on which it was prohibited to fast) is abrogated, but R. Jo'hanan and R. Joshua b. Levi say: It is not. When Rabh and R. 'Hanina say that it is abrogated they mean: In the time of peace, the (fast) days are days of joy and gladness; but, in the time of persecution they are fast days, and so also with other (days mentioned in the Book of Fasts); and when R. Jo'hanan and R. Joshua b. Levi say it is not abrogated (they mean) that those (four fasts mentioned in Zechariah) the Bible makes dependent on the rebuilding of the Temple; but those (mentioned in the Book of Fasts) remain as they are appointed. R. Tobi b. Maṭana asked a question: On the twenty-eighth of (Adar), the good news came to the Jews that they need no longer abstain from studying the Torah; for the king (of Syria had earlier) issued a decree, forbidding them to study the Torah, or to circumcise their sons, and compelling them to desecrate their Sabbath. What did Judah b. Shamua and his friends do? They went and took counsel of a certain matron, whose house the celebrated people of the city frequented. Said she to them, "Go and cry aloud at night." They did as she advised and cried aloud, "O heavens! Are we not all brethren? Are we not all the children of one Father? Are we not all the children of one mother? Why should we be treated differently from other nations, and from all people who speak other languages inasmuch as ye issue such cruel edicts against us?" The decrees were annulled, and the day (on which this happened) they appointed a holiday. But if it is true that the Book of Fasts has been abrogated, (*i. e.*, the former (feasts) have been all abrogated), may, then, new ones be added? The Tanaïm differ (on this question); for a Boraitha teaches: The days recorded in the Book of Fasts, whether during or after the existence of the Temple, are not permitted (to be kept as fasts), so says R. Meir; but R. Jose is of the opinion, so long as the Temple stood it was not permissible (to fast on them) because they were days of joy, but since the Temple fell it is allowed, because they are days of mourning. One rule says that they are abrogated; but another rule says they are not abrogated. There is a question here caused by one rule contradicting the other? There is no question; in the latter case it refers to the Feasts of Dedication and Esther (which are never to be abrogated); and in the former case, to all other (minor feast) days.

"In Elul on Account of New Year's Day and in Tishri on Account of Appointing the Order of the (Remaining) Festivals." Since (the messengers) were sent out on account of Elul, why need they go again on account of Tishri? Shall I say because (the Beth Din) desired to proclaim Elul an intercalary month? (That cannot be) for have we not learned that R. 'Hanina b. Kahana says in the name of Rabh: Since the time of Ezra we have not discovered that Elul was an intercalary month? We have not discovered it, because it was not necessary (to make it so). But if it will be necessary, shall we make it an intercalary month? This would disturb the position of New Year's Day! It is better that the position of New Year's Day alone should be disturbed, than that all the holidays should be disarranged. And the best evidence for this is that the Mishna says that the messengers were sent in Tishri on account of appointing the order of the festivals.

"And in Kislev on Account of the Feast of Dedication and in Adar on Account of the Feast of Esther." But the Mishna does not say if it be a leap-year, that the messengers were sent out in the second Adar on account of the Feast of Esther? From this we learn that the Mishna is not, according to Rabbi; for a

Boraitha teaches: Rabbi says: in a leap-year, messengers are sent out also in the second Adar on account of the Feast of Esther.

When Ulla came (from Palestine) he said: They have made Elul an intercalary month, and he also said: "Do my Babylonian comrades know the benefit we have gained through it?" Because of what is this a benefit? "Because of herbs,"* said Ulla. R. A'ha b. 'Hanina, however, said: "Because of dead bodies."† What difference is there between them? They differ concerning a holiday that falls immediately before or after the Sabbath (on the sixth or first day of the week). According to the one who says "because of herbs" we ought to add an intercalary day; but (it is not necessary) according to him who says "because of dead bodies," for we can employ non-Jews (to bury the dead for us on the holidays). If this is the explanation, why is this a benefit only for us (in Babylon); is it not also to the advantage of them (in Jerusalem)? Our climate is very hot, but theirs is not.

Is that so? Did not Rabba b. Samuel teach: One might suppose that as we intercalate the *year* when necessary, so we intercalate the *month* when necessary? Says the Torah [Ex. xii. 2], "This month shall be unto you the first of the months," which means as soon as you see (the new moon) as on this occasion, you must *consecrate* the month (whether or not it is necessary to *intercalate* it).' (How then could they intercalate Elul, which had always only twenty-nine days)? To *intercalate* it (when necessary) was permitted; but to *consecrate* it, was not permitted; and Rabba's words should read: One might suppose that as it is permitted to *intercalate the year and the month* when necessary, so we may *consecrate the month* when necessary? Says the Torah [Ex. xii. 2], "This month shall be unto you, etc.," which means, only when the moon is seen as on this occasion, may you *consecrate* it.

Samuel said: "I can arrange the calendar for the whole captivity." Abba, the father of R. Simlai, said to him, "Do you know, sir, that which a certain Boraitha teaches, concerning the secret of the intercalary day, viz.: Whether the new moon appears before or after midday?" Answered he, "No." "Then, sir," said he, "if you do not know this, there may be other things which you do not

---

* By adding an intercalary day to Elul, the holiday (New Year or Atonement Day) was prevented from falling on Friday or Sunday, the intention being to separate the holiday by an intervening day from the Sabbath. Thus, herbs that were to be eaten fresh, and other foods, would not spoil, as they might, if kept from Thursday till after the Sabbath.

† A similar practice was followed with regard to the keeping of a dead body over the Day of Atonement and a Sabbath. Since it was impossible to keep the dead body two days, the Sabbath and the Atonement Day were separated by the means of the intercalated day.

know." When R. Zera went (to Palestine) he sent back word to his comrade (saying): The evening and the morning (following) must both belong to the month (*i. e.*, when the old moon has still been seen after dark on the twenty-ninth day of the month, the thirtieth evening and following day belong to the closing month). And this is what Abba, the father of R. Simlai, meant: We calculate only the beginning of the new moon; if it began before midday, it is certain that it was seen close upon the setting of the sun, but if it did not begin before midday, it is certain that it did not appear close upon the setting of the sun. What difference does it make (in practice)? Answered R. Ashi, to refute witnesses. R. Zera says in the name of R. Na'hman, in every case of doubt (about the holidays), we post-date but never antedate.* Does this mean to say that (in a case of doubt concerning the exact day on which Tabernacles begins) we observe the fifteenth and sixteenth but not the fourteenth; let us keep the fourteenth also; perhaps Abh and Elul have each only twenty-nine days? That two consecutive months should each have twenty-nine days is a matter that every one would know. Levi went to Babylon on the eleventh of Tishri. Said he, "Sweet is the food of Babylon, on the great Day (of Atonement now being held) in Palestine." They said to him, "Go and testify." Answered he, "I have not heard from the Beth Din the words, "It is consecrated," (and therefore I cannot testify). For R. Jo'hanan announced: In every place that the messengers sent in Nisan reached, but that the messengers sent in Tishri cannot reach, they must observe two days for the holidays; and they make this restriction for Nisan lest people would do in Tishri as in Nisan.† Rabha used to fast two days for the Day of Atonement.‡ Once it happened that he was right (because the Day of Atonement fell one day later in Palestine than in Babylon). R. Na'hman was once fasting on the Day of Atonement, and in the evening a certain man came and said to him, "To-morrow

---

* *i. e.* if there be a doubt about which day is the Passover or the feast of Tabernacles, the festival should be kept for two days ; not, however, by *ante-dating* and keeping the *fourteenth* and fifteenth (of Nisan or Tishri) but by *post-dating* and keeping the fifteenth and *sixteenth* of either month.

† In Tishri, messengers might be delayed reaching distant places, to which they were sent to announce the date of the festival (Tabernacles), on account of New Year's Day and the Day of Atonement, on which they could not travel more than a short distance. In Nisan, however, they could, without delay, reach those places, and having announced the date of the festival, only one day was hallowed. Fearing that people might do, in regard to the Feast of Tabernacles what they did with regard to Passover, (*i. e.*, keep one day, even when in doubt about the date), the Rabbis instituted that both Tabernacles and Passover should have two days hallowed instead of one.

‡ He was in doubt whether the Beth Din at Jerusalem had made Elul intercalary or not, and as the messengers did not arrive until after the Day of Atonement, he fasted two days.

will be the Day of Atonement in Palestine." He angrily quoted, "Swift were our persecutors" [Lamen. iv. 19]. R. Na'hman said to certain sailors, "Ye who do not know the calendar take notice that when the moon still shines at dawn (it is full moon, and if it happens to be Nisan) destroy your leaven bread, (for it is then the fourteenth day).

MISHNA: For the sake of (the new moon) of the two months, Nisan and Tishri, witnesses may profane* the Sabbath, because in these months the messengers went to Syria, and the order of the festivals was arranged; when, however, the Temple† was in existence, they might profane the Sabbath in any month, in order to offer the (new moon) sacrifice in its proper time.

GEMARA: For the sake of these two months and not more? Against this I raise a question of contradiction: (Is it not said). For the sake of six months messengers were sent out? Answered Abayi: Thus he means: For all new moons, the messengers were sent out while it was still evening, but for Nisan and Tishri, they were not sent out until they heard from the lips of the Beth Din, the words "It (the new moon or month) is consecrated." The Rabbis taught: Whence do we know that for them we may profane the Sabbath? From [Lev. xxiii. 4] which runs "These are the feasts of the Lord, which ye shall proclaim in their seasons;" might not one suppose that as (witnesses) were permitted to profane the Sabbath until the new moons had been consecrated, so were messengers permitted to profane the Sabbath, until (the festivals) were introduced? Says the Torah: "which ye shall proclaim," *i. e.*, you may profane the Sabbath in order to proclaim them, but not to introduce them.

"When, however, the Temple Was in Existence, They Might Profane the Sabbath, in Any Month, in Order to Offer the (New Moon) Sacrifice, in Its Proper Time." The Rabbis taught: Formerly they profaned the Sabbath for all (new moons); but since the destruction of the Temple, said R. Jo'hanan b. Zakkai, have we any (new moon) sacrifice to offer? They then instituted that (witnesses) might profane the Sabbath only on account of Nisan and Tishri.

MISHNA: Whether the new moon had appeared clear to all or not, (the witnesses) were permitted to profane the Sabbath on its account. R. Jose says: If it appeared clear to everyone,‡ the

---

* To travel to Jerusalem in order to inform the Beth Din might have necessitated walking more than the distance permitted on the Sabbath.

† The Temple in Jerusalem.

‡ It might then be presumed that everyone had seen it, and it was therefore unnecessary for anyone to go to Jerusalem to announce it to the Beth Din.

Sabbath should not be profaned (by witnesses). It once happened that more than forty pair (of witnesses) were on the highway (to Jerusalem) on the Sabbath, when R. Aqiba detained them at Lydda. R. Gamliel then sent word saying, "If thou thus detainest the people, thou wilt be the cause of their erring in the future (i. e., they may refuse to come and testify).

GEMARA: The Rabbis taught: The words [Eccles. xii. 10] "Qoheleth sought to find out acceptable words," mean, that Qoheleth sought to invent laws, without the aid of witnesses or warning. An echo was heard saying, [Eccles xii. 10], "Let that which is written be upright, even words of truth" (which meant that) by means of two witnesses (should the words of truth be established).

"IT ONCE HAPPENED THAT MORE THAN FORTY PAIR (OF WITNESSES) WERE ON THE HIGHWAY (TO JERUSALEM) AND R. AQIBA DETAINED THEM, ETC." A Boraitha teaches: R. Judah says, God forbid that R. Aqiba should have detained them; it was Shazpar, the superintendent of Gader who detained them, and (and when) R. Gamliel (heard of it, he) sent and dismissed him.

MISHNA: When a father and son have seen the new moon, they must both go to the Beth Din, not that they may act together as witnesses, but in order that, should the evidence of either of them be invalidated, the other may join to give evidence with another witness. R. Simon says: Father and son, and relatives in any degree may be accepted as competent witnesses to give evidence as to the appearance of the new moon. R. Jose says: It once happened that Tobias the physician, his son, and his freed slave, saw the new moon in Jerusalem (and when they tendered their evidence), the priests accepted his evidence and that of his son, but invalidated that of his freed slave; but when they appeared before the (Beth Din) they received his evidence, and that of his freed slave, but invalidated that of his son.

GEMARA: Asks R. Levi: What is the reason for R. Simon's opinion? It is written [Ex. xii. 1] "And the Lord spake unto Moses and Aaron saying: This month shall be *unto you*, "which means, this evidence shall be acceptable from you (although you are brothers). And how do the *Rabbis* explain it? They say it means: This testimony shall be given into your hands (i. e., the Beth Din's). Says Mar Uqba in the name of Samuel the rule is according to R. Simon.

MISHNA: The following are considered incompetent to be witnesses: gamblers with dice, usurers, pigeon-breeders,* those who

---

* Those who breed and train pigeons for racing.

deal with the produce of the sabbatic year, and slaves. This is the rule: All evidence that cannot be received from a woman cannot be received from any of the above. One who has seen the new moon, but is unable to go (to give evidence), must be brought (if unable to walk) mounted on an ass, or even in a bed.* Persons afraid of an attack by robbers may take sticks with them;* and if they have a long way to go, it will be lawful for them to provide themselves with, and carry their food.* Whenever (witnesses) must be on the road a day and a night, it will be lawful to profane the Sabbath to travel thereon, to give their evidence as to the appearance of the moon. For thus it is written [Lev. xxiii. 4] "These are the feasts of the Lord, the holy convocations, which ye shall proclaim *in their appointed seasons.*"

---

* Even on the Sabbath, when under ordinary circumstances this might not be done.

CHAPTER II.

MISHNA: If the Beth Din did not know him (the witness) another was sent with him to testify in his behalf. In former times they would receive evidence (about the appearance of the moon) from any one; but when the Boëthusians used their corrupt practices the rule was made, that evidence would only be received from those who were known (to be reputable).

GEMARA: What is meant by "another" (in the above Mishna)? Another pair (of witnesses). This is proved by the following reasoning: If you do not say so, then what is the meaning of "him," in the words of the Mishna "If the Beth Din did not know *him*?" Shall I say it means one (witness)! Surely the evidence of one was not received, for this transaction was called "judgment" [Ps. lxxxi] (and two witnesses are necessary)? What then does "him" mean? That pair; so also here, "another" means another pair. Is then the evidence of one not accepted? Does not a Boraitha state: It once happened that R. Nehorai went to Usha on the Sabbath to testify (to the character) of one witness? He knew, that there was one witness in Usha and he went to add his evidence (and thus make two witnesses). If that is so, why need it tell us (that R. Nehorai went on the Sabbath)? One might suppose that, as there was a doubt (that he might not meet the other witness), he ought not to have profaned the Sabbath (by traveling to Usha as a single witness); therefore he teaches us (that even in such a case of doubt the Sabbath might be profaned).

When Ulla came (to Babylon, from Palestine), he said: They have already consecrated the New Moon in Palestine. Said R. Kahana: (In such a case) not only Ulla, who is a renowned man, is to be believed, but even an ordinary man. Why so? Because men will not lie about a matter, that will become known to every one.

"IN FORMER TIMES THEY WOULD RECEIVE EVIDENCE FROM ANY ONE, ETC." The Rabbis taught: What corruption did the Boëthusians practice? They once sought to deceive the sages, and they bribed, with four hundred zuz (silver coins), two men, one belonging to their party and one to ours. The former gave his evidence and went out; to the latter, they (the Beth Din) said, "Tell us what was the appearance of the moon?" "I went up, replied he," to Maale Adumim,* and I saw it crouching between two rocks. Its head was like a calf, its ears like a goat, its horns like a stag, and its tail was lying across its thigh. I gazed upon it and shuddered, and fell backwards; and if you do not believe me, behold, here I have two hundred zuz bound up in my cloth. "Who induced you to do this" they asked? "I heard," he replied, "that the Boëthusians wished to deceive the sages; so, I said to myself, I will go and inform them, lest some unworthy person may (accept their bribe) and come and deceive the sages." Then, said the sages, "The two hundred zuz may be retained by you as a reward, and he who bribed you, shall be taken to the whipping-post (and be punished)." Then and there they ordained that testimony should be received only from those who were known (to be of good character).

MISHNA: Formerly bon-fires were lighted (to announce the appearance of the new moon); but when the Cutheans † practiced their deceit it was ordained that messengers should be sent out. How were these bon-fires lighted? They brought long staves of cedar wood, canes, and branches of the olive tree, and bundles of tow which were tied on with twine; with these they went to the top of the mountain, and lighted them, and kept waving them to and fro, upward and downward, till they could perceive the same repeated by another person on the next mountain, and thus, on the third mountain, etc. Whence did these bon-fires commence? From the mount of Olives to Sartabha, from Sartabha to Grophinah, from Grophinah to Hoveran, from Hoveran to Beth Baltin; they did not cease waving the burning torches at Beth Baltin, to and fro, upward and downward, until the whole country of the captivity appeared like a blazing fire.

GEMARA: The Rabbis taught: Bon-fires were only lighted to announce the new moon that appeared and was consecrated at the proper time (after twenty-nine days). And when were they lighted? On the evening of the thirtieth day. Does this mean to say that for a month of twenty-nine days the bon-fires *were* lighted, but *not* for a month of thirty days? It should have been done for a month of thirty days, and not at all for a month of twenty-nine days. Says Abayi: That would cause the people a loss of work for two days (because they would wait to see if the bon-fires would be lit or not and thus lose a second day). ‡

---

* The name of a place between Jerusalem and Jericho.

† A sect of Samaritans.

‡ The thirtieth day from the last New Moon was always New Moon, but in intercalary months the thirty-first day was also New Moon (second day); In the latter case the thirtieth day (first day of New Moon) belonged to the passing month, and the second day of New Moon

"How were these Bon-Fires Lighted? They brought long staves of cedar wood, etc." R. Judah says: There are four kinds of cedars: the common cedar, the QETROS, the olive tree, and the cypress. QETROS says Rabh, is (in Aramaic) ADARA or a species of cedar. Every cedar, says R. Jo'hanan, that was carried away from Jerusalem, God will in future times, restore, as it is said [Is. xli. 19], "I will plant in the wilderness the cedar tree," and by "wilderness" He means Jerusalem, as it is said, [Is. lxiv. 10], "Zion is (become) a wilderness." Further says R. Jo'hanan, "Woe to the Romans, for whom there will be no substitution," for it is said [Is. lx. 17], "For brass, I will bring gold, and for iron, I will bring silver, and for wood, brass and for stones, iron;" but what can He bring for R. Aqiba and his comrades (who were destroyed by Rome)? Of them He says [Joel iii. 21], "I will cleanse them, (but for) *their* (Aqiba's and his comrades') blood, I will not cleanse them."

"And whence did these Bon-Fires Commence?" From Beth Baltin. What is Beth Baltin? "Biram," answered Rabh What (does the Mishna) mean by the captivity? Says R. Joseph, "Pombeditha." And how was it that the whole country looked like a blazing fire? We learn that each Israelite took a torch in his hand and ascended to the roof of his house.

MISHNA: There was a large court in Jerusalem, called Beth Ya'azeq, where all the witnesses met, and where they were examined by the Beth Din. Great feasts were made there for (the witnesses) in order to induce them to come frequently. At first, they did not stir from there all day (on the Sabbath),* till R. Gamliel, the Elder, ordained that they might go two thousand cubits on every side; and not only these (witnesses) but also a midwife, going to perform her professional duties, and those who go to assist others in case of conflagration, or of an attack of robbers, or of flood, or (of rescuing people) from the ruins (of a fallen building) are considered (for the time being) as inhabitants of that place, and may go (thence on the Sabbath) two thousand cubits on every side. How were the witnesses examined? The first pair were examined first. The elder was introduced first, and they said to him: Tell us, in what form you

---

was the first day of the new month. Bonfires were always lighted on the night of the thirtieth day, *i.e.*, on the night after new moon; and if no bonfires were lighted then there were two days New Moon. In the case of the month of Elul they would, after twenty-nine days, observe New Year's Day. Now if that month happened to be intercalary (*i.e.* have thirty days) and bonfires would have been lighted, the next day would have had to be observed as New Year's Day again, and the people would consequently have lost a second day.

* For if they had already traveled two thousand cubits, they were prohibited from journeying more than four cubits more.

saw the moon; was it before or behind the sun? Was it to the north or the south (of the sun)? What was its elevation on the horizon? Towards which side was its inclination? What was the width of her disk? If he answered, before the sun, his evidence was worthless. After this they introduced the younger (witness) and he was examined; if their evidence was found to agree, their testimony was accepted as valid; the remaining pairs (of witnesses) were asked leading questions, not because their testimony was necessary, but only to prevent them departing, disappointed, and to induce them to come again often.

GEMARA: Do not the questions (asked by the Mishna), "was it before or behind the sun?" and "was it to the north or to the south?" mean the same thing? Answered Abayi: (The Mishna asks) whether the concave of the crescent was before or behind the sun, and if (the witness said) it was before the sun, his evidence was worthless; for R. Jo'hanan says: What is the meaning of the passage [Job xxv. 2] "Dominion and fear are with him; he maketh peace in his high places?" It means that the sun never faces the concave of the crescent or the concave of a rainbow.

"WHAT WAS ITS ELEVATION ON THE HORIZON? TOWARDS WHICH SIDE WAS ITS INCLINATION?" In one Boraitha we have learnt: If (the witness) said "towards the north," his evidence was valid, but if he said, "towards the south," it was worthless; does not another Boraitha (which says the following) teach the very opposite: If (the witness) said "towards the south," his testimony was accepted, but if he said "towards the north" it was valueless? There is no difficulty here; in the latter case it speaks of the summer, while in the former it refers to the winter. The Rabbis taught: If one (witness) said its elevation appeared about as high as two ox-goads and another said about as high as three, their testimony was invalid, but either might be taken in conjunction with a subsequent witness (who offered similar testimony). The Rabbis taught: (If the witnesses say) "we have seen the reflection (of the moon) in the water, or through a metal mirror, or in the clouds," their testimony is not to be accepted; or (if they say we have seen) "half of it in the water, and half of it in the heavens, or half of it in the clouds," their evidence carries no weight. Must they then see the new moon again (before their testimony can be accepted)? Answered Abayi: This is their meaning, if the witnesses testify that they saw the moon, accidentally, and they then returned purposely and looked for it, but they saw it not, their evidence is worthless. Why so? Because one might say they saw a patch of white clouds (and they thought it was the moon).

MISHNA: The chief of the Beth Din says "It (the new moon) is consecrated," and all the people repeated after him "It is consecrated, it is consecrated." Whether the new moon was seen at its proper time (after twenty-nine days) or not, they used to consecrate it. R. Elazar b. Zadok said: If it had not been seen at its proper time it was not consecrated, because it had already been consecrated in heaven (*i. e.*, of itself).

GEMARA: Whence do we know that the (chief of the Beth Din must say "It is consecrated")? Answered R. 'Hiyya b. Gamda in the name of Rabbi: The Torah says [Lev. xxiii. 44], "Moses declared unto the children of Israel the feasts of the Lord" from which we deduce that (as Moses, who was the chief in Israel, declared the feasts to Israel, so also does) the chief of the Beth Din announce the words "It is consecrated."

"ALL THE PEOPLE REPEATED AFTER HIM "IT IS CONSECRATED, IT IS CONSECRATED." Whence do we know this? Answered R. Papa: The Torah says [Lev. xxiii. 2], "Which *ye* shall proclaim," *i. e.*, which ye, all the people shall proclaim; but R. Na'hman b. Isaac says: We know it from the words [ibid.] "*These* are my feasts," *i. e.* (*these people*) shall announce my feasts. Why are the words "It is consecrated" repeated twice? Because in the Scriptural verse just quoted we find it written "holy convocations" (*literally*, announcements, and the minimum of the plural expression is two).

"R. ELAZAR B. ZADOK SAID: IF IT HAD NOT BEEN SEEN AT ITS PROPER TIME, IT WAS NOT CONSECRATED, ETC." Pelimo* teaches in a Boraitha: When the new moon appears at its proper time, they used not to consecrate it, but when it appears out of its proper time, they used to consecrate it. R. Eliezer, however, says: In neither case used they to consecrate it, for it is written [Lev. xxv. 10] "And ye shall consecrate the fiftieth year;" *years* should be consecrated, but not *months*. R. Judah says in the name of Samuel: The law is according to R. Elazer b. Zadok. Abayi says: We have also a Mishna to the same effect, viz.: If the Beth Din and all Israel saw the new moon (on the thirtieth day) and if the examination of the witnesses had already taken place, and it had become dark before they had time to announce "It is consecrated," the month (just passing) is intercalary. That (the month) is intercalary is mentioned (by the Mishna), but not that they said "It is consecrated?"

* The name of a Tana, a contemporary of Rabbi.

It is not clear that this is a support for Abayi's argument, for it was necessary to say that it was intercalary, or we would not have known that the next day was the intercalary day. One might have thought since the Beth Din and all Israel saw the new moon, that it was apparent to all, and that the month does not become intercalary, therefore he teaches us that (nevertheless the month becomes intercalary).

MISHNA: R. Gamliel had on a tablet, and on the wall of his upper room, illustrations of the various phases of the moon, which he showed to the common people, saying, "Did you see the moon like this figure or like this?"

GEMARA: Is this permitted? Does not a Boraitha teach that the words "Ye shall not make with me" [Ex. xx. 23] mean, ye shall not make pictures of my ministers that minister before me, such as the sun, moon, stars or planets? It was different with R. Gamliel, for others made it for him. But others made one for R. Judah, yet Samuel said to him "Thou, sagacious one, destroy that figure!"* In the latter case the figure was embossed, and he was afraid that one might suspect the owner (of using it as an idol). Need one be afraid of such suspicion? Did not that synagogue in Shephithibh of Nehardea have a statue (of the king), yet Rabh, Samuel, and Samuel's father and Levi went there to pray and were not afraid of being suspected (of idolatry)? It is a different case when there are many. Yet, R. Gamliel was only one? Yea, but he was a prince, and there were always many with him; and if you wish you may say that he had them made to teach by means of them; and that which is written [Deut. xviii. 9] "thou shalt not learn to do," means but thou mayest learn, in order to understand and to teach.

MISHNA: It happened once, that two witnesses came and said: We saw the moon in the eastern part of the heavens in the morning, and in the western part in the evening. R. Jo'hanan b. Nuri declared them to be false witnesses; but when they came to Jamnia, Gamliel received their evidence as valid. (On another occasion) two other witnesses came and said: We saw the moon on its proper day, but could not see it on the next evening of the intercalary day; R. Gamliel received them; but R. Dosa b. Harkhinas, said: They are false witnesses; for how can they testify of a woman being delivered (on a certain day), when, on the next day, she appears to be pregnant? Then R. Joshua said unto him: I approve your opinion. Upon this Gamliel sent him (R. Joshua) word, saying, "I order

---

* literally "put out the eyes of that figure!"

you to appear before me on the Day of Atonement, according to your computation, with your staff and with money. R. Aqiba went to him (R. Joshua), and found him grieving; he then said to him, I can prove that all Gamliel has done is proper for it is said, " These are the feasts of the Lord, holy convocations which ye shall proclaim," either at their proper time, or not at their proper time, only *their* convocations are to be considered as holy festivals. When he (R. Joshua) came to R. Dosa b. Harkhinas, the latter told him, " If we are to reinvestigate the decisions of the Beth Din of Gamliel, we must also reinvestigate the decisions of all the Beth Dins which have existed from the time of Moses till the present day; for it is said [Ex. xxiv. 9], " Moses, Aaron, Nadab, Abihu, and seventy elders went up (to the Mount)." Why were not the names of the elders also specified? To teach us, that every three men in Israel that form a Beth Din are to be respected in an equal degree with the Beth Din of Moses. Then did R. Joshua take his staff and money in his hand, and went to Jamnia, to Gamliel, on the very day on which the Day of Atonement would have been according to his computation; when Gamliel arose, and kissed him on his forehead, saying, " Enter in peace, my master and disciple! My master — in knowledge; and my disciple—since thou didst obey my injunction."

GEMARA: A Boraitha teaches us: that R. Gamliel said to the sages, thus it has been handed down to me from the house of my grandfather (Hillel), that sometimes the new moon appears elongated and sometimes diminished. R. 'Hiyya saw the old moon yet on the morning of the twenty-ninth day, and threw clods of earth at it, saying, " We should consecrate thee in the evening, and thou art seen now? Go, hide thyself ! "

Said Rabbi to R. 'Hiyya: " Go to Entob and consecrate the month and send back to me as a password * ' David, the King of Israel still lives.' " The Rabbis taught: Once it happened that the heavens were thick with clouds and the form of the moon was seen on the twenty-ninth of the month (of Elul), so that the people thought that New Year's Day should be then proclaimed, and they (the Beth Din) were about to consecrate it. Said R. Gamliel to them: Thus it has been handed down to me by tradition, from the house of my grandfather, the consecration of the moon cannot take place at a period less than twenty-nine and a half days, two-thirds and .0052 (*i. e.*, seventy-three 'Halaqim) of an hour. On that self-same day the mother of Ben Zaza died and R. Gamliel delivered a great funeral

---

* This device was resorted to because, in the days of Rabbi, the Romans had prohibited the Jews, under penalty of death, to consecrate the moon.

oration,* not because she specially deserved it, but in order that the people might know that the new moon had not yet been consecrated by the Beth Din.

"WHEN HE (RABBI JOSHUA) CAME TO R. DOSA B. HARKHINAS, ETC." The Rabbis taught: The reason that the names of those elders are not mentioned, is in order that one should not say: Is So-and-so like Moses and Aaron? Is So-and-so like Nadabh and Abihu? Is So-and-so like Eldad and Medad? (And how do we know that one should not ask thus)? Because, it is written [1 Sam. xii. 6], "And Samuel said unto the people the Lord that appointed Moses and Aaron" and in the same connection it is said [ibid. 11.], "And the Lord sent Jerubaal and Bedan and Jephtha and Samuel." Jerubaal is Gideon; and why is he named Jerubaal? Because he strove against Baal; Bedan is Samson; and why is he named Bedan? Because he came from Dan. Jephtha means just what it is (*i. e.*, he had no surname or attribute). It is said [Ps. xcix. 6] "Moses and Aaron among his priests, and Samuel, among them that called upon his name;" the sacred text regards the three common people equal with the three noblest, to teach us that Jerubaal was in his generation like Moses in his; Bedan in his generation was like Aaron in his; Jephtha in his generation was like Samuel in his generation. From all this one must learn, that if, even the commonest of the commoners is appointed leader by a community, he must be considered as the noblest of the nobility, for it is said [Deut. xvii. 9] "And thou shalt come unto the priests, the Levites, and unto the judge that shall be in those days." (Why does the Torah say " in those days"?) Can you imagine that one could go to a judge who was not in his days? (Surely not! but by these words Scripture teaches us that a judge is to be held " in his days " equal in authority with the greatest of his antecedents). We find a similar teaching in Eccles. vii. 10: " Say not thou, that the former days were better than these!"

"HE TOOK HIS STAFF, ETC." The Rabbis taught: (Gamliel said to R. Joshua): Happy is the generation in which the leaders listen to their followers, and through this the followers consider it so much the more their duty (to heed the teachings of the leaders).

---

* No funerals or funeral orations were, or are, permitted on the holidays.

CHAPTER III.

MISHNA: If the Beth Din, and all Israel saw (the moon on the night of the thirtieth day), or, if the witness had been examined, but there was no time to proclaim "It is consecrated" before it has become dark, the month is intercalary. If the Beth Din alone saw it, two of its members should stand and give the testimony before the others, who shall then say "It is consecrated, It is consecrated." When three who formed a Beth Din saw it, two should stand and conjoining some of their learned friends with the remaining one, give their testimony before them, who should proclaim "It is consecrated, It is consecrated," for one (member of a Beth Din) has not this right by himself alone.

GEMARA: "IF THE BETH DIN ALONE SAW IT, TWO OF ITS MEMBERS SHOULD STAND AND GIVE THEIR TESTIMONY BEFORE THE OTHERS, ETC." Why so? Surely hearsay evidence is not better than the testimony of an eye-witness! Says R. Zera: It refers to a case where they saw it at night (and on the next day they could not consecrate the new moon until they had heard the evidence of two witnesses).

"WHEN THREE, WHO FORMED A BETH DIN, SAW IT, TWO SHOULD STAND AND CONJOINING SOME OF THEIR LEARNED FRIENDS WITH THE REMAINING ONE, ETC." Why so? Here also we may say, surely hearsay evidence is not better than the testimony of an eye-witness! And if you should object that this also means where they saw it at night, is this not, then, the same case? The case is the same, but he needs to state the above, because of the concluding words, "one (member of a Beth Din) has not the right by himself alone;" for you might possibly think that we say, since in civil cases three (are required to constitute a Beth Din), but where he is well known (as a learned authority) one judge may act alone, so here we may consecrate (the new moon) on the authority of one judge, therefore, he teaches us (that three are required). Perhaps I should, nevertheless, say here (that one learned authority is sufficient)? Nay, for there is no greater authority than Moses, our master, yet God said to him, that Aaron should act with him, as it is written [Ex. xii. 1, 2], "And the Lord spake unto Moses and Aaron, in the land of Egypt, saying: This month shall be unto *you* the beginning of months."

Does this mean to say that a witness may act as judge? And shall I then say that the above Mishna is not according to R. Aqiba, for a Boraitha teaches: If the members of the Sanhedrin saw a man commit murder, part of them may act as witnesses and part as judges, according to R. Tarphon; but according to R. Aqiba all of them are witnesses, and no witness (of a crime) may act as judge? You may state (that the Mishna is) according to R. Aqiba even. In the latter instance R. Aqiba only refers to capital cases, for the Torah says [Numb. xxxv. 24, 25] "Then the congregation shall judge . . . .and the congregation shall deliver," and since they saw him commit murder, they will not be able to urge any plea in his favor; but here (concerning the new moon) even R. Aqiba assents (that a witness may act as judge).

MISHNA: Every kind of cornet may be used (on New Year's Day) except those made of cow-horn, because they are called "horn" (QEREN) and not "cornet" (SHOPHAR). R. Jose says: Are not all cornets called "horn," as *e. g.*, it is said [Josh. vi. 5] "And it came to pass that when they made a long blast with the horn."

GEMARA: How comes it that the word JOBHEL means ram? A Boraitha teaches: R. Aqiba says, When I went to Arabia, I found they called a ram "Yubla." The Rabbis did not know the meaning of the word SALSELEHO in the passage [Prov. iv. 8] "Salselcho and she shall promote thee." One day they heard Rabbi's maidservant say to a certain man who was (conceitedly) playing with his hair, "How long wilt thou MESALSEL (twist up) thy hair?" The Rabbis did not know the meaning of the word YEHABHEKHA in the passage [Ps. lv. 22] "Cast YEHABHEKHA (burden) upon the Lord." Says Rabba b. Bar 'Hana, "One day I went with a certain Arabian caravan merchant and I was carrying a burden. Said he to me, 'Take down YEHABHEKH (thy burden) and put it on my camel.'"

MISHNA: The cornet used on the New Year was a straight horn of a wild goat; the mouth-piece was covered with gold. The two trumpets were stationed one on each side: the sound of the cornet was prolonged, while that of the trumpet was short, because the special duty of the day was the sounding of the cornet. On the fast days two crooked ram's-horns were used, their mouth-pieces being covered with silver, and the two trumpets were stationed in the middle between them: the sound of the cornet was shortened while that of the trumpets was prolonged, because the special duty of the day was the sounding of the trumpets. The Jubilee and New Year's Day were alike in respect to the sounding (of the cornet) and the benedictions, but R. Judah says on the New Year we blow (a cornet) made of ram's-horn, and on the Jubilee one made of the horn of a wild goat.

GEMARA: R. Levi says: It is a duty on New Year's Day and the Day of Atonement to use a bent cornet, but during the rest of the year a straight one. But have we not learned that the cornet used on the New Year must be the "*straight* horn of a wild goat? He (R. Levi) supports his opinion with the following Boraitha which teaches that R. Judah says: On New Year's Day they used to blow (a cornet) made of a straight ram's-horn and on the Jubilees, one made of wild goat's horn. About what do they dispute? R. Judah holds that on New Year's the more bent in spirit a man is, and on the Day of Atonement, the more upright he is (in his confessions), the better; but R. Levi holds the more upright a man is on New Year's Day and the more bowed in spirit on the Fast Days, the better.

"THE MOUTH-PIECE WAS COVERED WITH GOLD." Does not a Boraitha teach, however, that if one covers the place to which the mouth was put the cornet may not be used; but if (he covers) another place it may be used? Answered Abayi: Our Mishna also means, a place to which the mouth was not put.

"THE TWO TRUMPETS WERE STATIONED ONE ON EACH SIDE." Could the two sounds be easily distinguished? Nay; and therefore the sound of the cornet was prolonged to indicate that the special duty of the day was the sounding of the cornet.

"ON THE FAST-DAYS TWO CROOKED RAM'S-HORNS WERE USED, THEIR MOUTH-PIECES BEING COVERED WITH SILVER." Why was the cornet used in the one case covered with gold and in the other, with silver? All (signals for) assemblies were blown on horns made with silver as it is written [Numb. x. 2] "Make unto thee two trumpets of silver . . . that thou mayest use them for the calling of the assembly, etc." . R. Papa b. Samuel was about to follow the practice laid down by the Mishna: said Rabha to him, that was only customary so long as the Temple was in existence. A Boraitha also teaches this applies only to the Temple; but in the country (outside of Jerusalem) in a place where they use the trumpet, they do not use the cornet, and *vice-versa*. And so also did R. 'Halaphta, in Sepphoris and so too did R. 'Hanina b. Teradjon in Si'hni, when the matter was brought to the attention of the sages, they said: That was the custom, only at the eastern gates or the Temple Mount. Rabha, but some say R. Joshua b. Levi asked: From which Scriptural verse is this deduced? From Ps. xcviii. 6 which runs, "With trumpets and sound of cornet, make a joyful noise before the Lord, the King;" *i. e.*, before the Lord, the King (in the Temple) we need both the trumpets and the cornet, but not elsewhere.

"THE JUBILEE, AND THE NEW YEAR WERE ALIKE IN RESPECT TO THE SOUNDING (OF THE CORNET), AND THE BLESSINGS." R. Samuel b. Isaac said: According to whom do we now-a-days pray: "This day celebrates the beginning of thy work, a memorial of the first day?" According to R. Eliezer who says: The world was created in Tishri. R. Ina asked a question: Did we not learn in our Mishna that the Jubilee and New Year are alike in respect to the sounding (of the cornet), and the benedictions, and now how can that be so when we say "This day celebrates the beginning of thy work, a memorial of the first day," which is said on New Year but not on the Jubilee? (That which we have learnt in our Mishna that they are alike means) in every other respect but this.

MISHNA: It is unlawful to use a cornet that has been split and afterwards joined together; or one made of several pieces joined together. If a cornet had a hole that had been stopped up, and prevented (the production) of the proper sound, it might not be used; but if it does not affect the proper sound, it might be used. If one should blow the cornet inside a pit, a cistern or a vat and the sound of the cornet was (plainly) heard (by one listening to it) he will have done his duty (to hear the cornet on the New Year), but not if he heard only an indistinct sound. Thus also, if one should happen to pass by a synagogue, or live close by it and should hear the cornet (on the New Year) or the reading of the Book of Esther (on the Feast of Esther), he will have complied with the requirements of the law, if he listened with proper attention but not otherwise; and although the one heard it as well as the other, yet the difference (on which everything depends) is, that the one listened with proper attention, and the other did not.

GEMARA: The Rabbis taught: If a cornet was long and they shortened it, it might be used; if one scraped it and reduced it to its due size, it might be used; if one covered it on the inside, with gold, it might not be used; if on the outside and it changed the tone from what it originally was, it might not be used, but if not, it might be used; if a cornet had a hole in it and they closed it up, and thereby prevented (the production) of the proper sound, it might not be used, but if not it might be used; if one placed one cornet inside another and the sound heard (by a listener) was produced from the inner one he has complied with the requirements of the law, but if from the outer one, he has not.

"OR ONE MADE OF SEVERAL PIECES JOINED TOGETHER."
The Rabbis taught: If one added to a cornet never so small a piece, whether it be of the same kind of horn or not, it might not be used. If a cornet had a hole, whether one stopped it up with a piece of the same kind (of horn) or not, it might not be used, but R. Nathan held (only when repaired with material) *not* of the same kind, it might not be used, but otherwise it might. (To which) R. Judah added: That is, if the greater part of a cornet was broken. From this we may prove that if repaired with material of the same kind, although the greater part was broken, it may, nevertheless be used.

"If one covered a cornet on the inside with gold it might not be used; if on the outside, and it changed the tone from what it originally was, it might not be used, but if not, it might be used." If a cornet had been split lengthwise, it might not be used, but if crosswise, yet enough remained with which to produce the sound, it might be used, but if not, it might not be used. [And how much is that? R. Simon b. Gamliel explains it to be as much as we may hold in our closed hand, and yet on either side a portion is visible].* If its tone was thin, or heavy or harsh, it might be used, for all tones were considered proper in a cornet. The schoolmen sent a message to the father of Samuel: (One has complied with the requirements of the law if he bored a hole in a horn and blew it. That is self-evident! for in) every cornet a hole must surely be bored. Says R. Ashi: If one bored a hole through the bony substance inside the horn (which ought to be removed), are we to suppose that one substance causes an interposition with another of the same nature, (and that, therefore it might not be used)? Therefore they sent to say that this is no objection.

"IF ONE SHOULD BLOW THE CORNET INSIDE A PIT OR A CISTERN, ETC." R. Huna says: They taught this only in the case of those who stood at the pit's mouth, but those who were in the pit comply with the requirements of the law. If one heard a part of (the required number of) the sounds of the cornet in the pit, and the rest at the pit's mouth, he has done his duty; but if he heard a part before the dawn of day, and the rest after the dawn, he has not complied with the requirements of the law. Asked Abayi: Why in the latter case (should he not have done his duty, because he did not hear the whole of the sounds at the time when the duty should be performed), yet, in the former case (he is considered to have done

---

* The opinion of the editor is that this parenthesis is a fair illustration of the interpolations in the Talmud. The term PIRESH is not Talmudical and was only used in later times. It has only been left here because the explanation happens to be correct.

his duty) under similar circumstances? How can you compare these cases? In the latter case, *the night is not* the time of performing the obligation at all, while in the former case, *a pit is* a place where the duty may be performed for those who are in it! Shall we say that Rabba held: If one heard the end of the sounding (of the cornet), without having heard the beginning he complied with the requirements of the law, and from these words we must understand that if he heard the beginning, without the end he has also done his duty? Come and hear! If one blew the first sound (TEQIA) and prolonged the second (TEQIA) as long as two, it is only reckoned as one; and (if Rabba's opinion is correct) why should you reckon it as two? (This is no question)! If he heard a half the sounds, he has done his duty, but when one blows one sound on the cornet, we may not consider it two halves. Rabha says: One who vows to receive no benefit from his neighbor, may blow for him the obligatory sounds (of the cornet); one who vows refusal of any benefit from a cornet, may blow on it the obligatory sounds. Furthermore says Rabha: One who vows to refuse any benefit from his neighbor may sprinkle on him the waters of a sin-offering in the winter, but not in the summer. One who vows to receive no benefit from a spring, may take in it an obligatory bath in the winter, but not in the summer. The schoolmen sent a message to the father of Samuel: If one had been compelled to eat unleavened bread (on the first night of Passover, *i. e.*, he had not done so of his own accord) he has also done his duty. Who compelled him? Answered R. Ashi, Persians. Rabha remarked: From this statement we can prove that if one plays a song on the cornet, he complies with the requirements of the law. It is self-understood! The cases are similar? But one might suppose that in the former case, the Torah commanded him to *eat* (unleavened bread) and he *ate* it, but in the former case the Torah speaks of "a *remembrance* of blowing the cornet" [Lev. xxiii. 24], and (when he plays a song he does not *remember* his duty for) he is engaged in a worldly occupation! Therefore he teaches us that even under such circumstances he *does* comply with the requirements of the law. To this an objection was raised. We have learnt: If one who listened (to the sounds of the cornet) paid the proper attention, but he that blew the cornet did not, or *vice-versa*, they have not done their duty, until both blower and listener pay proper attention. This is all right as far as the case where the blower, but not the listener, pays the proper attention, for it is possible that the listener imagines he hears the noise of an animal; but how can it happen that the listener should pay due attention and the one who blows (the cornet) should not, except he was only playing a song (by which he does not do his duty)? (It is possible) if he only produced a dull sound; (*i. e.* and not, for example a Teqia).

Said Abayi to him: But now, according to your conclusion (that a duty performed without due attention is the same as if performed with due attention) will you say that he who sleeps in a tabernacle on the eighth day of the feast of Tabernacles receive stripes (because he had no right to observe the law for more than seven day)? Answered he: I say that one cannot infringe a command except at the time when it should be performed. R. Shamen b. Abba raised an objection: Whence do we know that a priest who ascended the platform (to pronounce the priestly benediction) must not say: Since the Torah has given me the right to bless Israel, I will supplement (the benedictions Numb. vi. 24-26) by one of my own, as for example [Deut. i. 11] " May the Lord God of your fathers make you a thousand times so many more as ye are?" From the Torah which says [Deut. iv. 2] " Ye shall not *add* unto the word." And in this case as soon as he has finished the benedictions, the time for performing that duty has gone by, still if he add a blessing of his own he is guilty of infringing the law which says " Ye shall not add?" Said Rabha: (I mean), To fulfill the requirements of the law one need not pay attention; to transgress the law against supplementing, at the time prescribed for performing it, also, does not require one's special attention; but to transgress the law against supplementing at the time not prescribed for performance, needs one's special attention. R. Zira said to his attendant: " Pay attention, and sound (the cornet) for me!" Do we not thus see that he holds that to fulfill the requirements of the law the act is not enough and one must pay attention? This is a disputed question among the Tanaïm, for a Boraitha teaches: One who hears (the blowing of the cornet) must himself listen in order to perform his duty, and he who blows (the cornet) blows after his usual manner. R. Jose says: These words are said only in the case of the officiant for a congregation; but an individual does not comply with the requirements of the law unless both he that hears and he that blows pay proper attention.

MISHNA: (It is written in Ex. xvii. 11 that) " When Moses held up his hand, Israel prevailed, etc." Could then the hands of Moses cause war to be waged or to cease? (Nay); but it means that as long as Israel looked to Heaven for aid, and directed their hearts devoutly to their Father in Heaven, they prevailed; but when they ceased to do so, they failed. We find a similar instance also in [Numb. xxi. 8] " Make unto thee a fiery serpent and set it on a pole, and every one that is bitten, when he looketh upon it shall live." Could then the serpent kill or bring to life ? (Nay); but it means when the Israelites looked (upward) to Heaven for aid and subjected their will to that of their Father in Heaven they were healed, but when they did not, they perished. A deaf mute, an idiot, or a child cannot act in behalf of the assembled congregation. This is the general rule whosoever is not obliged to perform a duty, cannot act in behalf of the assembled congregation (for that duty).

GEMARA: The Rabbis taught: All are obliged to hear the sounding of the cornet, Priests, Levites and Israelites, Proselytes, Freed-Slaves, a monstrosity, a hermaphrodite, and one who is half slave and half free. A monstrosity cannot act in behalf of those like or unlike itself, but a hermaphrodite can act in behalf of those of the same class, but not of any other. The teacher says: It is said, All are obliged to hear the sounding of the cornet, Priests, Levites and Israelites. This is self understood, for if these are not obliged, who are? It was necessary to mention priests here, for one might have supposed, that since we have learnt, "the Jubilee and New Year's Day are alike with regard to the sounding of the cornet and the benedictions," that only those who are included under the rule of Jubilee are included in the duties of New Year's Day; and as the priests are not included in the rule of Jubilee (for they have no lands to lie fallow, etc.), might we not therefore say that they are not bound by the duties of New Year's Day? Therefore he teaches us (that they must hear the sounding of the cornet).

Ahabha, the son of R. Zera teaches: With regard to all the benedictions, although one has already done his duty he may nevertheless act for others, with the exception of the blessings over bread and wine; concerning which, if he has not yet done his duty, he may act for others, but if he has done his duty, he may not act for others. Rabha asked: What is the rule in the case of the benediction of the unleavened bread, and the wine used at the sanctification of a festival? Since these are special duties, may one act for others, or perhaps the (duty is only the eating of the unleavened bread and the drinking of the sanctification wine) but the benediction is not a duty, and therefore he cannot act for others? Come and hear! R. Ashi says: When we were at the home of R. Papa, he said the blessing of sanctification for us, and when his field-laborer came from work he said the blessing for him. The Rabbis taught: One may not say the benediction over bread for guests, unless he eats with them, but he may for the members of the family, to initiate them into their religious duties; with regard to the Service of Praise [HALLEL Ps. cxiii-cxviii.] and the reading of the Book of Esther, although one has already done his duty, he may, nevertheless, act for others.

CHAPTER IV.

MISHNA: When the feast of New Year happened to fall on the Sabbath, they used to sound (the cornet) in the Temple, but not outside of it. After the destruction of the Temple R. Jo'hanan b. Zakkai ordained that they should sound (the cornet) in every place in which there was a Beth Din. R. Elazar says that R. Jo'hanan b. Zakkai instituted that for Jamnia alone; but they (the sages) say the rule applied both to Jamnia and every place in which there was a Beth Din. And in this respect also was Jerusalem privileged more than Jamnia, that every city, from which Jerusalem could be seen, or the sounding (of the cornet) could be heard, which was near enough, and to which it was allowed to go on the Sabbath, might sound the (cornet) on the Sabbath but in Jamnia they sounded (the cornet) before the Beth Din only.

GEMARA: Whence do we learn these things? Says Rabha: The Rabbis issued a decree concerning them according to Rabba; for Rabba says, Although the duty of sounding (the cornet) is obligatory upon all, yet all are not skilled in sounding (it), therefore they feared lest one might take (the cornet) in his hand, and go to an expert and carry it more than four cubits on the New Year. The same rule applies to the palm branch (LULABH) and also to the scroll (on which is written the) Book of Esther.

"AFTER THE DESTRUCTION OF THE TEMPLE, R. JO'HANAN B. ZAKKAI ORDAINED, ETC." The Rabbis taught: Once it happened that New Year's Day fell on the Sabbath, and all the cities gathered together. Said R. Jo'hanan b. Zakkai to the Benai Betherah:* "Let us sound (the cornet)!" "First," said they, "let us discuss!" "Let us sound it," replied he, "and then we will discuss!" After they had sounded (the cornet) they said to him "Now let us discuss!" He answered "The cornet has now been heard in Jamnia, and we cannot retract after the act has been performed."

"BUT THEY (THE SAGES) SAY THE RULE APPLIED BOTH TO JAMNIA AND EVERY PLACE IN WHICH THERE IS A BETH DIN." Says R. Huna, that means, in the presence of the Beth Din. Does this preclude people from sounding (the cornet) out of the presence of the Beth Din? And, when R. Isaac b. Joseph came (from

---

* A scholarly family of Babylonian descent, much favored by Herod.

Jamnia) did he not say: When the officiant appointed by the congregation in Jamnia had finished sounding (the cornet) one could not hear his own voice on account of the sounds (of the cornets) used by individuals? (Even individuals) used to sound (the cornet) in the presence of the Beth Din. We have also been taught: Rabbi says, We may only sound (the cornet) during the time that the Beth Din is accustomed to sit.

"JERUSALEM WAS PRIVILEGED MORE THAN JAMNIA, ETC." (When the Mishna speaks of) "Every city from which Jerusalem could be seen," it means with the exception of a city located in the valley (from which it could be seen only by ascending to an elevated spot); by "the sounding (of the cornet) could be heard," it means to except a city located on the top of a mountain; by, "which was near enough," it means to exclude a city outside the prescribed limit (of a Sabbath journey); and by, "and to which it was allowed to go" it means to exclude a city (even near by) but divided (from Jerusalem) by a river.

MISHNA: Formerly the palm-branch (LULABH) was taken to the Temple seven days, but in cities outside (of Jerusalem) it was taken (to the synagogue) one day. Since the destruction of the Temple, R. Jo'hanan b. Zakkai ordained that the palm-branch should everywhere be taken seven days, in commemoration of the Temple, and also that it should be prohibited (to eat the new produce) the whole day of waving (the sheaf-offering; vide Lev. xxiii. 11-15).

GEMARA: Whence do we know that we do this in commemoration of the Temple? The Scriptures say [Jer. xxx. 17] "For I will restore health unto thee, and I will heal thee of thy wounds, saith the Lord, because they called thee an outcast, saying, This is Zion whom no man seeketh after." By implication (we see) it (Zion or the Temple) needs being sought after (or commemorated).

"AND THAT IT SHOULD BE PROHIBITED TO EAT . . . ON THE WHOLE DAY OF WAVING (THE SHEAF-OFFERING) ETC." R. Na'hman b. Isaac remarks: R. Jo'hanan b. Zakkai says this according to the opinion of R. Judah, for it is said [Lev. xxiii. 14] "And ye shall eat neither parched corn . . . until the selfsame day," *i. e.*, until the very day itself, and he holds that whenever the expression "until" (ADH) occurs it is inclusive. How can you say the above according to (R. Judah); surely he differs from him? For we have learnt: Since the destruction of the Temple R. Jo'hanan b. Zakkai *ordained* that it should be prohibited (to eat of the new produce) the whole of the day of waving (the sheaf-offering)! Says R. Judah: Is this not prohibited by the Torah which says: "Until the self-same day?" R. Judah was mistaken; he thought that R. Jo'hanan b. Zakkai taught that (the prohibition) was Rabbinical, and it was not so, for R. Jo'hanan also said it was Biblical. But does the Mishna not say "he ordained?" Aye; but what does it mean by "he ordained?" (It means), he explained the ordinance.

MISHNA: Formerly they received evidence as to the appearance of the new moon the whole (of the thirtieth) day. Once, the witnesses were delayed in coming, and they disturbed the song of the Levites. They then ordained that evidence should only be received until (the time of) the afternoon service, and if witnesses came after that time both that and the following day were consecrated. After the destruction of the Temple, R. Jo'hanan b. Zakkai ordained that evidence (as to the appearance) of the new moon should be received all day.

GEMARA: What disturbance did they cause to the Songs of the Levites? Said R. Zera to Ahabha his son: Go and construe (the Mishna) thus: They ordained that evidence as to the appearance of the new moon should not be received, only that there might be time during the day to offer the continual and the additional sacrifices and their drink offerings, and to chant the (daily) song without disturbing the order. A Boraitha teaches: R. Judah says in the name of R. Aqiba, what (song) did (the Levites) chant on the first day of the week? "The earth is the Lord's and the fullness thereof" [Ps. xxiv.], because he is the Creator, the Providence and the Ruler of the Universe. What did they sing on the second day? "Great is the Lord and greatly to be praised" [Ps. xlviii.], because He distributed His works and reigned over them. On the third day they sang "God standeth in the congregation of the mighty" [Ps. lxxxii.], because He, in his wisdom made the earth appear and prepared the world for its occupants. On the fourth day they sang "O Lord, to whom retribution belongeth" [Ps. xciv.], because (on that day) He created the sun and moon, and (determined) to punish in the future those who would worship them. On the fifth day they sang "Sing aloud unto God our strength" [Ps. lxxxi.], because (on that day) He created birds and fish to praise Him. On the sixth day they sang "The Lord reigneth, He is clothed with majesty" [Ps. xciii.], because (on that day) He finished His works and reigned over them. On the seventh day they sang "A Psalm or Song for the Sabbath Day" [Ps. xcii.], for the day that is wholly Sabbath. R. Nehemiah asked:

Why did the sages make a distinction between these sections (for the last refers to a future event, while all the others refer to the past)? It *should* have been said, that they sang that Psalm on the Sabbath day because He rested!

What did the Levites sing when the additional sacrifices were being offered on the Sabbath? R. Anan b. Rabha says in the name of Rabh: Six sections of Deut. xxxii.* R. 'Hanan b. Rabha also says in the name of Rabh, as these sections were divided (by the Levites) so they are divided for the reading of the Torah (on the Sabbath on which they are read). What did they sing at the Sabbath afternoon service? Says R. Jo'hanan, a portion of the song of Moses [Ex. xv. 1-10]; the conclusion of that song [ibid. 11-19] and the song of Israel [Numb. xxi. 17]. The schoolmen asked: Did they sing all these on one Sabbath, or did they, perhaps, sing one section on each Sabbath? Come and hear! A Boraitha teaches: During the time that the first choir of (Levites who sang at the time of the additional sacrifice) sang their sections once, the second choir (that sang at that time of the afternoon sacrifice) had sung theirs twice; from this we may deduce that they sang but one section on each Sabbath.

R. Judah b. Idi says in the name of R. Jo'hanan: According to the Rabbinical explanation of certain Scriptural passages, the Shekhinah made ten journeys; and according to tradition, a corresponding number of times was the Sanhedrin exiled, viz.: from the cell of Gazith (in the Temple) to the market-place; from the market-place to Jerusalem; from Jerusalem to Jamnia; from Jamnia to Usha; from Usha (back again) to Jamnia; from Jamnia (back again) to Usha; from Usha to Shapram; from Shapram to Beth Shearim; from Beth Shearim to Sepphoris; from Sepphoris to Tiberias, and Tiberias was the saddest of them all.

R. Elazar says they were exiled six times as it is said [Is. xxvi. 5], "For he bringeth down them that dwell on high; the lofty city he layeth low; he layeth it low even to the ground; he bringeth it even to the dust." Says R. Jo'hanan: And thence (from the dust) they will in future be redeemed, as it is said [Is. lii. 2] "Shake thyself from the dust; arise, and sit down, etc."

MISHNA: R. Joshua b. Qar'ha says: This also did R. Jo'hanan b. Zakkai ordain: that it mattered not where the chief of the Beth Din might be, the witnesses need only go to the meeting-place (of the Beth Din).

---

* i-vii; viii-xiii; xiv-xix; xx-xxvii; xxviii-xxxvi; xxxvii-xliv. These passages are called HAZYV LAKH because the initial letters are H, Z, Y, V, L, KH.

GEMARA: A certain woman was summoned for judgment before Amemar in Nehardea. Amemar went away to Me'huza, but she did not follow him, and he then excommunicated her. Said R. Ashi to Amemar: Have we not learned that it mattered not where the chief of the Beth Din might be, the witnesses need only go to the meeting-place (of the Beth Din)? Answered Amemar: That is true in respect to evidence for the new moon; but with regard to my action "The borrower is servant to the lender" [Prov. xxii. 7]. The Rabbis taught: Priests may not ascend the platform in sandals, to bless the people; and this is one of the nine ordinances instituted by R. Jo'hanan b. Zakkai; six are to be found in this chapter, one in the first chapter; another one is, if one become a proselyte now-a-days, he must pay a quarter of a shekel for a sacrifice of a bird, (so that if the Temple should be rebuilt the authorities would have a contribution from him towards the daily sacrifices). R. Simon b. Elazar said, that R. Jo'hanan had already withdrawn this regulation and annuled it, because it easily led to the sin (of using the money for different purposes). And what is the ninth (ordinance of R. Jo'hanan)? R. Papa and R. Na'hman b. Isaac dispute about this; R. Papa says it was with regard to a vineyard of the fourth year's crop; but R. Na'hman b. Isaac says it was with regard to the crimson colored strap (displayed on the Day of Atonement).

MISHNA: The order of the benedictions (to be said on New Year is as follows): The blessings referring to the Patriarchs (ABHOTH), to the mighty power of God (GEBHURAOTH), and the sanctification of the Holy name; to these he adds the selection in which God is proclaimed King (MALKHIOTH), after which he does not sound the cornet; then the blessing referring to the sanctification of the day, after which the cornet is sounded; then the Biblical selections referring to God's remembrance of his creatures (ZIKHRONOTH) after which the cornet is again sounded; then the Biblical selections referring to the sounding of the cornet (SHOPHROTH), after which the cornet is again sounded; he then recites the blessings referring to the restoration of the Temple, the adoration of God, the benediction of the priests; such is the opinion of R. Jo'hanan b. Nuri. R. Aqiba said to him, if the cornet is not to be sounded after the Malkhioth, why are they mentioned? But the proper order is the following: The blessings referring to the Patriarchs (Abhoth), to the mighty power of God (Gebhuroth), and the sanctification of the Holy name; to this last, the Biblical selections referring to the proclamation of God as King (Malkhioth) are joined and then he sounds the cornet; then the Biblical selections referring to God's remembrance of His creatures (Zikhronoth), and he then sounds the cornet; then the Biblical selections referring to the sounding of the cornet (Shophroth), and he again sounds the cornet; then he says the blessings referring to the restoration of the Temple, the adoration of God, and the priestly benedictions.

GEMARA: The Rabbis taught: Whence do we know that we should recite the Malkhioth, Zikhronoth, and Shophroth? Answered R. Eliezer: From the passage [Lev. xxiii. 24] in which it is written "Ye shall have a Sabbath, a memorial of blowing cornets, a holy convocation," the word "Sabbath" refers to the consecration of the day; "a memorial" refers to the Zikhronoth; "blowing of cornets" refers to the Shophroth; "a holy convocation" means the hallowing of the day in order to prohibit servile work. R. Aqiba said to him: Why is not the word "Sabbath" construed to mean the prohibition of servile work, since the passage (quoted above) begins with that? And then, let the passage be interpreted thus: "Sabbath" means the hallowing of the day and the prohibition of servile work; "memorial" refers to the Zikhronoth; "blowing of the cornets" refers to the Shophroth; "a holy convocation" means the consecration of the day. Whence do we know that we should recite the MALKHIOTH? A Boraitha teaches: The words, "I am the Lord, your God; and in the seventh month" [Lev. xxiii. 22, 24] may be interpreted to refer to the proclamation of God as King. R. Jose says it is not necessary to cite this passage; for the Torah says [Numbers x. 10] "that they may be to you for a memorial, before your God: I am the Lord your God." These concluding words "I am the Lord, your God" are entirely superfluous, but since they are used, of what import are they? They form a general rule, that in every selection, in which (God's) remembrance of His creatures is mentioned there should also be found the thought that He is the King of the Universe.

MISHNA: Not less than ten Scriptural passages should be used for the Malkhioth, ten for the Zikronoth and ten for the Shophroth. R. Jo'hanan b. Nuri says the requirements of the law will be fully complied with, if but three of each class have been used.

GEMARA: To what do the ten Scriptural passages used for the Malkhioth correspond? Answered Rabbi: To the ten expressions of praise used by David in the Psalms. But there are more expressions of praise found? Only those are meant, in conjunction with which it is written "praise him with the sound of the cornet," [Psalm ci. 3]. R. Joseph says they correspond to the ten commandments that were proclaimed to Moses on Sinai. R. Jo'hanan says they correspond to the ten words with which the universe was created.

"THE REQUIREMENTS OF THE LAW WILL BE FULLY COMPLIED WITH IF BUT THREE OF EACH CLASS HAVE BEEN SAID." The schoolmen asked: Does he mean three from the Pentateuch, three from the Prophets and three from the Hagiographa, which would make nine, and they differ about one (passage)? or perhaps one from the Pentateuch and one from the Prophets and one from the Hagiographa, which would make three, and they differ about many passages? Come and hear! A Boraitha teaches: Not less than ten Scriptural passages should be used for the Malkhioth, ten for the Zikhronoth, and ten for the Shophroth; but if seven of them all were recited, corresponding to the seven heavens, the law has been complied with. R. Jose b. Nuri remarked: He that recites less (than ten of each) should not, however, recite less than seven, but if he recited but three, corresponding to the Pentateuch, Prophets, and Hagiographa, but some say corresponding to the Priests, Levites and Israelites, the requirements of the law have been fulfilled. R. Huna b. Samuel says the rule is according to R. Jo'hanan b. Nuri.

MISHNA: We do not cite Scriptural passages for the above three series that contain predictions of punishment. The passages from the Pentateuch are to be recited first, and those from the Prophets last. R. Jose, however, says if the concluding passage is from the Pentateuch the requirements of the law are fulfilled.

GEMARA: Passages, proclaiming the kingdom of God that should not be used, (because of the above) are such as the following [Ezekiel xx. 33]: "As I live, saith the Lord God, surely with a mighty hand, and with a stretched out arm, and with fury poured out, I will rule over you," and although as R. Na'hman says (of this passage): Let Him be angry with us, but let Him take us out of captivity, still, since it refers to anger, we should not mention "anger," at the beginning of the year. An example of the same idea being found in conjunction with the Zikhronoth is to be read in [Ps. lxxviii. 3], "For he remembered they were but flesh; and in conjunction with the Shophroth an example is found in Hosea v. 8. "Blow ye the cornet in Gibeah, etc." We must not mention the remembrance of the individual (in the Zikhronoth) even if the passage speaks of pleasant things, as, for example [Ps. cvi. 4], "Remember me, O Lord, with the favor that thou bearest unto thy people." According to R. Jose passages that contain the expression of "visiting," may be used in the Zikhronoth, *e. g.*, "And the Lord visited Sarah [Gen. xxi. 1] or "I have surely visited you"

[Ex. iii. 16] so says R. Jose; but R. Judah says, they may not. But even if we agree to what R. Jose says (shall we say that) the passage " and the Lord visited Sarah " speaks of an individual (and therefore it should not be used)? Nay: since many descended from her, she is regarded as many and therefore that passage though speaking of one only, is regarded as though it spoke of many.

(In the Malkhioth, they used Ps. xxiv. 7-10, which is divided into two parts). The first part can be used as two of the required passages, and the second as three, so says R. Jose; but R. Judah says: The first part can be used only for one, and the second for two.* So too [Ps. xlvii. 6, 7] "Sing praises to God, sing praises, sing praises to our King, sing praises; for God is the King of all the earth;" R. Jose says: This may be used for two of the Malkhioth; but R. Judah says it is to be reckoned as one only.† Both, however, agree that the next verse of the same Psalm "God is King over the nations; God sitteth upon the throne of his holiness," is to be used for one only. A passage containing a reference to God's remembrance of His creatures and also to the cornet as, for instance [Lev. xxiii. 24] "Ye shall have a Sabbath, a memorial of blowing of cornets " may be used in the Zikhronoth and the Shophroth; so says R. Jose; but R. Judah says: It can only be used in the Zikhronoth. A passage in which God is proclaimed King, containing also a reference to the cornet, as for instance [Numb. xxiii. 21] "The Lord his God is with him, and the shout (TERUATH) of a king is among them," may be used in the Malkhioth and in the Shophroth, says R. Jose; but R. Judah says: It may only be used in the Malkhioth. A passage containing a reference to the cornet, and nothing else, as for instance [Numb. xxix. 1] " It is a day of blowing the cornet;" may not be used at all.

"THE PASSAGES FROM THE PENTATEUCH ARE TO BE RECITED FIRST AND THOSE FROM THE PROPHETS LAST." R. Jose says: We should conclude with a passage from the Pentateuch, but if one concluded with a passage from the Prophets, the law has been complied with. We have also learnt: R. Elazar b. R. Jose says, The Vathiqin used to conclude with a passage from the Pentateuch. That is all very well as far as Zikhronoth and Shophroth are concerned for there are many such passages; but as for the Malkhioth there are but three in the Pentateuch, viz.: "The Lord his God is with him, and the shout of a King is among them " [Numb. xxiii. 21]; "And he

---

* He excludes the two interrogative sentences "who is the king of glory?"
† He rejects one, because the words "our king," referring to one people only, was not a sufficiently broad expression of praise for Him, who is the King of the universe.

was king in Jeshurun" [Deut. xxxiii. 5]; and "The Lord shall reign forever" [Ex. xv. 18], but we require ten and there are not so many? Said R. Huna: We have learned that, according to R. Jose, the passage, "Hear, O Israel, the Lord our God, is one Lord" [Deut. vi. 4], may be used in the Malkhioth, but R. Judah says it may not; so also they hold with regard to the passages, "Know, therefore, this day, and consider it in thine heart, that the Lord, he is God there is more else" [Deut. iv. 39], and "Unto thee it was shewed, that thou mightest know that the Lord, he is God; there is none else beside him." (Deut. IV. 35).

MISHNA: The second of those who act as ministers of the congregation on the feast of New Year shall cause another to sound the cornet; on days when the HALLEL (Service of Praise, Ps. cxiii-cxviii) is read, the first (minister) must read it. In order to sound the cornet on New Year's Day it is not permitted to go beyond the Sabbath limit, to remove a heap of stones to ascend a tree, to ride on an animal, to swim over the waters, nor to cut it (the cornet) with anything prohibited either by the (Rabbinical) laws against servile work or by the Biblical laws; but if one wishes to put water or wine in a cornet (to cleanse it) he is allowed to. Children may not be prevented from sounding the cornet, but on the contrary we are permitted to occupy ourselves with teaching them until they learn to sound it; but one who thus teaches, as also others who listen to sounds thus produced, do not thereby fulfill the requirements of the law.

GEMARA: Why are the above prohibitions made? Because the sounding of the cornet is a mandatory law; now, the observance of a festival involves both mandatory and prohibitory laws, and the mandatory do not render the prohibitory laws inoperative.

"CHILDREN MAY NOT BE PREVENTED FROM SOUNDING THE CORNET, ETC." May then women be prevented? Does not a Boraitha teach: Neither women nor children may be prevented from sounding the cornet on the New Year's Day? Answered Abayi: There is no difficulty here; the one is the opinion of R. Judah and the other of R. Jose and R. Simon, who say that as women are permitted (in the case of sacrifices) to lay their hands on the animals, so here, if they desire to sound the cornet, they may.

"UNTIL THEY LEARN." R. Elazar says: Even on the Sabbath; so also does a Boraitha teach: We are permitted to occupy ourselves with teaching (children) until they learn (to sound the cornet) even on the Sabbath; (and if we do not prevent them doing this on the Sabbath) how much less do we, on the feast (of New Year). Our

Mishna says, "we do not prevent them" (but it does not say that we should tell a child to go and sound the cornet). Is this then prohibited? No; a child already initiated in the performance of religious duties is not prohibited, but we do not tell a child, not yet initiated, to go and sound the cornet; yet, if he sounds it of his own accord, no law has been infringed.

MISHNA: The order of sounding the cornet is three times three. The length of a TEQIA is equal to that of three TERUOTH, and that of each Terua as three moans (YABABHOTH). If a person sounded a Teqia and prolonged it equal to two, it is only reckoned as one Teqia.* He who has just finished reading the benedictions (in the additional service for the New Year) and only at that time obtained a cornet, should then blow on the cornet the three sounds three times. As the Reader of the congregation is in duty bound (to sound the cornet) so too is each individual; but, says R. Gamliel, the Reader can act for the congregation.

GEMARA: But we have learnt in a Boraitha that the length of a Teqia is the same as that of a Terua. Says Abayi: Our Mishna speaks of the three series, and means that the length of all the Teqioth is the same as that of all the Teruoth. But the Boraitha speaks of only one series and says that one Teqia is equal to one Terua (which is the same thing).

"EACH TERUA IS (AS LONG AS) THREE MOANS." But we have learnt in a Boraitha, a Terua is as long as three broken (staccato) tones (SHEBHARIM). Says Abayi: About this they do indeed differ, for it is written [Numb. xxix. 1] "It is a day of blowing the cornet" which in the (Aramaic) translation of the Pentateuch, is "It is a day of sounding the alarm (YABABHA); Now it is written concerning the mother of Sisera [Judg. v. 28] "The mother of Sisera .... moaned" (VAT'YABETH); this word, one explains to mean a protracted groan, and another to mean a short wail. The Rabbis taught: Whence do we know (that one must sound) with a cornet? From the passage in which [Lev. xxv. 9] "Thou shalt cause *the cornet* . . . . to sound, etc." Whence do we know that (after the Terua) there should be one Teqia? Therefore it is said (later in the same verse) "Ye shall make the cornet sound." † But perhaps this

---

* The cornet is sounded three times, corresponding to the Malkhioth, Zikhronoth and Shophroth. The order of the sounds is Teqia, Terua, Teqia; Teqia, Terua, Teqia, etc. The case here supposed is that the one who sounded the cornet sustained the second Teqia as long as two Teqioth, intending thereby to sound the second and third Teqioth. This, we see, is not permitted

† The Hebrew words U'THEQATEM TERUA are interpreted to mean that first a Teqia should be sounded, and then a Terua.

only refers to the Jubilee. Whence do we know that it refers also to New Year's Day? Because it says (in the same verse) "in the seventh month." These words are superfluous; for what purpose then does the Torah use them? To teach us that all the sounds of the cornet during the seventh month should be like each other. Whence do we know that the sounds are to be three times three? From the three passages, "Thou shalt cause the cornet . . . to sound" [Lev. xxv. 9]; "A Sabbath, a memorial of blowing of cornets" [Lev. xxiii. 24]; "It is a day of blowing the cornet" [Numb. xxix. 1]. But the following Tana deduces it by analogy from (the rules given in) the wilderness [Numb. x. 1-10]; for a Boraitha teaches: The words "When ye sound an alarm" [Numb. x. 5] means one Teqia and one Terua. Do you mean one of each, or do you mean that both together should constitute one? Since the Torah says [ibid. 7] "But when the congregation is to be gathered together, ye shall blow but ye shall not sound an alarm," we deduce that (in the first citation) it means one of each. But whence do we know that there should be one Teqia before the Terua. From the words [ibid. 5] "When ye sound an alarm" (*i. e.*, first a "sound," or Teqia, and then an "alarm," or Terua). And whence do we know that there should be one after the Terua? From the words [ibid. 6] "An alarm shall they sound!" R. Ishmael, the son of R. Jo'hanan b. Beroqa, says: It is not necessary (to deduce it from these passages, but from the following), in which the Torah says, "When ye sound an alarm the second time" [ibid. 6]. The words "a second time" are unnecessary, but since they are used, what do they signify? They form a general rule that on every occasion, on which "alarm" (Terua) is mentioned, a sound (Teqia) must be used with it as a second (or following) tone. Possibly all this only refers to the practices followed in the wilderness, but how do we know that they refer to New Year's Day also? We learn it by analogy from the use of the word "cornet" (*sic!* Terua), which is found in the three passages, [Lev. xxiii. 24] "A sabbath, a memorial of cornets;" [Numb. xxix. 1] "It is a day of blowing of cornets;" and [Lev. xxv. 9] "Thou shalt cause the cornet. . . .to sound;" and as for each Terua there are two Teqioth, we, therefore, learn that on New Year's Day there are sounded three Teruoth and six Teqioth. R. Abbahu enacted in Cæsarea that the order should be first a Teqia* then three single staccato sounds, or Shebharim, then a Terua, and then again a Teqia. What are we to think of that? If by Terua is

---

* The Teqia is a long tone produced by sounding the cornet. The Terua is long tremulous sound. The SHEBARIM consists of three short staccato sounds.

meant "a protracted groan" then he should have instituted the order to be a Teqia, a Terua and then a Teqia; and if it means "a short wail" then he should have instituted the order to be, a Teqia then Shebharim (three single broken sounds) and then again a Teqia? He was in doubt whether it meant one or the other (and therefore he enacted that both should be sounded).

"If a Person Sounded a Teqia and Prolonged It Equal to Two, etc." R. Jo'hanan says: If one heard the nine sounds at nine different hours during the day, the requirements of the law are fulfilled and we have also learnt: If one heard the nine sounds at nine different hours of the day the requirements of the law are fulfilled, and if he heard from nine men at one time, a Teqia from one and a Terua from another, etc., the law has been complied with even if he heard them intermittently, and even during the whole day or any part of the day. The Rabbis taught: (Generally) the soundings of the cornet do not obviate each other, nor do the benedictions; but on New Year's Day and the Day of Atonement they do.

"He Who Has Just Finished Reading (the Additional Service) and Only at That Time Obtained a Cornet Shall Sound on the Cornet the Three Sounds Three Times." This means, only when he did not have a cornet at the beginning (of the service); but if he had one at the beginning of the service when the sounds of the cornet are heard, they must be heard in the order ot the benedictions of the day. R. Papa b. Samuel rose to recite his prayers. Said he to his attendant, When I nod to you, sound (the cornet) for me." Rabha said to him: This may only be done in the congregation. A Boraitha also teaches: When one hears these sounds, he should hear them, both in their order, and in the order of the benedictions (in the additional service of the New Year). These words only apply to a congregation, but one need hear them in the order of the benedictions only, if he is not in a congregation; and a private individual who has not sounded the cornet (or heard it sounded) can have a friend sound it for him; but a private individual who has not recited the benedictions cannot have a friend say them for him; and the duty to hear the cornet sounded is greater than that of reciting the blessings. How so? If there be two cities (to which a person may go) and in one city they are about to sound the cornet and in the other to recite the benedictions, he should go to the city in which they are about to sound the cornet; and not to that in which they are about to recite the benedictions. This is self-evident! for is not one a duty prescribed by the Torah and the other by the Rabbis? (It is not so self-evident as one might suppose); but it is needed to tell us that in the case in which one is *sure* that they have not recited the benedictions in one city, and with regard to the other he is in *doubt* (whether they have sounded the cornet or not, he must nevertheless go to the place where they are about to sound the cornet.)

"JUST AS THE READER OF THE CONGREGATION IS IN DUTY BOUND (TO SOUND THE CORNET) SO TOO IS EACH INDIVIDUAL." A Boraitha teaches: The schoolmen said to R. Gamliel, why according to your opinion should the congregation pray? Answered he: In order to enable the Reader of the congregation to arrange his prayer. Said R. Gamliel to them: But why, according to your opinion, should the Reader pray? Answered they: In order to enable those who are not expert, to fulfill the requirements of the law. Just as he enables those who are not expert, said he, so too he causes those who are expert, to fulfill the requirements of the law. R. Bar b. 'Hana said in the name of R. Jo'hanan: The sages accept the opinion of R. Gamliel; but Rabh says there is still a dispute between them; could (the same) R. Jo'hanan say this? Have we not heard that R. 'Hana of Sepphoris said in the name of R. Jo'hanan: The rule is according to R. Gamliel: from these words ("the rule is according to R. Gamliel") we see that there must have been some that disputed with him! Says R. Na'hman b. Isaac: It is perfectly clear; by the words, "the sages accept the opinion of R. Gamliel," R. Meir is meant, and the rule arrived at through those who disputed with him (was arrived at) through other Rabbis; for a Boraitha teaches: R. Meir holds that with regard to the benedictions of New Year's Day aud the Day of Atonement, the Reader can act for the congregation; but the other Rabbis say: Just as the Reader is in duty bound, so too is each individual. Why, only for these benedictions (and no others)? Shall I say it is because of the many Biblical selections used? Does not R. 'Hananel say in the name of Rabh: As soon as one has said (the passages beginning with) the words, "And in thy law it is written," he need say no more? It is because there are many (more and longer) benedictions (than usual). We have also learnt, R. Joshua b. Levi says: Both the private individual and the congregation as soon as they say (the passages beginning) with the words, "And in thy law it is written," need say no more. R. Elazar says: A man should always first prepare himself for prayer and then pray; concerning this R. Abba says: The remarks of R. Elazar clearly apply to the benedictions of New Year's Day and the Day of Atonement, and to the various holidays, but not to the whole year. It is not so; for did not R. Judah prepare himself (even on a week day) before his prayers and then offer them? R. Judah was an exception, for since he prayed only once in thirty days, it was like a Holiday. When Rabhin came (from Palestine) he said that R. Jacob b. 'Idi said in the name of R. Simon the pious: R. Gamliel did not excuse from public service any but field-laborers! What is the difference (between them and others)? They would be forced to lose their work (if they went to a synagogue) but people in a city must go (to the House of Prayer).

חייב כך כל יחיד ויחיד כו׳. תניא, אמרו לו לרבן גמליאל: לדבריך למה צבור מתפללין? אמר להם כדי להסדיר שליח צבור תפילתו. אמר להם ר״ג: לדבריכם למה ש״צ יורד לפני התיבה? אמרו לו, כדי להוציא את שאינו בקי, אמר להם: כשם שמוציא את שאינו בקי, כך מוציא את הבקי. ארבב״ח אר״י, מודים חכמים לר״ג. ורב אמר עדיין היא מחלוקת. ומי אמר רבי יוחנן הכי והאמר ר׳ חנה ציפוראה א״ר יוחנן הלכתא כרבן גמליאל, הילכתא מכלל דפליגי? (לה.) אמר רב נחמן בר יצחק מאן מודים, רבי מאיר; והלכה מכלל דפליגי, רבנן. דתניא, ברכות של ר״ה ושל יה״כ שליח ציבור מוציא הרבים ידי חובתן, דברי ר״מ; וחכ״א, כשם ששליח צבור חייב, כך כל יחיד ויחיד חייב. מאי שנא הני? אילימא משום דנפישי קראי? והאמר רב חננאל אמר רב, כיון שאמר ובתורתך כתוב לאמר שוב אינו צריך? אלא משום דאוושי ברכות. איתמר, אמר רבי יהושע בן לוי: אחד יחיד ואחד ציבור כיון שאמר ובתורתך כתוב לאמר שוב אינו צריך. א״ר אלעזר, לעולם יסדיר אדם תפילתו ואח״כ יתפלל. א״ר אבא, מסתברא מילתיה דר׳ אלעזר בברכות של ר״ה ושל יה״כ ושל פרקים, אבל דכל השנה לא. איני, והא רב יהודה מסדר צלותיה ומצלי? שאני רב יהודה, כיון דמתלתין יומין לתלתין יומין הוא מצלי, כפרקים דמי. כי אתא רבין א״ר יעקב בר אידי א״ר שמעון חסידא, לא פטר רבן גמליאל אלא עם שבשדות, מ״ש? משום דאניסי במלאכה, אבל בעיר לא.

הדרן עלך יום טוב וסליקא לה מסכת ראש השנה.

ר ש״ י

נמי קאמר: תקיעות וברכות, דעלמא כגון תעניות אין מעכבין זו את זו אם בירך ולא תקע. כי נהירנא לך, לכימן שסיימתי הברכה. אלא בחבר עיר, חבורת צבור, אבל יחיד מברך את כולו ואח״כ תוקע תשע תקיעות. דהא ודאי והא ספק, ודאי הוא לו שאם ילך אצל דמברכין ימצא שם עשרה ואם ילך אצל התוקעין שמא כבר עמדו והלכו לביתם. למה צבור מתפללים, בלחש. מודים חכמים, אחר שנחלקו חזרו והודו. מאן מודים, לו בברכות של ראש השנה ויה״כ ר״מ. והלכה מכלל דפליגי, דקאמר ר׳ יוחנן הלכה כרבן גמליאל בתך דמשמע מכלל דעמדו במחלוקתן. רבנן, שאר החכמים הוין מר״מ. דנפישי קראי, דאיכא דמוספי ראש השנה ור״ח ומלכיות וזכרונות ושופרות. כיון שאמר ובתורתך כתוב, כלומר כיון שאמר נעשה ונקריב לפניך במצות רצונך כמו שכתבת עלינו בתורתך. אין צריך, לומר מקראות המוספין. אלא משום דאוושי, שהרי כאן תשע וארוכות ומטעות דאין הכל בקיאין בהן. ושל פרקים, מועדות. מתלתין לתלתין, שהיה מחזר תלמודו כל שלשים יום. פוטר היה כו׳, שש״ץ מוציאם. אבל דעיר לא, משום דלא אניסי ויכולין להסדיר תפלתן.

הדרן עלך יום טוב וסליקא לה מסכת ראש השנה.

נגמרה מבית הדפוס יום ב׳ ר״ח אדר תרנ״ה לפ״ק, בעזר החונן לאדם דעת. וכשם שזכינו לסדר ולגמור את הראשונה, כן נזכה לסדר ולגמור את המסכתא האחרונה. אמן.

ת"ל (ויקרא כה) „והעברת שופר תרועה" ומנין שפשוטה לאחריה? תלמוד לומר „תעבירו שופר", ואין לי אלא ביובל, בראש השנה מניין? תלמוד לומר „בחדש השביעי". (לד.) שאין ת"ל „בחדש השביעי", ומה ת"ל בחדש השביעי? שיהו כל תרועות החדש השביעי זה כזה. מנין לשלש של שלש שלש? ת"ל „והעברת שופר תרועה, שבתון זכרון תרועה, יום תרועה יהיה לכם". והאי תנא מייתי לה בג"ש ממדבר, דתניא (במדבר י) „ותקעתם תרועה" תקיעה בפני עצמה ותרועה בפני עצמה; אתה אומר תקיעה בפני עצמה ותרועה בפני עצמה, או אינו אלא תקיעה ותרועה אחת היא? כשהוא אומר (שם) „ובהקהיל את הקהל תתקעו ולא תריעו" הוי אומר תקיעה בפני עצמה ותרועה בפני עצמה; ומניין שפשוטה לפניה? תלמוד לומר (שם) „ותקעתם תרועה". ומניין שפשוטה לאחריה? תלמוד לומר (שם) „תרועה יתקעו". רבי ישמעאל בנו של רבי יוחנן בן ברוקא אומר, אינו צריך: הרי הוא אומר „ותקעתם תרועה שנית", שאין ת"ל שנית, ומה ת"ל שנית? זה בנה אב, שכל מקום שנאמר תרועה תהא תקיעה שנייה לה; אין לי אלא במדבר, בר"ה מניין? ת"ל תרועה תרועה לג"ש; ושלש תרועות נאמרו בר"ה (ויקרא כג) „שבתון זכרון תרועה". (מדבר כט) „יום תרועה", (ויקרא כה) „והעברת שופר תרועה", שתי תקיעות לכל אחת ואחת, מצינו למדין ג' תרועות ושש תקיעות נאמרו בר"ה. איתקין רבי אבהו בקסרי: תקיעה, שלש שברים, תרועה, תקיעה. מה נפשך! אי ילולי יליל לעביד תקיעה תרועה ותקיעה, ואי גנוחי גנח לעביד תקיעה שלשה שברים ותקיעה? מספקא ליה: אי גנוחי גנח, אי ילולי יליל. תקע בראשונה ומשך בשניה כשתים. א"ר יוחנן שמע (לד:) תשע תקיעות בתשע שעות ביום יצא. תניא נמי הכי, שמע תשע תקיעות בתשע שעות ביום יצא, מט' בני אדם כאחד תקיעה מזה ותרועה מזה יצא ואפילו בסירוגין, ואפילו כל היום כולו. ת"ר, תקיעות אין מעכבות זו את זו, ברכות אין מעכבות זו את זו, תקיעות וברכות של ר"ה ושל יה"כ מעכבות. מי שבירך ואח"כ נתמנה לו שופר תוקע ומריע ותוקע. טעמא דלא הוה ליה שופר מעיקרא, הא הוה ליה שופר מעיקרא, כי שמע להו אסדר ברכות שמע להו. רב פפא בר שמואל קם לצלויי, אמר ליה לשמעיה כי נהירנא לך, תקע לי. אמר ליה רבא, לא אמרו אלא בחבר עיר. תניא נמי הכי כשהוא שומען, שומען על הסדר ועל סדר ברכות; במה דברים אמורים בחבר עיר. אבל שלא בחבר עיר שומען על סדר ברכות; ויחיד שלא תקע, חבירו תוקע לו; ויחיד שלא בירך, אין חבירו מברך עליו; ומצוה בתוקען יותר מן המברכין; כיצד? שתי עיירות באחת תוקען ובאחת מברכין, הולכין למקום שתוקען, ואין הולך למקום שמברכין. פשיטא! הא דאורייתא הא דרבנן? לא צריכא, דאע"ג דהא ודאי והא ספק. כשם ששליח צבור

ר ש" י

גנוחי גנח, כאדם הגונה מלבו כדרך החולים שמאריכין בגניחותיהן. ילולי יליל, כאדם הבוכה ומקונן קולות קצרים סמוכין זה לזה. שאין תלמוד לומר, דהא כתב לן בבמה מקומות דיום הכפורים בחדש השביעי הוא והכא יום הכפורים כתיב. והעברת, פשוטה משמע העברת קול אחד. תעבירו, הרי העברה תחלה וסוף ותרועה כתיבא בנתיים. שלש שלש, מנין דהנך פשוטה לפניה ולאחריה ותרוע' באמצע עבדינן תלתא זימני: למלכיות הדא ולזכרונות הדא ולשופרות הדא? ת"ל תרועה, תלתא זימני, לכל אחד פשוטה לפניה ופשוטה לאחריה. ממדבר, שתהא פשוטה לפניה ופשוט' לאחריה. בפני עצמה כו', דלא תימא הדא היא וה"ק היו תוקעין תרועה. או אינו, אלא אחת היא וה"ק היו תוקעין תרועה. כשהוא אומר תתקעו ולא תריעו מכלל דבמסעות תתקעו ותריעו קאמר ותרועה לא קרי לה תקיעה. ותקעתם, והדר תרועה. שאין ת"ל שנית, שכבר אמר ותקעתם תרועה ונסע מחנה פלוני כי הדר אמר ותקעתם פשיטא דשנית הוא. תהא תקיעה שניה לה. והכי קאמר ותקעתם תקיעה שנית לתרועה. מספקא ליה, ועבד תרוייהו. תשע תקיעות, תרועות

ה׳ אלהינו ה׳ אחד״ מלכות, דברי ר׳ יוסי, ר׳ יהודה אומר אינה מלכות, (דברים ד)
„וידעת היום והשבות אל לבבך כי ה׳ הוא האלהים אין עוד״, מלכות, דברי ר׳ יוסי;
ר׳ יהודה אומר, אינה מלכות (שם) „אתה הראית לדעת כי ה׳ הוא האלהים אין עוד
מלבדו״, מלכות, דברי ר׳ יוסי; רבי יהודה אומר אינה מלכות. **מתני׳** העובר לפני
התיבה בי״ט של ר״ה השני מתקיע, ובשעת ההלל הראשון מקרא את ההלל. **גמ׳** מאי
שנא שני מתקיע? א״ר יוחנן בשעת גזירת המלכות שנו. **מתני׳** שופר של ר״ה אין
מעבירין עליו את התחום, ואין מפקחין עליו את הגל, לא עולין באילן, ולא רוכבין ע״ג
בהמה, ולא שטין על פני המים, ואין חותכין אותו בין בדבר שהוא משום שבות, בין
בדבר שהוא משום לא תעשה; אבל אם רצה ליתן לתוכו מים או יין, יתן. אין מעכבין
את התנוקות מלתקוע, אבל מתעסקין עמהן עד שילמדו, והמתעסק לא יצא, והשומע
מן המתעסק לא יצא. **גמ׳** מ״ט? שופר עשה הוא, וי״ט עשה ולא תעשה, ואין עשה
דוחה את לא תעשה ועשה. (לג.) אין מעכבין את התינוקות מלתקוע. הא נשים
מעכבין? והתניא: אין מעכבין לא את הנשים ולא את התינוקות מלתקוע בי״ט?
אמר אביי, ל״ק, הא ר׳ יהודה, הא רבי יוסי ורבי שמעון, דאמרי נשים סומכות רשות.
„עד שילמדו״. אמר רבי אלעזר אפילו בשבת. תנ״ה, מתעסקין בהן עד שילמדו אפילו
בשבת, ואין מעכבין התינוקות מלתקוע בשבת, ואין צריך לומר ביום טוב. עכובא הוא
דלא מעכבין, הא לכתחילה לא אמרינן תקעו? לא קשיא כאן (לג:) בקטן שהגיע
לחינוך, כאן בקטן שלא הגיע לחינוך. **מתני׳** סדר תקיעות שלש של שלש שלש.
שיעור תקיעה כשלש תרועות, שיעור תרועה כג׳ יבבות. תקע בראשונה ומשך בשנייה
כשתים אין בידו אלא אחת. מי שבירך ואחר כך נתמנה לו שופר, תוקע ומריע ותוקע
ג׳ פעמים. כשם ששליח ציבור חייב, כך כל יחיד ויחיד חייב. רבן גמליאל אומר:
שליח ציבור מוציא את הרבים ידי חובתן. **גמ׳** והתניא שיעור תקיעה כתרועה? אמר
אביי, תנא דידן קא חשיב תקיעות דכולהו בבי ותרועות דכולהו בבי; תנא ברא קא
חשיב חד בבא, ותו לא. שיעור תרועה כג׳ יבבות. והתניא שיעור תרועה כשלשה
שברים? אמר אביי, בהא ודאי פליגי, דכתיב (במדבר כט) „יום תרועה יהיה לכם״
וכמתרגמינן יום יבבא יהא לכון, וכתיב באמיה דסיסרא (שופטים ה) „בעד החלון נשקפה
ותיבב אם סיסרא״, מר סבר גנוחי גנח, ומר סבר ילולי יליל. תנו רבנן, מניין שבשופר?

ר ש״ י

בעינן עשר, וארבע מהן הורה דקאמר ר״י משלים בתורה. מתני׳ מתקיע, המתפלל תפלת מוספין
מתקיע. ההלל, דבר״ה ליכא הלל כדאמרינן בערכין פ״ב. גמ׳ בשעת גזרת המלכות שנו, אויבים
גזרו שלא יתקעו והיו אורבין להם כל שש שעות לקין תפלת שחרית לכך העבירוה לתקוע במוספין.
מתני׳ את התחום, לילך חוץ לתחום לשמוע תקיעה. מים כו׳, ולא אמרינן קא מתקן מנא.
גמ׳ תינוקות הוא דלא מעכבין, דבעי לחנוכייהו. הא נשים מעכבין, דפטורות לגמרי דמ״ע שהזמן
גרמא היא, וכי תקעי איכא בל תוסיף. סומכות רשות אלמא אע״ג דפטרינהו קרא ליכא איסורא
וה״ה למצות עשה שהזמן גרמא. קטן שהגיע לחינוך, מתעסקין בהן שילמדו וכ״ש שאין מעכבין.
מתני׳ שלש כו׳, אחת למלכיות ואחת לזכרונות ואחת לשופרות. שלש של שלש שלש, תקיעה
ותרועה ותקיעה לכל אחת ואחת. שלש יבבות, ג׳ קולות בעלמא כל שהוא. בראשונה, פשוטה
שלפני התרועה. ומשך בשנייה, תקיעה של אחר התרועה משך כשתים לצאת בה ידי שתים שהיה
צריך לעשות זו פשוטה שלאחריה דמלכיות ופשוטה שלפניה דזכרונות. אין בידו אלא אחת,
דפסוקי תקיעה אחת לשתים לא מפסקינן. מי שבירך, התפלל תפלת מוספין ובירך תשעה ברכות.
ג׳ פעמים, בשביל מלכיות וכן בשביל זכרונות וכן בשביל שופרות. גמ׳ בכולהו בבי, והכי קאמר
שיעור ג׳ תקיעות כג׳ התרועות. והרא בבא, שיעור התקיעה כשיעור התרועה ותרוייהו חדא מילתא
אמרי. שברים, ארוכים מיבבות. אמר אביי בהא ודאי פליגי, אע״ג דאוקימנא דברייתא לא פליגי על
כרחך בהא סיפא פליגי. דמתרגמינן, תרועה יבבא ובאימיה דסיסרא כתיב נמי האי לישנא ותיבב.

36 יום טוב ראש השנה פרק רביעי יח

הוו׃ הנך דכתיב בהו (תהלים קנ) „הללוהו בתקע שופר״. רב יוסף אמר כנגד עשרת הדברות שנאמרו לו למשה בסיני. רבי יוחנן אמר, כנגד עשרה מאמרות שבהן נברא העולם. אם אמר שליש שליש מכולן יצא. איבעיא להו, היכי קתני: שליש מן התורה, שליש מן הנביאים, ושליש מן הכתובים, דהוו תשע, ואיכא בינייהו חדא? או דילמא, אחד מן התורה, ואחד מן הנביאים, ואחד מן הכתובים, דהויין להו שליש, ואיכא בינייהו טובא? ת״ש, דתניא: אין פוחתין מעשרת מלכיות, מעשרה זכרונות, מעשרה שופרות, ואם אמר שבע מכולן, יצא, כנגד שבעה רקיעים. רבי יוחנן בן נורי אומר, הפוחת לא יפחות משבע, ואם אמר שליש מכולן יצא, כנגד תורה נביאים וכתובים, ואמרי לה כנגד כהנים לוים וישראלים. אמר רב הונא אמר שמואל הלכה כרבי יוחנן בן נורי. מתני׳ אין מזכירין מלכיות, זכרונות ושופרות של פורענות, מתחיל בתורה ומשלים בנביא; רבי יוסי אומר, אם השלים בתורה יצא. (לב:) גמ׳ מלכיות כגון (יחזקאל כ) „חי אני נאם ה׳ אם לא ביד חזקה, ובזרוע נטויה ובחמה שפוכה אמלוך עליכם״ ואע״ג דא״ר נחמן׃ כל כי האי ריתחא לירתח קב״ה עלן ולפרוקינן, כיון דבריתחא אמור אדכורי רתחא בריש שתא לא מדכרינן; זכרון כגון (תלים עח) „ויזכור כי בשר המה״ וגו׳ שופר, כגון (הושע ה) „תקעו שופר בגבעה״ וגו׳. אין מזכירין זכרון של יחיד ואפילו לטובה, כגון (תהלים קו) „זכרני ה׳ ברצון עמך״, פקדונות הרי הן כזכרונות כגון (ראשי׳ כא) „וה׳ פקד את שרה״, וכגון (שמות ג) „פקוד פקדתי אתכם״ ד״ר יוסי, ר׳ יהודה אומר, אינן כזכרונות. ולרבי יוסי נהי נמי דפקדונות הרי הן כזכרונות, וה׳ פקד את שרה פקדון דיחיד הוא? כיון דאתו רבים מינה כרבים דמיא. (תלים כד) „שאו שערים ראשיכם וגו׳. עד מלך הכבוד סלה״ ראשונה שתים, שנייה שליש, דברי ר׳ יוסי, ר׳ יהודה אומר, ראשונה אחת, שנייה שתים (שם מז) „זמרו אלהים זמרו זמרו למלכנו זמרו כי מלך כל הארץ אלהים״ שתים, דברי ר׳ יוסי: ר׳ יהודה אומר, אחת; ושוין (שם) „במלך אלהים על גוים אלהים ישב על כסא קדשו״ שהיא אחת. זכרון שיש בו תרועה, כגון (ויקרא כג) „שבתון זכרון תרועה מקרא קודש״, אומרה עם הזכרונות, ואומרה עם השופרות, דברי ר׳ יוסי; ר׳ יהודה אומר, אינו אומרה אלא עם הזכרונות בלבד; מלכות שיש עמו תרועה, כגון (מדבר כג) „ה׳ אלהיו עמו ותרועת מלך בו״, אומרה עם המלכיות ואומרה עם השופרות, דברי ר׳ יוסי; ר׳ יהודה אומר, אינו אומרה אלא עם המלכיות בלבד. תרועה שאין עמה לא כלום, כגון (במדבר כט) „יום תרועה יהיה לכם״ אומרה עם השופרות, דברי רבי יוסי; רבי יהודה אומר, אינו אומרה כל עיקר. מתחיל בתורה ומשלים בנביא, ר׳ יוסי אומר משלים בתורה, ואם השלים בנביא יצא. תניא נמי הכי א״ר אלעזר ברבי יוסי, ותיקין היו משלימין אותה בתורה. בשלמא זכרונות ושופרות איכא טובא אלא מלכיות תלת הוא דהויין (שם כג): „ה׳ אלהיו עמו ותרועת מלך בו״ (דברים לג), „ויהי בישורון מלך״ (שמות טו), „ה׳ ימלוך לעולם ועד״ ואנן בעינן עשר וליכא? אמר רב הונא תנא (דברים ו) „שמע ישראל

רש״י

בחדש השביעי זכרון תרועה. אני ה׳ אלהיכם, הוא לשון אני אדון לכם. גמ׳ או דילמא, האי ג׳ ג׳ אמלכיות וזכרונות ושופרות קאי. שליש למלכיות, ושליש לזכרונות, ושליש לשופרות, דהוו להו אחת מן התורה ואחת מן הנביאים ואחת מן הכתובים. גמ׳ דרבים אתו מינה, בההיא פקידה. שנייה שתים, מי הוא זה מלך הכבוד לאו כמניינא. זמרו למלכנו, לא קא חשיב רבי יהודה דלא אמליכתיה אלא על אומה אחת. ושוין כו׳ דלא מנינן ישב על כסא קדשו בלשון מלכות. עם הזכרונות, תרועה לאו לשון שופרות הוא עד דמזכיר שופר בהדיא. ומשלים בנביאים, והכתובים בנתיים. בתורה, דהוה להו ארבע מן התורה שליש בתחילה ואחד בסוף.

ליבנה, (לא:) ומיבנה לאושא, ומאושא ליבנה, ומיבנה לאושא, ומאושא לשפרעם, ומשפרעם לבית שערים, ומבית שערים לצפורי, ומצפורי לטבריא, וטברי' עמוקה מכולן, שנאמר (ישעיה כט) „ושפלת מארץ תדברי". **רבי אלעזר אומר שש גלות, שנאמר** (שם כז) „**כי השח יושבי מרום קריה נשגבה ישפילנה ישפילה עד ארץ יגיענה עד** עפר" אמר ר' יוחנן, ומשם עתידין ליגאל שנאמר (שם לב) „התנערי מעפר קומי שבי". **מתני'** אמר ר' יהושע בן קרחה, ועוד זאת התקין רבן יוחנן בן זכאי, שאפילו ראש בית דין בכל מקום, שלא יהו העדים הולכין אלא למקום הוועד. **גמ'** ההיא איתתא דאזמנוה לדינא קמיה דאמימר בנהרדעי, אזל אמימר למחוזא ולא אזלה בתריה, כתב פתיחא עילווה, אמר ליה רב אשי לאמימר: והא אנן תנן אפילו ראש בית דין בכל מקום, שלא יהו העדים הולכין אלא למקום הוועד? **א"ל, הני מילי לענין עדות החדש** אבל הכא (משלי כב) „**עבד לוה לאיש מלוה". ת"ר, אין כהנים רשאין לעלות בסנדליהם** לדוכן, וזו אחד מתשע תקנות שהתקין ריב"ז: **שית דהאי פירקא וחדא דפרקא קמא,** ואידך דתניא: גר שנתגייר בזמן הזה צריך שיפריש רובע לקינו. אמר רשב"א, כבר נמנה עליה רבן יוחנן וביטלה, מפני התקלה. ואידך? **פלוגתא דרב פפא ורנב"י:** רב פפא אמר כרם רבעי, רב נחמן בר יצחק אמר לישון של זהורית. (לב.) **מתני'** סדר ברכות: אומר אבות וגבורות וקדושת השם, וכולל מלכיות עמהן ואינו תוקע. קדושת היום ותוקע, זכרונות ותוקע, שופרות ותוקע, ואומר **עבודה והודאה וברכת כהנים,** דברי ר' יוחנן בן נורי; אמר לו ר"ע: אם אינו תוקע למלכיות, למה הוא מזכיר? **אלא אומר אבות וגבורות וקדושת השם, וכולל מלכיות עם קדושת היום ותוקע, זכרונות** ותוקע, שופרות ותוקע, ואומר עבודה והודאה וברכת בהנים. **גמ'** ת"ר, מניין שאומרים מלכיות זכרונות ושופרות? ר"א אומר, דכתיב, (ויקרא כג) „שבתון זכרון תרועה מקרא קודש" שבתון זה קדושת היום, זכרון אלו זכרונות, תרועה אלו שופרות, מקרא קודש קדשהו בעשיית מלאכה. אמר לו רבי עקיבא: **מפני מה לא נאמר** שבתון שבות שבו פתח הכתוב **תחילה**? **אלא שבתון קדשהו בעשיית מלאכה. זכרון** אלו זכרונות, **תרועה** אלו שופרות, מקרא קודש זו קדושת היום. מניין שאומרים מלכיות? תניא רבי אומר (שם) „אני ה' אלהיכם ובחדש השביעי" זו מלכות; **ר' יוסי** בר יהודה אומר אינו צריך, הרי הוא אומר (במדבר י) „**והיו לכם לזכרון לפני אלהיכם"** שאין ת"ל אני ה' אלהיכם, ומה ת"ל? זה בנה אב לכל מקום **שנאמר בו זכרונות,** יהיו מלכיות עמהן. **מתני'** אין פוחתין מעשרה מלכיות, מעשרה זכרונות, מעשרה שופרות; רבי יוחנן בן נורי אומר, **אם אמר ג' ג' מכולן יצא. גמ' הני עשרה מלכיות** כנגד מי? **אמר רבי כנגד עשרה הילולים שאמר דוד בספר תלים. הילולים טובא**

ר ש"י

ויושבו שם. ומיבנה לאושא, יבנה בימי רבן יוחנן, אושא בימי רבן גמליאל, **וחזרו מאושא ליבנה.** ובימי רבן שמעון בנו חזרו. בית שערים וציפורי וטבריא כולן בימי רבי הוו. וטבריא עמוקה מכולן, שפלים היו אז מכל המקומות שגלו. שש גלות, השח הדא ישפילנה הרי ישפילה ה"ת עד ארץ ארבע יגיענה המשה עד עפר שש דמצי למימר ישפילנה עד ארץ ולעפר. **מתני'** אלא למקום הוועד, ובנהדרין יקדישוהו בלא ראש ב"ד. **גמ'** פתיחא, שטר שמתא. **דא"כ, אם אתה מטריחן.** שית דהאי פירקא, חדא האי וחמש דמתני' התקין שיהו תוקעין ושיהא לולב ניטל שבעה ושיהא יום הנף כולו אסור ושיהו מקבלין כל היום ושלא יהו עדים הולכין אלא למקום הוועד. **וחדא** דפרקא קמא, שלא יהו מחללין אלא על ניסן ותשרי בלבד. רובע, שקל דהיינו חצי דינר והן הן דמי קן, הילכך יפריש רובע לקינו שמא יבנה בית המקדש בימינו ויקריבנו. **מתני'** אבות וגבורות כו' וקדושת היום ותוקע כו'. דמצות בש"ש תקיעות של שליש שליש. **גמ'** שהרי פתח בו הכתוב תחילה, והוא בא להזהיר על המלאכה שהיא עיקר, אני ה' אלהיכם, דלעני ולגר תעזוב וסמיך ליה

עדים מן המנחה ולמעלה, נוהגין אותו היום קודש ולמחר קודש. משחרב בה"מ התקין רבן יוחנן בן זכאי שיהו מקבלין עדות החדש כל היום. גמ׳ מה קילקול קילקלו הלוים בשיר? א"ל ר׳ זירא לאהבה בריה פוק תני להו: התקינו שלא יהו מקבלין עדות החדש, אלא כדי שיהא שהות ביום להקריב התמידין ומוספין ונסכיהם, ולומר שירה שלא בשיבוש. (לא.) תניא רבי יהודה אומר משום ר"ע: בראשון מה היו אומרים? (תהלים כד) „לה׳ הארץ ומלואה" על שם שקנה והקנה ושליט בעולמו; בשני מה היו אומרים? (שם מח) „גדול ה׳ ומהולל מאד" על שם שחילק מעשיו ומלך עליהן; בשלישי היו אומרים: (שם פב) „אלהים נצב בעדת אל" על שם שגילה ארץ בחכמתו והכין תבל לעדתו; ברביעי היו אומרים: (שם צד) „אל נקמות ה׳" ע"ש שברא חמה ולבנה ועתיד ליפרע מעובדיהן; בחמישי היו אומרים: (שם פא) „הרנינו לאלהים עוזנו" על שם שברא עופות ודגים לשבח לשמו; בששי היו אומרים: (שם צג) „ה׳ מלך גאות לביש" על שם שגמר מלאכתו ומלך עליהן; בשביעי היו אומרים: (שם צב) „מזמור שיר ליום השבת", ליום שכולו שבת. אמר ר׳ נחמיה, מה ראו חכמים לחלק בין הפרקים הללו? אלא בשביעי על שם ששבת; וקמיפלגי בדרב קטינא, דאמר רב קטינא שיתא אלפי שני הוי עלמי וחד חריב, שנאמר (ישעיה ב) „ונשגב יי׳ לבדו ביום ההוא", אביי אמר תרי חרוב שנאמר (הושע ו) „יחיינו מיומים". במוספי דשבתא מה היו אומרים? אמר רב ענן בר רבא אמר רב, הזי"ו לך. ואמר רב חנן בר רבא אמר רב, כדרך שחלוקים כאן כך חלוקין בבית הכנסת. במנחתא דשבתא מה היו אומרים? אמר ר׳ יוחנן, אז ישיר, ומי כמוך, ואז ישיר. איבעיא להו, הני כולהו בחד שבתא אמר להו, או דילמא כל שבתא ושבתא אמרי חד? תא שמע, דתניא א"ר יוסי, עד שהראשונה אומרת אחת, שנייה חוזרת שתים, שמע מינה כל שבתא ושבתא אמרי חד, שמע מינה. אמר רב יהודה בר אידי א"ר יוחנן, עשר מסעות נסעה שכינה, מקראי וכנגדן גלתה סנהדרין, מגמרא. מלשכת הגזית, לחנויות ומחנויות לירושלים, ומירושלים

רש"י

קודש, בראש השנה קאי דמשחשכה לילי עשרים ותשעה נהגו בו קודש שמא יבואו עדים מחר ויקדשוהו ב"ד ונמצא שהלילה הזה ליל י"ט הוא וכן למחר כל היום עד המנחה, ואם באו עדים קודם המנחה בית דין מקדשים את החדש ונודע שיפה נהגו בו קודש, ואם מן המנחה ולמעלה באו אע"פ שאין ב"ד מקבלין אותן לקדשו היום ויעברו את אלול ויקדשוהו למחר אעפ"כ גומרים אותו בקדושה ואכור במלאכה דילמא אתי לזלזולי ביה לשנה הבאה ויעשו בו מלאכה כל היום ויאמרו אשתקד נהגנו בו קודש חנם ומן המנחה ולמעלה חזרנו ונהגנו בו חול. גמ׳ פוק תני להו, שנה להם ברייתא זו שממנה ילמדו שאמרו שיר של חול. לה׳ הארץ, כל המזמור. שקנה, שמים וארץ. והקנה, תבל ליושבי בה כלומר קונה כדי להקנות. שחילק מעשיו, הבדיל רקיע בין עליונים לתחתוני׳ ונתעלה וישב במרום. מה ראה ר"ע לחלק בין הפרשיות הללו, שכל ששת ימים נאמרין הפרקים הללו על שם שעבר ושל שבת על שם להבא. וקא מיפלגי בדרב קטינא, ר׳ נחמיה לית ליה דרב קטינא, אלא דאביי. במוספי דשבתא, מאי שיר אמרי. הזי"ו ל"ך, פרשת שירת האזינו חולקים אותה לששה פרקים: האזינו, זכור ימות עולם, ירכיבהו על במותי ארץ, וירא ה׳ וינאץ, לולי כעס אויב אגור, כי ידין ה׳ עמו. כדרך שחלוקין, פירקי השירה הזאת כאן. כך חולקין בבית הכנסת, כך קוראין אותם ששה הקוראין בספר תורה והז׳ קורא מן השירה ולהלן. אז ישיר, שירת הים עד מי כמוכה. ומי כמוכה, עד סוף השירה. ואז ישיר, ישראל עלי באר. בחד שבתא אמרו להו, הלוים. או דילמא, כל פרק ופרק לשבת אחת פרק אחד. עד שהראשונה, שירת המוספין חוזרת הלילה פעם אחת. שנייה, שירת המנחה של תמיד הערבים. חוזרת שתים, דהתם שית פירקי והכא תלתא: האזינו בשבת אחת, זכור בשבת שנייה וכן כולם. עשר מסעות כו׳ משום דאיירי מתני׳ בתקנות של יבנה נקט לה הכא. נסעה שכינה, להסתלק מעל ישראל מעט מעט כשחטאו. (מקראי, כלומר דרשי להו וכמוכי אקראי). מלשכת הגזית לחנות, חנות עשו להם בהר הבית

יום טוב של ראש השנה שחל להיות בשבת, במקדש היו תוקעין, אבל לא במדינה, משחרב בית המקדש התקין רבן יוחנן בן זכאי, שיהו תוקעין בכל מקום שיש בו בית דין. אמר רבי אלעזר, לא התקין רבן יוחנן בן זכאי, אלא ביבנה בלבד; אמרו לו אחד יבנה ואחד כל מקום שיש בו בית דין. ועוד זאת היתה ירושלים יתירה על יבנה, שכל עיר שהיא רואה ושומעת וקרובה ויכולה לבוא תוקעין, וביבנה לא היו תוקעין, אלא בבית דין בלבד. גמ' מנה"מ? אמר רבא רבנן הוא דגזור ביה, כדרבה, דאמר רבה הכל חייבין בתקיעת שופר, ואין הכל בקיאין בתקיעת שופר, גזירה שמא יטלנו בידו, וילך אצל הבקי ללמוד, ויעבירנו ד' אמות בר"ה. והיינו טעמא דלולב, והיינו טעמא דמגילה. משחרב בית המקדש התקין רבן יוחנן בן זכאי כו'. תנו רבנן, פעם אחת חל ר"ה להיות בשבת, והיו כל הערים מתכנסין, אמר להם רבן יוחנן בן זכאי לבני בתירה: נתקע; אמרו לו: נדון; אמר להם: נתקע ואח"כ נדון; לאחר שתקעו אמרו לו: נדון, אמר להם: כבר נשמעת קרן ביבנה, ואין משיבין לאחר מעשה. אמרו לו אחד יבנה ואחד כל מקום שיש בו ב"ד. אמר רב הונא, (ל.) בפני בית דין, לאפוקי שלא בפני בית דין דלא? והא, כי אתא רב יצחק בר יוסף אמר, כי הוה מסיים שליחא דציבורא תקיעה ביבנה, לא ישמע איניש קל אוניה מתקיעתא דיחידאי? בפני ב"ד היו תוקעין. איתמר נמי, אמר רבי אין תוקעין אלא כל זמן שב"ד יושבין. יתירה על יבנה וכו'. רואה פרט ליושבת בנחל, שומעת פרט ליושבת בראש ההר, קרובה פרט ליושבת חוץ לתחום, ויכולה לבוא פרט למפסיק לה נהרא. מתני' בראשונה היה הלולב ניטל במקדש שבעה, ובמדינה יום אחד, משחרב בית המקדש התקין רבן יוחנן בן זכאי שיהא לולב ניטל במדינה שבעה זכר למקדש, ושיהא יום הנף כולו אסור. גמ' ומנלן דעבדינן זכר למקדש? דאמר קרא (ירמיה ל׳) „כי אעלה ארוכה לך וממכותיך ארפאך נאם ה' כי נדחה קראו לך ציון היא דורש אין לה" מכלל דבעיא דרישה. ושיהא יום הנף כולו אסור. אמר רב נחמן בר יצחק רבן יוחנן בן זכאי (ל:) בשיטת רבי יהודה אמרה, דאמר (ויקרא כג) „עד עצם היום הזה" עד עצמו של יום, וקסבר עד ועד בכלל. ומי סבר לה כותיה והא מפליג פליג עליה? דתנן, משחרב בית המקדש התקין רבן יוחנן בן זכאי שיהא יום הנף כולו אסור; א"ר יהודה, והלא מן התורה הוא אסור, דכתיב עד עצם היום הזה? התם ר' יהודה הוא דקא טעי: איהו סבר רבן יוחנן בן זכאי מדרבנן קאמר, ולא היא, מדאורייתא קאמר. והא התקין קתני? מאי התקין, דרש והתקין. מתני' בראשונה היו מקבלין עדות החדש כל היום, פעם אחת נשתהו העדים מלבוא ונתקלקלו הלוים בשיר, התקינו שלא יהו מקבלין אלא עד המנחה, ואם באו

רש"י

אבל לא במדינה, לא בירושלים ולא בגבולין. אלא ביבנה, שהיתה שם סנהדרין גדולה בימיו, וכן בכל מקום שגלתה סנהדרין. ועוד זאת היתה ירושלים, בעודה בבנינה יתירה בתקיעת שבת על יבנה. גמ' גזירה שמא יטלנו וכו', ובמקדש לא גזור דאין איסור שבות דרבנן במקדש. והיו כל העיים, שבסביבות יבנה, מתכנסים, לשם לשמוע תקיעה משלוחי בית דין לפי שהיו רגילין כן בירושלים. בני בתירה, גדולי הדור היו. נדון, אם יש לגזור אף במקום בית דין שמא יטלנו. ואין משיבין לאחר מעשה, גנאי הוא שמוציא לעז טועים על עצמינו. איתמר נמי, כרב הונא. אין תוקעין, יחידים ביום הכיפורים ביובל, אלא בזמן שב"ד יושבין במקומן והתוקעין תוקעין בכל העיר. מתני' ושיהא יום הנפת עומר כולו אסור לאכול מן החדש, ומדאורייתא משהאיר מזרח מותר, בשיטת ר"י אמרה, דאמר מן התורה אסור כל היום בזמן הזה דקסבר עד ועד בכלל. מדרבנן קאמר, כלומר הוא בא לגזור עליו משום ההוא טעם דלעיל דשמא יבנה. דרש והתקין, דרש להם המקרא והתקין שינהגו איסור, לפי שעד עכשיו היה היתר בדבר משקרב העומר מתיר. מתני' נוהגים אותו היום

„ה' אלהי אבותיכם יוסף עליכם ?" ת"ל (שם ד) „לא תוסיפו על הדבר" והא הכא, כיון דבריך ליה עברה ליה זמניה, וקתני דעבר ? אמר רבא, לצאת לא בעי כוונה, לעבור בזמנו לא בעי כוונה, שלא בזמנו בעי כוונה. אמר ליה רבי זירא לשמעיה, (כט.) איכוון ותקע לי, אלמא קסבר משמיע בעי כוונה ? תנאי היא, דתניא שומע שומע לעצמו, ומשמיע משמיע לפי דרכו ; א"ר יוסי, בד"א בשליח צבור, אבל ביחיד לא יצא עד שיתכוון שומע ומשמיע. **מתני'** (שמות יז) „והיה כאשר ירים משה ידו וגבר ישראל" וגו' וכי ידיו של משה עושות מלחמה או שוברות מלחמה ? אלא לומר לך: כל זמן שהיו ישראל מסתכלין כלפי מעלה ומשעבדין את לבם לאביהם שבשמים, היו מתגברים, ואם לאו היו נופלים ; כיוצא בדבר אתה אומר (במדבר כא) „עשה לך שרף ושים אותו על נס והיה כל הנשוך וראה אותו וחי" וכי נחש ממית או נחש מחיה ? אלא בזמן שישראל מסתכלין כלפי מעלה ומשעבדין את לבם לאביהם שבשמים, היו מתרפאין, ואם לאו, היו נמוקים. חרש, שוטה וקטן אין מוציאין את הרבים ידי חובתן, זה הכלל : כל שאינו מחוייב בדבר, אינו מוציא את הרבים ידי חובתן: **גמ'** ת"ר, הכל חייבין בתקיעת שופר. כהנים ולוים וישראלים, גרים ועבדים משוחררים וטומטום ואנדרוגינוס. מי שחציו עבד וחציו בן חורין, טומטום אינו מוציא לא את מינו ולא את שאינו מינו. אנדרוגינוס מוציא את מינו, אבל לא את שאינו מינו. אמר מר, הכל חייבין בתקיעת שופר : כהנים לוים וישראלים. פשיטא ! אי הני לא מיחייבי, מאן מיחייבי ? כהנים איצטריכא ליה, ס"ד אמינא הואיל ותנן, שוה היובל לר"ה לתקיעה ולברכות, מאן דאיתיה במצות היובל, איתיה במצות דראש השנה, והני כהנים הואיל וליתנהו במצוה דיובל, איכא במצוה דראש השנה לא ליחייבו ? קמ"ל ! תני אהבה בריה דרבי זירא : כל הברכות כולן, אע"פ שיצא מוציא, חוץ מברכת הלחם וברכת היין, שאם לא יצא מוציא, ואם יצא אינו מוציא. בעי רבא, (כט:) ברכת הלחם של מצה וברכת היין של קידוש היום מהו ? כיון דחובה היא, מפיק, או דילמא, ברכה לאו חובה היא ? תא שמע, דאמר רב אשי, כי הוינן בי רב פפי הוה מקדש לן, וכי הוה אתי אריסיה מדברא הוה מקדש להו. תנו רבנן, לא יפרוס אדם פרוסה לאורחין, אלא אם כן אוכל עמהם, אבל פורס הוא לבניו ולבני ביתו, כדי לחנכן במצות , ובהלל ובמגילה אף על פי שיצא מוציא.

הדרן עלך ראוהו בית דין

רש"י

בשמיני בסוכה, שלא לשום מצוה. ילקה, שהרי עובר משום בל תוסיף ? מצות אין עובר עליהן, בבל תוסיף אלא בזמנן כגון חמשת מינין בלולב אבל תוספת יום על ימים או שעה על שעה אין זה מוסיף. איכוון ותקע לי, התכוין לתקוע בשמי להוציאני ידי חובתי. משמיע בעי כוונה, להוציא השומע. גמ' ועבדים משוחררין, אבל שאינן משוחררין לא, וטומטום ואנדרוגינוס, שמא זכר הוא. מי שחציו עבד, משום צד חירות שבו. את מינו, טומטום כמותו, שמא תוקע זה נקבה וחבירו זכר. מוציא מינו, אנדרוגינוס כמותו. מי שחציו עבד כו', דלא אתי צד עבדות דמשמיע ומפיק לצד חירות דשומע. אף על פי שיצא מוציא, שהרי כל ישראל ערבין זה בזה למצות. חוץ מברכת הלחם והיין, שאינן חובה אלא שאסור ליהנות מן העולם הזה בלא ברכה. ברכת הלחם, של אכילת מצה שמברכין לפניה המוציא. וברכת היין, שמברכין לפני קידוש. מהו, על אכילת מצה ומקדש ישראל לא תיבעי לך דחובה נינהו ומפיק, אלא ברכת המוציא וברכת היין. דאי אפשר דלא יהיב ליה לחד מינייהו למטעם ובעי ברכת מאי ? כיון דחובה היא, אכילת מצה חובה עליו וכן קידוש היום חובה עליו. או דלמא, ברכת ההנאה לאו חובה למצוה אתיא שאף בכל ההנייה היא נוהגת. לא יפרוס, ברכת המוציא שאינה חובה עליהם.

הדרן עלך ראוהו בית דין.

מבחוץ אם נשתנה קולו מכמות שהיה פסול, ואם לאו כשר; נסדק לארכו פסול, לרוחבו אם נשתייר בו שיעור תקיעה כשר, ואם לאו פסול; וכמה שיעור תקיעה? פירש רשב״ג, כדי שיאחזנו בידו ויראה לכאן ולכאן; היה קולו דק או עבה או צרור כשר, שכל הקולות כשרין בשופר. שלחו ליה לאבוה דשמואל: קדחו ותקע בו יצא. פשיטא! כולהו נמי מיקדח קדחו להו! אמר רב אשי שקדחו בזכרותו, מהו דתימא מין במינו חוצץ? קמ״ל! התוקע לתוך הבור או לתוך הדות. אמר רב הונא, לא שנו אלא לאותן העומדים על שפת הבור, אבל אותן העומדין בבור יצאו. (כח.) שמע מקצת תקיעה בבור, ומקצת תקיעה על שפת הבור, יצא; מקצת תקיעה קודם שיעלה עמוד השחר, ומקצת תקיעה לאחר שיעלה עמוד השחר, לא יצא. אמר ליה אביי, מאי שנא התם, דבעינא כולה תקיעה בחיובא וליכא? הכא נמי בעינא כולה תקיעה בחיובא וליכא? הכי השתא! התם לילה לאו זמן חיובא הוא כלל, הכא בור מקום חיובא הוא לאותי העומדין בבור. למימר דסבר רבה: שמע סוף תקיעה בלא תחילת תקיעה יצא, וממילא תחילת תקיעה בלא סוף תקיעה יצא? ת״ש! תקע בראשונה ומשך בשנייה כשתים, אין בידו אלא אחת, ואמאי תסלק לה בתרתי? פסוקי תקיעתא מהדדי לא פסקינן. אמר רבא, המודר הנאה מחבירו, מותר לתקוע לו תקיעה של מצוה: המודר הנאה משופר, מותר לתקוע בו תקיעה של מצוה. ואמר רבא, המודר הנאה מחבירו, מזה עליו מי הטאת בימות הגשמים, אבל לא בימות החמה. המודר הנאה ממעיין, טובל בו טבילה של מצוה. בימות הגשמים, אבל לא בימות החמה. שלחו ליה לאבוה דשמואל: כפאו ואכל מצה יצא. כפאו מאן? א״ר אשי, שכפאוהו פרסיים. אמר רבא, זאת אומרת התוקע לשיר יצא, פשיטא, היינו הך! מהו דתימא, התם אכול מצה אמר רחמנא, והא אכל, (כח:) אבל הכא (ויקרא כג) „זכרון תרועה" כתיב והאי מתעסק בעלמא הוא, קמ״ל! איתיביה, נתכוון שומע, ולא נתכוון משמיע, משמיע ולא נתכוון שומע לא יצא, עד שיתכוון שומע ומשמיע. בשלמא נתכוון משמיע ולא נתכוון שומע, כסבור חמור בעלמא הוא, אלא נתכוון שומע ולא נתכוון משמיע, היכי משכחת לה, לאו בתוקע לשיר? דילמא דקא מנבח נבוחי. א״ל אביי, אלא מעתה, הישן בשמיני בסוכה ילקה? א״ל, שאני אומר מצות אינו עובר עליהן אלא בזמנן. מתיב רב שמן בר אבא, מניין לכהן שעולה לדוכן, שלא יאמר הואיל ונתנה לי תורה רשות לברך את ישראל אוסיף ברכה אחת משלי, כגון (דברים א)

ר ש״י

הבדק עד מקום הנחת פה שיעור התקיעה כשר. צרור, לשון יבש. קדחו, נקבו וקס״ד לקב הנחת פה קאמר. שקדחו בזכרותו, כשהוא מחובר בבהמה עצם בולט מן הראש ונכנס להוכו' ומוציאין אותו מתוכו, וזה לא הוציאו, אלא נקב את הזכרות. אותן העומדין בבור יצאו שהן קול השופר לעולם שמעו. שמע מקצת התקיעה בבור כו', קא סלקא דעתך דהכי קאמר: היה עומד הוא בשפת הבור וחבירו תוקע בבור ויצא להוין בחצי התקיעה, ואשמעינן הכא דבקצת נמי יוצא. קודם עמוד השחר. לאו זמניה הוא כדאמרינן במסכת מגילה: כל היום כשר לתקיעת שופר חליף טעמא מיום תרועה יהיה לכם, יום ולא לילה. תקע בראשונה, פשוטה שלפני תרועת המלכיות. ומשך בשנייה, בפשוטה של אחריה כשתים ונתכוון לצאת בה אף ידי פשוטה שלפני תרועת הזכרונות שעתיד עליו לתקוע תיכף לזו. מותר לתקוע לו, טעמא דכולהו משום דמצות לאו ליהנות ניתנו. דבירו מזה עליו בימות הגשמים, שאין כאן אלא הנאת קיום המצות. אבל לא בימות החמה, דאיכא הנאת הגוף. שכפאוהו פרסיים, ואע״ג שלא נתכוון לצאת ידי חובת מצה בליל ראשון של פסח יצא. התוקע לשיר, לשורר ולזמר כך שמעתי מפי מורי הזקן. פשיטא, דזאת אומרת כן. מהו דתימא התם אכול מצה קאמר רחמנא והא אכל, והנאה באכילתו הלכך לאו מתעסק הוא. קא משמע לן, דאע״ג דמתעסק הוא יצא. אלא מעתה, דשאין מתכוין למצוה כמתכוון דמי. הישן

והתנן שופר של ר״ה של יעל פשוט? הוא דאמר כי האי תנא; דתניא ר׳ יהודה אומר, בר״ה היו תוקעין בשל זכרים כפופין, וביובלות בשל יעלים. במאי קמיפלגי? מר סבר בר״ה כמה דכייף איניש דעתיה טפי מעלי, וביה״כ כמה דפשיט איניש דעתיה טפי מעלי, ומר סבר בראש השנה כמה דפשיט איניש דעתיה טפי מעלי, ובתעניות כמה דכייף איניש דעתיה טפי מעלי. (כז.) ופיו מצופה זהב. והתניא ציפהו זהב במקום הנחת פיו פסול, שלא במקום הנחת פיו כשר? אמר אביי, כי תנן נמי מתניתין שלא במקום הנחת פה תנן. ושתי חצוצרות מן הצדדים. ותרי קלי מי משתמעי? לכך מאריך בשופר, לידע שמצות היום בשופר. ובתעניות של זכרים כפופין ופיו מצופה כסף. מאי שנא התם דזהב, ומ״ש הכא דכסף? כל כינופיא דכסף הוא, דכתיב (במדבר י) „עשה לך שתי חצוצרות כסף". רב פפא בר שמואל סבר למיעבד עובדא כמתניתין, אמר ליה רבא: לא אמרו אלא במקדש. תניא נמי הכי. במה דברים אמורים במקדש, אבל בגבולין, מקום שיש חצוצרות אין שופר, מקום שיש שופר אין חצוצרות. וכן הנהיג רבי חלפתא בציפורי, ורבי חנניא בן תרדיון בסכני; וכשבא דבר אצל חכמים אמרו: לא היו נוהגין כן אלא בשערי מזרח ובהר הבית בלבד. אמר רבא ואיתימא ריב״ל מאי קרא? דכתיב (תהלים צח) „בחצוצרות וקול שופר הריעו לפני המלך ה׳", לפני המלך ה׳ הוא דבעינן חצוצרות וקול שופר, אבל בעלמא לא. שוה היובל לר״ה לתקיעה ולברכות כו׳. א״ר שמואל בר יצחק כמאן מצלינן האידנא: זה היום תחילת מעשיך זכרון ליום ראשון? כר׳ אליעזר, דאמר בתשרי נברא העולם. מתיב רב עינא: שוה יובל לר״ה לתקיעה ולברכות, והא איכא זה היום תחילת מעשיך זכרון ליום ראשון, דבר״ה איתא וביובל ליתא? כי קתני אשארא. מתני׳ שופר שנסדק ודבקו פסול, דיבק שברי שופרות פסול; (כז:) ניקב וסתמו אם מעכב את התקיעה פסול, ואם לאו כשר. התוקע לתוך הדות, או לתוך הפיטס, אם קול שופר שמע יצא, ואם קול הברה שמע לא יצא; וכן מי שהיה עובר אחורי בית הכנסת, או שהיה ביתו סמוך לבית הכנסת, ושמע קול שופר, או קול מגילה אם כיון לבו יצא, ואם לאו לא יצא, אע״פ שזה שמע וזה שמע: זה כיון לבו, וזה לא כיון לבו. גמ׳ ת״ר, ארוך וקצרו כשר. גרדו והעמידו על גלדו כשר; ציפהו זהב מבפנים פסול, מבחוץ, אם נשתנה קולו מכמות שהיה פסול, וא״ל כשר; ניקב וכתמו אם מעכב את התקיעה פסול, וא״ל כשר; נתן שופר בתוך שופר, אם קול פנימי שמע יצא, ואם קול חיצון שמע לא יצא. דיבק שברי שופרות פסול. ת״ר. הוסיף עליו כ״ש, בין במינו בין שלא במינו פסול; ניקב וסתמו בין במינו ובין שלא במינו פסול; רבי נתן אומר, במינו כשר שלא במינו פסול. אר״י, והוא שנפחת רובו, מכלל דבמינו אע״פ שנפחת רובו כשר; ציפהו זהב מבפנים פסול,

---

ר ש״ י

בפשוטין, ולברכות, דבעי למימר תשעה ברכות ביום הכיפורים של יובל. נמי ושל כל השנה, של תעניות. במאי קא מיפלגי, תנא קמא ור׳ יהודה. כמה דכייף איניש, בתפלתו פניו כבושין לארץ טפי עדיף. כמה דפשיט טפי עדיף, הילכך בראש השנה בפשוטין דתפלה היא ודיום הכפורים נמי משום דשויה בגזירה שוה ובתענית דלכינופיא לא איכפת לן ועבדינן בפופין להכירא. במקום הנחת פה פסול, שהתקיעה בזהב ולא בשופר. לכך מאריך בשופר, תירוצא הוא. למיעבד עובדא, בחצוצרות ושופר, מקום שיש שופר, כגון ר״ה ויובל, מקום שיש חצוצרות, כגון תעניות. הנהיג, כמשנתינו שופר וחצוצרות. ובהר הבית, חדא מילתא היא בשערי מזרח בהר הבית, וי״א בשערי מזרח בעזרת נשים. מתני׳ ודבקו, בדבק. פסול דהוה ליה כשני שופרות. על גלדו, גלד דק. פסול, שהתקיעה בזהב. לא יצא, דאיכא מחיצות, הפנימי מפסקת התקיעה. במינו כשר, אם אינו מעכב את התקיעה. נסדק, כולו, וכן נסדק לרחבו, כל רובו לתקיפו. אם נשתייר בו, מן מקום

מקודש מקודש. ראוהו שלשה והן ב"ד, יעמדו השנים ויושיבו מחביריהם אצל היחיד ויעידו בפניהם ויאמרו מקודש מקודש, שאין היחיד נאמן ע"י עצמו. גמ׳ ראוהו ב"ד יעמדו שנים ויעידו בפניהם: ואמאי, לא תהא שמיעה גדולה מראייה? א"ר זירא, כגון שראוהו בלילה. ראוהו שלשה והן בית דין יעמדו שנים ויושיבו מחביריהם אצל היחיד. אמאי הכא נמי נימא לא תהא שמיעה גדולה מראייה? וכי תימא ה"נ כגון שראוהו בלילה, היינו הך? סיפא איצטריכא ליה, דאין היחיד נאמן על ידי עצמו, דסלקא דעתך אמינא הואיל ותנן דיני ממונות בשלשה. ואם היה מומחה לרבים דן אפילו ביחיד, הכא נמי ניקדשיה ביחידי? קא משמע לן! ואימא הכי נמי? אין לך מומחה לרבים בישראל יותר ממשה רבינו, וקאמר ליה הקב"ה עד דאיכא אהרן בהדך, דכתיב (שמות יב) „ויאמר ה׳ אל משה ואל אהרן בארץ מצרים לאמר החדש הזה לכם". למימרא דעד נעשה דיין? לימא מתני׳ דלא כר"ע, דתניא, סנהדרין שראו אחד שהרג את הנפש (כו.) מקצתן נעשו עדים, ומקצתן נעשו דיינין, דברי רבי טרפון; רבי עקיבא אומר, כולן נעשין עדים, ואין עד נעשה דיין? אפילו תימא רבי עקיבא, עד כאן לא קאמר רבי עקיבא התם, אלא בדיני נפשות, דרחמנא אמר (מדבר לה) „ושפטו העדה והצילו העדה" וכיון דחזיוה דקטל נפשא, לא מצי חזו ליה זכותא, אבל הכא, אפילו רבי עקיבא מודה. מתני׳ כל השופרות כשרים חוץ משל פרה, מפני שהוא קרן, אמר רבי יוסי, והלא כל השופרות נקראו קרן! שנאמר (יהושע ו) „במשוך בקרן היובל". מאי משמע דהאי יובלא לישנא דדכרא הוא? דתניא, אמר ר׳ עקיבא, כשהלכתי לערביא היו קורין לדכרא, יובלא. (כו:) לא הוו ידעי רבנן מאי (משלי ד) „סלסלה ותרוממך" יומא חד שמעוה לאמתא דבי רבי, דהוות אמרה להההוא גברא, דהוות קא מהפך בשעריה, „אמרה ליה עד מתי אתה מסלסל בשערך? לא הוו ידעו רבנן מאי (תלים נה) „השלך על ה׳ יהבך". אמר רבה בר בר חנה, יומא חד הוה אזלינא בהדי ההוא טייעא, הוה דרינא טונא, ואמר לי שקול יהביך ושדי אגמלאי. מתני׳ שופר של ראש השנה של יעל פשוט, ופיו מצופה זהב, ושני חצוצרות מן הצדדין, שופר מאריך וחצוצרות מקצרות, שמצות היום בשופר; ובתעניות בשל זכרים כפופין, ופיהן מצופה כסף, ושתי חצוצרות באמצע, שופר מקצר וחצוצרות מאריכות. שוה היובל לר"ה לתקיעה ולברכות, ר"י אומר בר"ה תוקעין בשל זכרים, וביובלות בשל יעלים. גמ׳ אמר ר׳ לוי מצוה של ר"ה ושל יה"כ בכפופין, ושל כל השנה בפשוטין.

רש"י

ונחקרו העדים, אי נמי נחקרו העדים. ראוהו ב"ד בלבד, שאין מי שיעיד אלא־הם, ולאו ארישא קאי בסמוך לחשיכה, אלא שהיה שהות לקדש. יעמדו שנים ויעידו בפניהם, ואע"פ שכולן ראוהו. ויעידו בפניהם, השנים. שאין היחיד נאמן, לומר מקודש בפני עצמו, לכך צריך להושיב מחביריהן אצלו. גמ׳ ואמאי, יעמדו שנים ויעידו הלא ראוהו כולן יקדשוהו בראייתם. שראוהו בלילה, הילכך למחר אי לאו שמיעה על מה יקדשו. למימרא דעד נעשה דיין, מי שראוי להיות עד בדבר נעשה דיין, ואלו כולן ראויים להיות עדים שהרי כולם ראוהו. מקצתן נעשין עדים, ויעידו בפני חביריהם. ומקצתן נעשין דיינים, אבל המעידים לא ישבו וידונו עמהם, וגבי עדות החדש גופה נמי לא אפשר במתני׳ להיות העדים נעשים דיינים, דא"כ למה לי יושיבו מחבריהם? יעידו בפני יחיד ואחר כך ישבו הם עמו ויקדשו. כולן עדים הם, ראוים להעיד. והצילו העדה, יהפכו בזכותו. מתני׳ שהוא קרן, אינו קרוי שופר וגבי יה"כ שופר כתיב. בקרן היובל, ויובל דיכרא הוא. ופיו מצופה זהב, בשל מקדש קאמר. שופר מאריך, לאחר שהחצוצרות פוסקין תקיעתן, נשמע קול השופר. ובתעניות, דאמרינן בתעניות תקעו הכהנים תקעו. בשל זכרים, אילים שנתמן כפופין. ושתי חצוצרות באמצע, שני שופרות להן א׳ מכאן ואחד מכאן והן באמצע. שמצות היום בחצוצרות, דלכנופיא בעלמא נינהו וכל כנופיא בחצוצרות דכתיב והיה לך למקרא העדה. לתקיעת

שחל יוה״כ להיות בחשבונו. עמד רבן גמליאל ונשקו על ראשו, אמר לו: בוא בשלום רבי ותלמידי, רבי בחכמה, ותלמידי שקבלת את דברי. **גמ׳** תניא אמר להם רבן גמליאל לחכמים: כך מקובלני מבית אבי אבא, פעמים שבא בארוכה ופעמים שבא בקצרה. רבי חייא חזייא לסיהרא דהוה קאי בצפרא דעשרים ותשעה. שקל קלא פתק ביה, אמר, לאורתא בעינן לקדושי בך, ואת קיימת הכא? זיל איכסי! אמר ליה רבי לרבי חייא, זיל לעין טב וקדשיה לירחא, ושלח לי סימנא: דוד מלך ישראל חי וקים. תנו רבנן, פעם אחת נתקשרו שמים בעבים ונראית דמות לבנה בעשרים ותשעה לחדש, כסבורים העם לומר ר״ה, ובקשו בית דין לקדשו, אמר להם ר״ג: כך מקובלני מבית אבי אבא: אין חדושה של לבנה פחותה מעשרים ותשעה יום ומחצה ושני שלישי שעה וע״ג חלקים, ואותו היום מתה אמו של בן זזא והספידה ר״ג הספד גדול, לא מפני שראויה לכך, אלא כדי שידעו העם שלא קידשו בית דין את החדש. בא לו אצל ר׳ דוסא בן הורכינס כו׳. ת״ר, למה לא נתפרשו שמותם של זקנים הללו? שלא יאמר אדם: פלוני כמשה ואהרן? פלוני כנדב ואביהוא? פלוני כאלדד ומידד? ואומר (שמואל א יב) „ויאמר שמואל אל העם ה׳ אשר עשה את משה ואת אהרן“, ואומר (שם) „וישלח ה׳ את ירובעל ואת בדן ואת יפתח ואת שמואל“ ירובעל, זה גדעון, ולמה נקרא שמו ירובעל? שעשה מריבה עם הבעל, בדן זה שמשון, ולמה נקרא שמו בדן? דאתי מדן, יפתח כמשמעו, (כה:) ואומר (תהלים צט) „משה ואהרן בכהניו ושמואל בקוראי שמו“, שקל הכתוב שלשה קלי עולם כשלשה חמורי עולם לומר לך, ירובעל בדורו כמשה בדורו, בדן בדורו כאהרן בדורו, יפתח בדורו כשמואל בדורו; ללמדך שאפילו קל שבקלין ונתמנה פרנס על הצבור הרי הוא כאביר שבאבירים, ואומר (דברים יז) „ובאת אל הכהנים הלוים ואל השופט אשר יהיה בימים ההם“, וכי תעלה על דעתך שאדם הולך אצל הדיין שלא היה בימיו? הא אין לך לילך אלא אצל שופט שבימיו, ואומר (קהלת ז) „אל תאמר מה היה שהימים הראשונים היו טובים מאלה“. נטל מקלו ומעותיו בידו. ת״ר, אמר לו: אשרי הדור שהגדולים נשמעים לקטנים ומתוך זה נושאים הקטנים ק״ו בעצמן.

הדרן עלך אם אינן מכירין

ראוהו בית דין וכל ישראל, נחקרו העדים ולא הספיקו לומר מקודש, עד שחשיכה, הרי זה מעובר. ראוהו ב״ד בלבד, יעמדו שנים ויעידו בפניהם ויאמרו:

ר ש״י

רואה אני את דבריך, לעבר את החדש. הלך ומצאו, הלך ומצאו ר״ע לרבי יהושע מיצר על שהנשיא גזר עליו לחלל יוה״כ. אשר תקראו, בקריאת בית דין תלאו הכתוב. בא לו, רבי יהושע אצל רבי דוסא. גמ׳ חזיא לסיהרא, ישנה. שקל קלא, זיכת רגבים. לאורתא בעינן לקדושיך, צריכין אלו לעשות הלילה יו״ט של ר״ה להכר את אלול. ואת קיימת הכא, ואם תהא נראית ערבית שוב לא יקדשו את החדש למחר. זיל לעין טב וקדשיה. מורי פירש שגזרו שמד במקומו שלא יקדשו את החדש. דוד מלך ישראל, נמשל כלבנה שנאמר בו כסאו כשמש נגדי כירח יכון לעולם. שידעו שלא קדשו ב״ד את החדש, שאין מספידין ביו״ט. שלא יאמר אדם, על ב״ד שבימיו וכי פלוני ופלוני כמשה ואהרן שאשמע לו? עכשיו שלא נתפרשו אומר לו אם אינו כמשה ואהרן, הרי הוא כאחד משאר זקנים שאינך יודע מי הם. אשר עשה את משה ואת אהרן, שמואל הנביא אמר לישראל הקב״ה עשה לכם גדולים ע״י ששה זקנים הללו: משה ואהרן ירובעל ובדן ויפתח ושמואל. ושמואל בקוראי שמו, הרי ששקל הכתוב שמואל עם משה ואהרן, ובכתובים הראשונים כתיב ירובעל בדן ויפתח עם משה ואהרן ושמואל שלשה קלים עם שלשה חמורים. הא אין לך לילך כו׳, הרי לימדך הכתוב כאן, שאין לך לבקש אלא שופט שהיה בימיך.

הדרן עלך אם אינן מכירין

אמר רבי, אמר קרא (ויקרא כג) „וידבר משה את מועדי ה׳" מכאן שראש ב"ד אומר מקודש. וכל העם עונין אחריו מקודש. מנלן? אמר רב פפא, אמר קרא (שם) „אשר תקראו אותם", קרי ביה אתם. ר"נ בר יצחק אמר (שם) „אלה הם מועדי" הם יאמרו מועדי. מקודש מקודש תרי זימני למה לי? דכתיב „מקרא קודש". ר"א בר צדוק אומר אם לא נראה בזמנו אין מקדשין אותו. תניא לימו א מר, בזמנו אין מקדשין אותו, שלא בזמנו מקדשין אותו; רבי אלעזר אומר, בין כך ובין כך אין מקדשין אותו, שנאמר (שם כה) „וקדשתם את שנת החמשים" שנים אתה מקדש ואי אתה מקדש חדשים. א"ר יהודה אמר שמואל, הלכה כרבי אלעזר בר צדוק. אמר אביי, אף אנן נמי תנינא: ראוהו ב"ד וכל ישראל, נחקרו העדים ולא הכפיקו לומר מקודש עד שחשיכה, הרי זה מעובר; מעובר אין, מקודש לא? מעובר אצטריכא ליה, ס"ד אמינא הואיל וראוהו ב"ד וכל ישראל, איפרסמא ולא ליעברוה, קמ"ל. **מתני׳** דמות צורות לבנה היו לו לר"ג בטבלא ובכותל בעלייתו, שבהן מראה את ההדיוטות ואומר: הכזה ראית, או כזה? **גמ׳** ומי שרי? (כד:) והתניא „לא תעשון אתי" לא תעשון כדמות שמשי המשמשין לפני, כגון חמה ולבנה, כוכבי׳ ומזלות? שאני ר"נ, דאחרים עשו לו. והא ר"י האחרים עשו לו וא"ל שמואל לר"י: שיננא, סמי עיניה דדין? התם חותמו בולט הוה ומשום חשדא. ומי חיישינן לחשדא? והא ההוא בי כנישתא דשף ויתיב בנהרדעא דהוה ביה אנדרטא, והוה עיילי רב ושמואל ואבוה דשמואל ולוי ומצלו התם ולא חיישי לחשדא? רבים שאני. והא ר"ג יחיד הוה? כיון דנשיא הוא שכיחי רבים גביה. ואבע"א להתלמד עבד, וכתיב (דברים יח) „לא תלמד לעשות", אבל אתה למד להבין ולהורות. **מתני׳** מעשה שבאו שנים ואמרו: ראינוהו שחרית במזרח (כה.) וערבית במערב, א"ר יוחנן בן נורי. עדי שקר הם, כשבאו ליבנה קיבלן רבן גמליאל; ועוד באו שנים ואמרו: ראינוהו בזמנו ובליל עיבורו לא נראה, וקיבלן ר"ג. א"ר דוסא בן הורכינס עדי שקר ה; היאך מעידין על האשה שילדה, ולמחר כריסה בין שיניה? אמר לו ר׳ יהושע: רואה אני את דבריך. שלח לו ר׳ גמליאל: גוזרני עליך שתבא אצלי במקלך ובמעותיך ביה"כ שחל להיות בחשבונך. הלך ומצאו רבי עקיבא מיצר. אמר לו, יש לי ללמוד שכל מה שעשה ר"ג עשוי, שנאמר (ויקרא כג) „אלה מועדי ה׳ מקראי קודש אשר תקראו אתם" בין בזמנן בין שלא בזמנן, אין לי מועדות אלא אלו. בא לו אצל ר׳ דוסא בן הורכינס, אמר לו: אם באין אנו לדון אחר בית דינו של רבן גמליאל, צריכין אנו לדון אחר כל בית דין ובית דין שעמד מימות משה ועד עכשיו, שנאמר (שמות כד) „ויעל משה ואהרן נדב ואביהוא ושבעים מזקני ישראל" ולמה לא נתפרשו שמותן של זקנים? אלא ללמד שכל שלשה ושלשה שעמדו בית דין על ישראל הרי הוא כבית דינו של משה. נטל מקלו ומעותיו בידו והלך ליבנה אצל ר"ג ביום

ר ש " י

מדעתינו, כדי להעיד עליו. כוביתא עיבא, עגול של עב לבן. מקראי קדש, תרי זימני משמע. בזמנו אין מקדשין אותו, שאינו צריך חיזוק. מעובר אין, דמשמע משחשיכה נתעבר. ומקודש לא, קתני הרי זה מתקדש למחר. איצטריכא ליה, כלומר לעולם למחר בעי קידוש, והא דלא תנייה משום דאצטריכא לאשמועינן מעובר, ובזמנו ראוהו, כד"א לא ליעברוה, ואי תנא הרי זה מתקדש למחר הוה אמינא לעולם מיומא קמא מתקנינן מועדות ה. דשף ויתיב בנהרדעא, מקום הוא, ויש פותרין שחרב וחזר ונבנה. אנדרטא, צלם דמות המלך. והא ר"ג יחיד הוה, וניחוש נמי לחשדא. מתני׳ ראינוהו שחרית במזרח, את הישנה. וערבית במערב, את החדשה. עדי שקר הם, דקיימא לן עשרים וארבעה שעי מכסי סיהרא. ראינוהו בזמנו, ביום שלשים. וליל שלשים, שהיו מצפין ב"ד והעם שתהא מגולה ויראוה מאחר שהעדים ראוה ביום, לא נראה להם.

בלתין. מאי בית בלתין? אמר רב (כג:) זו בירם. מאי גולה? אמר רב יוסף, זו פומבדיתא. מאי במדורות האש? תנא כל אחד ואחד נוטל אבוקה בידו ועולה לראש גגו. מתני׳ חצר גדולה היתה בירושלים ובית יעזק היתה נקראת, ולשם כל העדים מתכנסין. ובב"ד בודקין אותם שם וסעודות גדולות עושין להם, בשביל שיהו רגילין לבא. בראשונה לא היו זזין משם כל היום, התקין רבן גמליאל הזקן, שיהו מהלכין אלפים אמה לכל רוח; ולא אלו בלבד, אלא אף חכמה הבאה ליילד, והבא להציל מן הדליקה, מן הגייס, ומן הנהר, ומן המפולת, הרי אלו כאנשי העיר, ויש להם אלפים לכל רוח. כיצד בודקין את העדים? זוג שבא ראשון, בודקין אותן ראשון, ומכניסין את הגדול שבהן ואומרין. לו: אמור, כיצד ראית את הלבנה, לפני החמה, או לאחר החמה? לצפונה, או לדרומה? כמה היה גבוה? ולאין היה נוטה? וכמה היה רחב? אם אמר לפני החמה, לא אמר כלום. ואח"כ היו מכניסין את השני ובודקין אותו, אם נמצאו דבריהם מכוונים, עדותן קיימת, ושאר כל הזוגות שואלין אותן ראשי דברים, לא שהיו צריכים להם, אלא כדי שלא יצאו בפחי נפש, בשביל שיהו רגילים לבוא: גמ׳ היינו לפני החמה, היינו לצפונה? היינו לאחר החמה, היינו דרומה? אמר אביי, פגימתה לפני החמה, או לאחר החמה, אם אמר לפני החמה, לא אמר כלום, דא"ר יוחנן, מאי דכתיב (איוב כה) „המשל ופחד עמו עושה שלום במרומיו", מעולם לא ראתה חמה פגימתה של לבנה, ולא פגימתה של קשת. (כד.) כמה היה גבוה ולאין היה נוטה כו׳. תנא חדא: לצפונה דבריו קיימין, לדרומה לא אמר כלום, והתניא איפכא: לדרומה דבריו קיימין, לצפונה לא אמר כלום? לא קשיא, כאן בימות החמה, כאן בימות הגשמים. ת"ר, אחד אומר גבוה ב׳ מרדעות, ואחד אומר ג׳, עדותן בטילה, אבל מצטרפין לעדות אחרת. ת"ר, ראינוהו במים, ראינוהו בעששית, ראינוהו בעבים, אין מעידין עליו; חציו במים חציו ברקיע, חציו בעבים, אין מעידין עליו, כל הכי חזו לה ואזלי? אמר אביי ה"ק: ראינוהו מאלינו ושבנו לראותו מדעתינו ולא ראינוהו, אין מעידין עליו, מ"ט? אומר כוביתא דעיבא בעלמא הוא דחזי. מתני׳ ראש ב"ד אומר מקודש. וכל העם עונין אחריו מקודש מקודש. בין שנראה בזמנו, בין שלא נראה בזמנו מקדשין אותו. ר"א בר צדוק אומר, אם לא נראה בזמנו אין מקדשין אותו, שכבר קידשוהו שמים. גמ׳ מנהני מילי? א"ר חייא בר גמדא א"ר יוסי בן שאול

ר ש"י

ר"ת אבל כי עבדינן משואות אחכר לאור יום ל׳ ידעי שביום ל׳ נקבע ויעשו מלאכה למחר. אדרא, כך שם האילן. לא נקיתי, לא אנקם מדמם של ישראל. מתני׳ כל העדים מתכנסין, ביום השבת שהללוהו לבוא ולהעיד. לא היו זזין משם, לפי שיצאו חוץ לתחום אין לו אלא ד׳ אמות. ומן הנהר, שהוא גדל פתאום ושוטף את בני העיר ואת הילדים. לפני החמה, החמה הולכת לעולם ממזרח לדרום ומדרום למערב וממערב לצפון, והלבנה אינה נראית ביום שלשים לעולם אלא כמוך לשקיעת החמה, שמתוך שהיא דקה וקטנה אינה נראית בעוד שהחמה בגבורתה; מדלא קתני למזרחה או למערבה שמע מינה אין נראית להם בדרום וקא כ"ד שהיו שואלין את העדים: אם ראוה מהלכת לפני החמה, או לאחריה? לצפונה של חמה ראיתם אותה, או לדרומה של חמה? כמה היה גבוה, מן הארץ, לפי ראיית עיניכם. לאין היה נוטה, ראשי הפגימה לאיזה צד נוטין: לצד צפון, או לצד דרום? גמ׳ היינו לפני החמה היינו לצפונה. הא דדא מילתא היא בדפרישית לעיל. פגימתה לפני החמה, נוטה לצד החמה או לצד אחר, ועלה קתני סיפא אם אמר לפני החמה לא אמר כלום, דמעולם לא ראתה חמה פגימתה של לבנה. בימות הגשמים נמצאת לבנה בצפון, ובימות החמה נמצאת בדרום. אבל מצטרפין לעדות אחרת, אחד מהן מצטרף עם עד אחר שיאמר כמותו. ראינוהו במים, תוך נהר או מעיין ראינו דמותה של לבנה. בעבים, יום המעונן היה, וראינוה מאירה דרך עוביו של עב. כל הכי חזו ואזלי, וכי לעולם הם צריכים לראותו?

25 אם אינן מכירין **ראש השנה** פרק שני

שלהם העיד עדותו ויצא, שלנו אמרו לו: אמור, כיצד ראית את הלבנה? אמר להם עולה הייתי במעלה אדומים, וראיתיו שהוא רבוץ בין ב׳ סלעים, ראשו דומה לעגל, אזניו דומין לגדי, קרניו דומות לצבי, וזנבו מונחת לו בין ירכותיו, והיצצתי בו ונרהעתי ונפלתי לאחורי, ואם אין אתם מאמינים לי, הרי מאתים זוז צרורין לי בסדיני. אמרו לו מי הזקיקך לכך? אמר להם, שמעתי שבקשו ביתוסים להטעות את חכמים, אמרתי אלך אני ואודיע להם, שמא יבואו בני אדם שאינם מהוגנין ויטעו את החכמים. אמרו לו מאתים זוז נתונין לך במתנה, והשוכרך ימתח על העמוד. באותה שעה התקינו שלא יהו מקבלין אלא מן המכירין. **מתני׳** בראשונה היו משיאין משואות, משקלקלו הכותים התקינו שיהו שלוחין יוצאין. כיצד היו משיאין משואות? מביאין כלונסאות של ארז ארוכין, וקנים ועצי שמן ונעורת של פשתן, וכורך במשיחה ועולה לראש ההר, והצית בהן את האור, ומוליך ומביא ומעלה ומוריד עד שהוא רואה את חבירו שהוא עושה כן בראש ההר השני, וכן בראש ההר השלישי. ומאין היו משיאין משואות? מהר המשחה לסרטבא, ומסרטבא לגרופינא, ומגרופינא לחוורן, ומחוורן לבית בלתין, ומבית בלתין לא זזו משם, אלא מוליך ומביא, ומעלה ומוריד, עד שהיה רואה כל הגולה לפניו כמדורת האש. **גמ׳** ת״ר, אין משיאין משואות אלא על החדש שנראה בזמנו לקדשו; ואימתי משיאין? לאור עיבורו. למימרא דאחכר עבדינן אמלא לא עבדינן? (כג.) וליעביד אמלא ולא ליעביד אחסר כלל? א״ר אביי משום ביטול מלאכה לעם שני ימים. כיצד היו משיאין משואות מביאין כלונסות וכו׳. אמר רב יהודה, ד׳ מיני ארזים הן: ארז, קתרום, עץ שמן, וברוש; קתרום, אמר רב, אדרא. א״ר יוחנן, כל שיטה ושיטה שנטלו אומות מירושלים עתיד הקב״ה להחזירן לה, שנאמר (ישעיה מה) „אתן במדבר ארז שיטה“, ואין מדבר אלא ירושלים, שנאמר (שם כד) „ציון מדבר היתה“ וגו, ואמר רבי יוחנן, כל הלומד תורה ומלמדה במקום שאין תלמיד חכם, דומה להדס במדבר, דחביב; וא״ר יוחנן, אוי להם לרומאים שאין להם תקנה, שנאמר (שם כ) „תחת הנחשת אביא זהב ותחת הברזל אביא כסף ותחת העצים נחשת ותחת האבנים ברזל“, תחת רבי עקיבא וחביריו מאי מביאין? ועליהם הוא אומר (יואל ד) „ונקיתי דמם לא נקיתי“. ומאין היו משיאין משואות כו׳ ומבית

ר ש״י

אחד בשבת, לפי שהן דורשין ממחרת השבת שנינו, ממחרת שבת בראשית כמשמעו. אחד משלנו, ולא מכירוהו. מאתים זוז נתונים לך במתנה, וההוא רשאי לעכבן ואעפ״י שלא השלמת תנאי שלך דשוכרך דיש רשות לב״ד לקנוס ממון, ולעשותו הפקר. ימתח על העמוד, למלקות. בראשונה היו משיאין משואות, לאחר שקדשו החדש ולא היו צריכין לשכור שלוחים לשלוח לגולה להודיע, כי המשואות מודיעים אותן. משקלקלו הכותים, והשיאו גם הם משואות שלא בזמן החדש להטעות ישראל וב״ד לא היו משיאין משואות אלא בחדש שנתקדש ביום ל׳ כדאמרי׳ בפירקין, וכשלא היו משיאין לערב של יום ל׳ הכל יודעין שהחדש מעובר, ופעם אחת עיברו ב״ד את החדש ולא השיאו משואות לערב ל׳, והכותים השיאום בהרים שלהם והטעו את בני הגולה לעשותו חסר. ארוכים, כדי שיראו למרחוק. וקנים ועצי שמן ונעורת של פשתן כל אלו מרבים שלהבת. וכורכן במשיחה, קושרים בחוט של משיחה בראשי הכלונסאו׳. ומאין היו משיאין משואות, מה שם ההרים? מהר המשחה, מתחילין, הוא הר הזיתים שלפני ירושלים עד שרואין כן בהר סרטבא. לחוורן וכו׳ את הגולה, בני בבל אנשי פומבדיתא, והמה מודיעין לכל בני מדינת בבל. גמ׳ לקדשו, להודיע שנתקדש. לאור עיבורו, לערב יום שלשים נגהי ל״א, יום שלשים קרוי יום עיבורו. וליעביד אמלא, ולא אחסר, וכי מקלע ר״ה חסר בערב שבת ולא עבדינן מידע ידעי דהכי הוא, דכל דרשים הכרין לא עבדינן והאי נמי לא עבוד. אמר אביי משום ביטול מלאכה כו׳, אין לך ר״ה שאין מתבטלין בני הגולה ממלאכה שני ימים: יום ל׳ שמא היום ר״ה, ויום ל״א שמא עיברו את החדש והיום

מארבעים זוג ועיכבו: ר"ע כו׳. תניא א"ר יהודה, ח"ו שר"ע עיכבן, אלא שזפר ר"ה של גדר עיכבן, ושלח רבן גמליאל והורידוהו מגדולתו. **מתני׳** אב ובנו שראו את החדש ילכו, לא שמצטרפין זה עם זה, אלא שאם יפסל אחד מהן, יצטרף השני עם אחר. ר"ש אומר, אב ובנו וכל הקרובין כשרין לעדות החדש. א"ר יוסי, מעשה בטוביה הרופא, שראה את החדש בירושלים הוא ובנו ועבדו משוחרר, וקבלו הכהנים אותו ואת בנו, ופסלו את עבדו. וכשבאו לפני ב"ד קבלו אותו ואת עבדו, ופסלו את בנו. **גמ׳** א"ר לוי, מאי טעמא דר"ש? דכתיב (שמות יב) „ויאמר ה׳ אל משה ואל אהרן בארץ מצרים לאמר החדש הזה לכם" עדות זו תהא כשרה בכם, ורבנן, עדות זו תהא מסורה לכם. אמר מר עוקבא אמר שמואל הלכתא כר"ש. **מתני׳** אלו הן הפסולין: המשחק בקוביא, ומלוי ברבית ומפריחי יונים, וסוחרי שביעית, ועבדים. זה הכלל: כל עדות שאין האשה כשירה לה, אף הן אינן כשירין לה. מי שראה את החדש, ואינו יכול להלך, מוליכים אותו על החמור, אפילו במטה, ואם צודה להם, לוקחין בידן מקלות, ואם היתה דרך רחוקה, לוקחין בידם מזונות, שעל מהלך לילה ויום מחללין את השבת, ויוצאין לעדות החדש, שנאמר (ויקרא כג) „אלה מועדי ה׳ אשר תקראו אותם במועדם".

הדרן עלך ארבעה ראשי שנים

אם אינן מכירין אותו, משלחין עמו אחר להעידו. בראשונה היו מקבלין עדות החדש מכל אדם, משקלקלו הבייתוסים, התקינו, שלא יהו מקבלין אלא מן המכירין. **גמ׳** מאי אחר? (כב:) זוג אחר. ה"נ מסתברא, דאי לא תימא הכי? אם אינן מכירין אותו, מאי אותו? אילימא אותו חד, וחד מי מהימן? (תה״ם פא) „משפט" כתיב ביה, אלא מאי אותו, אותו הזוג, ה"נ מאי אחר, זוג אחר. וחד לא מהימן? והתניא, מעשה ברבי נהוראי שהלך אצל העד להעיד עליו בשבת באושא? סהדא אחרינא הוה באושא, ואזל רבי נהוראי לאצטרופי בהדיה. אי הכי, מאי למימרא? מהו דתימא מספיקא לא מחללינן שבתא, קמ"ל! כי אתא עולא אמר: קדשוה לירחא במערבא. אמר רב כהנא לא מיבעיא עולא דגברא רבה הוא דמהימן, אלא אפילו אינ"ש דעלמא נמי מהימן, מ"ט? כל מילתא דעבידא לאגלויי לא משקרי בה אינשי. בראשונה היו מקבלין עדות החדש מכל אדם וכו׳. תנו רבנן, מה קילקול קילקלו הבייתוסין? פעם אחת בקשו להטעות את חכמים, שכרו שני בני אדם בד׳ מאות זוז, אחד משלנו ואחד משלהם,

---

רש"י

עדים זוג אחר זוג. שזפר, כך שמו. מתני׳ שאם יפסל, יבשל בפיו כשיבדקוהו. גמ׳ תהא כשרה בכם, ואע"פ שהם אחים. תהא מסורה לכם, לחשובי הדור אני מוסר שיקבלו העדות ויקדשו החדש ולא להכשיר קרובים בא. מתני׳ המשחק בקוביא, התיכות של עצם שמשחקין בערבון. ומלוי ברבית, לאו גזלנין דאורייתא נינהו למיפסלם משום אל תשת עד חמס. מפריחי יונים, היינו נמי כעין קוביא. וסוחרי שביעית, עושין סחורה בפירו׳ שביעית, ולפי שנחשדו כל אלו לעבור על דת מחמת ממון חשדום להיות מעידים שקר ע"י ממון ושוחד. מי שראה את הרדש כו׳, מרכיבין אותו אף בשבת. ואם צודה להם, אם יש אורבים בדרך, והבייתוסים והכותים הם היו אורבים להם לעכבם כדי להטעות את חכמים.

הדרן עלך ארבעה ראשי שנים

אם אינן מכירין, ב"ד את העד אם נאמן וכשר הוא. משלחין, ב"ד שבעירו. אחר עמו, להעיד עליו לפני ב"ד הגדול. גמ׳ חד מי מהימן, לעדות החדש. באושא, כשישבה סנהדרין שם ושם היו מקדשין את החדש. סהדא אחרינא הוה באושא, המכיר את העד הזה. מספיק׳, שמא אין אותו העד בביתו. להטעות את החכמים, שאירע יום ל׳ של אדר בשבת ולא נראה חדש בזמנו, והבייתוסין מתאוין שיהא יום ראשון של פסח בשבת כדי שתהא הנפת העומר באחד בשבת, ועצרת

23 ארבעה ראשי שנים **ראש השנה** פ״ק ראשון

רבי זירא אמר רב נחמן כל ספיקא לקמיה שדינן. למיתרא דחמיסר ושיתסר עבדינן ארביסר לא עבדינן, ולעבד נמי ארביסר, דילמא חסרוה לאב וחסרוה לאלול? (כא.) תרי ירחי חסירי קלא אית להו. לוי איקלע לבבל בחריסר בתשרי, אמר בסים תבשילא דבבלאי ביומא רבא דמערבא. אמרי ליה, אסהיד! אמר להו, לא שמעתי מפי ב״ד: מקודש. מכריז רבי יוחנן, כל היכא דמטו שלוחי ניסן ולא מטו שלוחי תשרי ליעבדו תרי יומי: גזירה ניסן אטו תשרי. רבא הוה רגיל דהוה יתיב בתעניתא תרי יומי; זימנא חדא אשתכח כוותיה. ר״נ יתיב בתעניתא כוליה יומי דכיפורי. לאורתא אתא ההוא גברא, א״ל למחר יומא רבה במערבא. קרי עליה (איכה ד) קלים היו רודפינו. אמר להו רב נחמן להנהו נחותי ימא: אתון דלא ידעיתו בקביעא דירחא, כי חזיתו סיהרא דמשלים ליומא, בעירו חמירא. (כא:) מתני׳ על שני חדשים מחללין את השבת על ניסן ועל תשרי, שבהן שלוחין יוצאין לסוריא, ובהן מתקנין את המועדות. וכשהיה בית המקדש קיים מחללין אף על כולן מפני תקנת הקרבן. גמ׳ על ב׳ חדשים ותו לא? ורמינהו, על ו׳ חדשים השלוחין יוצאין? אמר אביי ה״ק: על כולן שלוחין יוצאין מבערב, על ניסן ועל תשרי עד שישמעו מפי ב״ד: מקודש! ת״ר, מניין שמחללין עליהן את השבת ת״ל (ויקרא כג) „אלה מועדי ה׳ אשר תקראו אותם במועדם״, יכול כשם שמחללין עד שיתקדשו כך מחללין עד שיתקיימו? ת״ל „אשר תקראו אותם״, על קריאתם אתה מחלל, ואי אתה מחלל על קיומן. וכשהיה ב״ה קיים מחללין אף על כולן מפני תקנת הקרבן. ת״ר, בראשונה היו מחללין אף על כולן, משחרב בית המקדש אמר להן רבן יוחנן בן זכאי: וכי יש קרבן? התקינו שלא יהו מחללין אלא על ניסן ועל תשרי בלבד. מתני׳ בין שנראה בעליל בין שלא נראה בעליל מחללין עליו את השבת. רבי יוסי אומר, אם נראה בעליל אין מחללין עליו את השבת. מעשה שעברו יותר מארבעים זוג ועיכבם ר״ע בלוד, שלח לו ר״ג אם מעכב אתה את הרבים נמצאת מכשילן לעתיד לבא. גמ׳ ת״ר, (קהלת יב) „ביקש קהלת למצוא דברי חפץ״ ביקש קהלת לדון דינין שבלב שלא בעדים ושלא בהתראה, יצתה ב״ק ואמרה לו „וכתוב יושר דברי אמת״, (שם יז) ע״פ שנים עדים וגומר״. (כב.) מעשה שעברו יותר

רש״י

של אדר ושל אלול מוחזקת בספק שמא קדשו ב״ד את החדש ביום עשרים ותשעה, אבל צריכין אנו לעשות יום טוב שני ביום ט״ז מספק שמא עיברו ב״ד את האדר וקבעו ניסן ביום שלשים ואחד וכן באלול. למיתרא דחמיסר ושיתסר בו׳, בניחותא, כלומר אשמעינן רב נחמן הכי. דילמא חסרו לאב, ונמצא יום עשרים ותשעה באלול שלנו שעיברנו את אב היה יום שלשים שלהן וקבעו בו ראש השנה, וכן לענין ניסן דילמא חסרו לשבט. בסים תבשילא דבבלאי, אבלו לחם למעדנים ביה״כ שבא״י, שהרי ב״ד עיברו את החדש והיו מתענים. אסהיד, ונקבל עלינו ולא נאכל. לא שמעתי מפי ב״ד מקודש. שלא הייתי במקום שישבו סנהדרין שם. דמטו שלוחי ניסן. שלוחי ניסן מגיעין למקום שאין שלוחי תשרי מגיעין, שהרי אין ימים טובים בניסן לעכבם ובתשרי יש ר״ה ויה״כ שאין השלוחין הולכין בו. ליעבדו תרי יומי, טבי ואע״פ שהגידו להם השלוחים יום קביעתו. גזירה ניסן אטו תשרי, שאם תנהיגם לעשות בניסן יום אחד ינהגו כן בתשרי שלא ע״פ שלוחים ופעמים שישעו. יתיב בתעניתא תרי יומי, עם לילותיהם, שמא עיברו ב״ד את החדש ויום אחד עשר שלנו הוא עשירי שלהן. כיהרא דמשלים ליומא. שהירח משלים מאורו עם הנץ החמה שאינו מחשיך עד שעת זריחה. מתני׳ מחללין את השבת, עדים שראו את החדש. שבהם שלוחים, ב״ד שולחין לסוריא להודיע לגולה יום קביעותם. תקנת קרבן, של ר״ח שיקריב בזמנו. גמ׳ יוצאין מבערב, ואין ממתינין עד למחר שישמעו מקודש מפי ב״ד. על ניסן ועל תשרי, אין שלוחין יוצאין עד שישמעו מפי ב״ד מקודש. במועדם שלא יעבור המועד של זמן קריאתן. יכול כשם שמחללין, העדים כדי שיתקדשו בזמן, כך מחללין, השלוחים עד שיתקיימו המועדות בזמנן. מתני׳ (נראה בעליל, מפרש בגמרא לשון גלוי כמו בעליל לארץ). אין מחללין, לפי שאין צורך. ארבעים זוג, שני

דקתני על תשרי מפני תקנת המועדות, ש״מ. ועל כסליו מפני חנוכה ועל אדר מפני הפורים. ואילו נתעברה השנה, יוצאין אף על אדר שני מפני הפורים לא קתני? מתניתין דלא כרבי, דתניא רבי אומר אם נתעברה השנה, יוצאין אף על אדר השני מפני הפורים. (כ.) כי אתא עולא אמר, עברוה לאלול. אמר עולא, ידעי חברין בבלאי מאי טיבותא עבדינן בהדייהו. מאי טיבותא? עולא אמר משום ירקא, רבי אחא בר חנינא אמר משום מתיא. מאי בינייהו? איכא בינייהו י״ט הסמוך לשבת בין מלפניה בין מלאחריה: מאן דאמר משום ירקיא, מעברינן, ומ״ד משום מתיא, אפיכר בעממי. אי הכי, מאי שנא לדידן אפילו לדידהו נמי? לדידן חביל לן עלמא, לדידהו לא חביל להו עלמא. איני, והתני רבה בר שמואל, יכול כשם שמעברין את השנה לצורך, כך מעברין את החדש לצורך? ת״ל, (שמות יב) „החדש הזה לכם ראש חדשים“. כזה ראה וקדש? אמר רבא, ל״ק, כאן לעברו, כאן לקדשו, והכי קאמר: יכול כשם שמעברין את השנה ואת החדש לצורך, כך מקדשין את החדש לצורך? ת״ל „החדש הזה לכם“ כזה ראה וקדש. (כ:) אמר שמואל יכילנא לתקוני לכולה גולה. אמר ליה אבא אבוה דרבי שמלאי לשמואל ידע מר האי מילתא דתניא בסוד העיבור: נולד קודם חצות או נולד אחר חצות? א״ל, לא; אמר ליה, מדהא לא ידע מר, איכא מילי אחרנייתא דלא ידע מר. כי סליק רבי זירא שלח להו: צריך שיהא לילה ויום מן החודש, וזו שאמר אבא אבוה דר׳ שמלאי: מחשבין את תולדתו, נולד קודם חצות בידוע שנראה סמוך לשקיעת החמה, לא נולד קודם חצות בידוע שלא נראה סמוך לשקיעת החמה. למאי נפקא מינה? אמר רב אשי, לאכחושי סהדי. אמר

ר ש״י

מתיא. והא קמיקלקלא ראש השנה, דנמצא שלא עשאום בני הגולה כהלכה אם מעברין אלול. ידעי חברין בבלאי, כלומר נותנין לב להכיר טובה שעושין עמהן בני ארץ ישראל שעיברו את אלול. משום ירקיא, להפריד שבת ויו״ט זה מזה, כדי שלא יכמושו ירקות הנאכלות כשהן היים בשבת שאחר י״ט או בי״ט שאחר שבת. משום מתיא, להפריד שבת ויוה״כ זה מזה, שלא יסריח מת שימות באחד מהן שיהא ראשון, ולא יקבר לא היום ולא למחר. מאי בינייהו, תרוויהו איתנהו. אפשר בעממי, דאמר מר מת ביו״ט ראשון יתעסקו בו עממין. לדידן חביל לן עלמא, אנו בני בבל חם לנו העולם ויש לנו הבל, לפי שבבל עמוקה היא ואינה ארץ הרים וגבעות כא״י, ואין שו״ט בא אויר, ואין בני ארץ ישראל צריכין לעבר משום מתיא ומשום ירקיא, אלא בשבילנו. איני, וכי מעברינן חודש לצורך. כשם שמעברין את השנה לצורך, מפני האביב והתקופה ופירות האילן כדאיתא בפ׳ קמא דסנהדרין. כזה ראה וקדש, כיון שתראה קדש בו ביום. לעברו, לעשות את החסר מלא לצורך מותר. לקדשו, ביום שלשים והלבנה לא נראית, ואם ימתינו עד יום מחר יהא שבת ויום הכפורים סמוכין, אין מקדשין לצורך. כזה ראה וקדש, ראה תחלה ואח״כ קדש, אבל כשאתה מעברו ראה וקדש הוא. יכילנא לתקוני, בלא ראיית עדים כי בקי אני בתולדות הלבנה והילוכה וסדר המזלות. סוד העיבור, ברייתא שנויה ברמזים. או לאחר חצות, כך שנוי בה ורמז בעלמא הוא לומר קודם חצות חלוק מנולד לאחר חצות. ידע מר, מה חלוק יש? שלח להו, לחבירו שבבבל שני דברים שלמד כאן. מן החדש, היום הולך אחר הלילה להיות היום מן החדש שיהיה בו ליל שלפניו, למדנו שאם נראית הלבנה הישנה מתחשבה יום עשרים ותשעה שהוא ליל שלשים אין מקדשין אותו ביום שלשים. אבוה דר׳ שמלאי, לפני שמואל, ולא ידע לפרשה מה חילוק בין נולד קודם חצות לנולד לאחר חצות, אני מפרשה לכם. מחשבין, את מולד הלבנה. נולד קודם חצות, היום בידוע שנראה היום קודם שתשקע החמה שאין הלבנה מתכסה מבני א״י שהם במערב אלא שש שעות אחר הידושה מתוך קוטנה שהלבנה לעולם בשש שעות לאחר חידושה בקרן מערבית דרומית ונראית להם. אחר חצות, בידוע שלא יראה היום שהיא קטנה כל שש שעות ונעלמת מעין כל. למאי נפקא מינה, למיחשב? הרי על פי עדים אנו מקדשין! לאכחושי סהדי, אם נולד אחר חצות, ואמרו ראינו החדשה לפני שקיעת החמה, כדי לקדשו היום, עדי שקר הם. כל ספיקא לקמיה שדינן, אין אנו צריכין להקדים פסח או סוכות בי״ד ליום שלשים

ליה שביעי? שביעי לחדשים. צום העשירי, זה עשרה בטבת, שבו סמך מלך בבל על ירושלים, שנאמר (יחזקאל כד) „ויהי דבר ה׳ אלי בשנה התשיעית בחדש העשירי בעשור לחדש לאמר בן אדם כתב לך את שם היום את עצם היום הזה סמך מלך בבל אל ירושלים", ואמאי קרי ליה עשירי? עשירי לחדשים, והלא היה ראוי זה ליכתב ראשון, ולמה נכתב כאן? כדי להסדיר חדשים כתיקנן; ואני איני אומר כן, אלא צום העשירי. זה חמשה בטבת, שבו באת שמועה לגולה שהוכתה העיר, שנאמר (שם לג) „ויהי בשתי עשרה שנה בעשירי בחמשה לחדש לגלותינו בא אלי הפליט מירושלים לאמר הוכתה העיר", ועשו יום שמועה כיום שריפה, ונראין דברי מדבריו, שאני אומר על ראשון, ראשון ועל אחרון, אחרון, והוא אומר על ראשון, אחרון, ועל אחרון, ראשון, א״א שהוא מונה לכדר חדשים, ואני מונה לסדר פורעניות. איתמר, רב ורבי חנינא אמרי, בטלה מגילת תענית; ר׳ יוחנן וריב״ל אמרי, לא בטלה מגילת תענית; רב ור׳ חנינא אמרי בטלה מגילת תענית, הכי קאמר: בזמן שיש שלום, יהיו לששון ולשמחה, אין שלום, צום; והנך נמי כי הני. ר׳ יוחנן ור׳ יהושע בן לוי אמרי לא בטלה מגילת תענית, והני הוא דתלינהו רחמנא בבנין ב״ה, אבל הנך כדקיימו קיימי. (יט.) מתיב רב טובי בר מתנה: בעשרים ותמניא ביה אתת בשורתא טבחא ליהודאי דלא יעידון מאורייתא. שגזרה המלכות גזירה, שלא יעסקו בתורה, ושלא ימולו את בניהם, ושיחללו שבתות. מה עשה יהודה בן שמוע וחביריו? הלכו ונטלו עצה ממטרונית אחת, שכל גדולי העיר מצויין אצלה, אמרה להם: בואו והפגינו בלילה. הלכו והפגינו בלילה; אמרו: אי שמים! לא אחיכם אנחנו? ולא בני אב אחד אנחנו? ולא בני אם אחת אנחנו? מה נשתנינו מכל אומה ולשון, שאתם גוזרין עלינו גזירות קשות? וביטלום. ואותו היום עשאוהו יום טוב. ואי ס״ד, בטלה מגילת תענית, קמייתא בטיל, אחרנייתא מוסיפין? (יט:) תנאי היא, דתניא: הימים האלו הכתובין במגילת תענית בין בזמן שבית המקדש קיים, בין בזמן שאין בה״מ קיים, אסורין; דברי ר״מ, רבי יוסי אומר: בזמן שבה״מ קיים, אסורין, מפני ששמחה היא להם, אין בית המקדש קיים, מותרין, מפני שאבל הוא להם. והילכתא בטלו, והילכתא לא בטלו. קשיא הילכתא אהילכתא? לא קשיא, כאן בחנוכה ופורים, כאן בשאר יומי. על אלול מפני ר״ה ועל תשרי מפני תקנת המועדות. כיון דנפקי להו אאלול, אתשרי למה להו? וכי תימא, דילמא עברוה לאלול? והאמר רבי חיננא בר כהנא אמר רב מימות עזרא ואילך לא מצינו אלול מעובר? לא מצינו, דלא איצטריך; הא איצטריך מעברינן ליה? הא מקלקל ר״ה! מוטב תיקלקל ראש השנה, ולא יתקלקלו כולהו מועדות. דיקא נמי,

---

ר ש״י

הללו כו׳, וזו אחת מהן והג׳ שנויין בתוספתא דכוותה. כמך מלך בבל, התחיל לצור עליה. שמועה לגולה, לגלות יכניה. שאני אומר על ראשון, שבכדר מקרא. ראשון, לפורענות בתחילה הובקעה העיר ואח״כ נשרף הבית בתשעה באב ובתשרי שלאחריו נהרג גדליה ובטבת שלאחריו באתה השמועה. והוא אומר על ראשון, שבפסוק, אחרון לפורענות. ועל אחרון, שבמקרא, ראשון לפורענות שהרי תחילה כמך ואח״כ הובקעה, נמצא י״ז בתמוז שהוא ראשון במקרא אחרון לסמיכת בבל, שהוא מאוחר במקרא. א״א שהוא מונה לכדר חדשים, ואמר שלא הקפיד המקרא אלא על כדר החדשים, לכך מנה תמוז קודם לטבת, ואני מונה אף לכדר פורענות. בטלה מגילת תענית, ימים טובים שקבעו חכמים ע״י נסים שאירעו בהם ואכרום בתענית. אין שלום צום, ואע״ג דבזמן הבית קרינהו מועדים טובים. והנך נמי. דמגילת תענית, כי הני משוית להו, כי היכי דהני בטלי, הני נמי בטלי. דתלינהו בבנין, דע״י החורבן הוקבעו לצום וע״י הבנין הוקבעו לי״ט. בעשרין ותמניא ביה, באדר. דלא יעידון מן אורייתא, שלא יצטרכו לנתק עצמן מן התורה. הפגינו, צעקו בשוקים וברחובו׳. תנאי היא, אי בטלה מגילת תענית. הא איצטריך, אי משום ירקא, אי משום

(שמואל א ג) „ולכן נשבעתי לבית עלי אם יתכפר עון בית עלי בזבח ובמנחה". אמר רבא, בזבח ובמנחה אינו מתכפר, אבל מתכפר בתורה. אביי אמר, בזבח ובמנחה אינו מתכפר, אבל מתכפר בתורה ובגמילות חסדים. רבה ואביי מדבית עלי קאתו; רבה דעסק בתורה, חיה ארבעין שנין; אביי דעסק בתורה ובגמילות חסדים חיה שיתין שנין. ת"ר, משפחה אחת היתה בירושלים שהיו מתיה מתין בני י"ח שנה, באו והודיעו את רבן יוחנן בן זכאי, אמר להם, שמא ממשפחת עלי אתם? דכתיב ביה (שם ב) „וכל מרבית ביתך ימותו אנשים", לכו ועסקו בתורה והיו. הלכו ועסקו בתורה וחיו. והיו קורין אותה משפחת רבן יוחנן על שמו. אמר רב שמואל בר איניא משמיה דרב, מניין לגזר דין של ציבור. שאע"ג שנחתם, נקרע? שנאמר (דברים ד) „כה' אלהינו בכל קראנו אליו", והכתיב (ישעיה נה) „דרשו ה' בהמצאו?" התם ביחיד, הכא בציבור. ביחיד איכת? אמר רבה בר אבוה, אלו עשרה ימים שבין ר"ה ליה"כ. בר"ה כל באי העולם עוברין לפניו כבני מרון. מאי כבני מרון? הכא תרגימו כבני אימרנא; ריש לקיש אמר כמעלות בית מרון. ורב יהודה אמר שמואל כחיילות של בית דוד. אמר רבה בר בר חנה א"ר יוחנן, וכולן נסקרין בסקירה אחת. אמר רב נחמן בר יצחק אף אנן נמי תנינא (תהלים לג) „היוצר יחד לבם" היוצר רואה יחד לבם ומבין אל כל מעשיהם. **מתני'** על ששה חדשים השלוחין יוצאין: על ניסן מפני הפסח. על אב מפני התענית, על אלול מפני ר"ה, על תשרי מפני תקנת המועדות, על כסליו מפני חנוכה, ועל אדר מפני הפורים. ובשהיה ב"ה קיים יוצאין אף על אייר, מפני פסח קטן. **גמ'** וליפקו נמי אתמוז וטבת? (יח:) דאמר רב חנא בר ביזנא אמר ר"ש חסידא, מאי דכתיב (זכריה ח) „כה אמר ה' צבאות צום הרביעי וצום החמישי וצום השביעי וצום העשירי יהיה לבית יהודה לששון ולשמחה", קרי להו צום, וקרי להו ששון ושמחה? בזמן שיש שלום, יהיה לששון ולשמחה, אין שלום, צום? אמר רב פפא הכי קאמר: בזמן שיש שלום יהיו לששון ולשמחה, יש גזרת המלכות, צום, אין גזרת המלכות ואין שלום, רצו מתענין, רצו אין מתענין. אי הכי, ט"ב נמי? אמר רב פפא, שאני ט' באב הואיל והוכפלו בו צרות, דאמר מר בט' באב חרב הבית בראשונה ובשנייה ונלכדה ביתר ונחרשה העיר. תניא אמר ר"ש, ד' דברים היה ר"ע דורש ואני אין דורש כמותו: צום הרביעי, זה תשעה בתמוז, שבו הובקעה העיר, שנאמר (ירמיה נב) „בחדש הרביעי בתשעה לחדש וגו' ותבקע העיר", ואמאי קרי ליה רביעי? רביעי לחדשים. צום החמישי, זה ט' באב, שבו נשרף בית אלהינו ואמאי קרי ליה חמישי? חמישי לחדשים. צום השביעי, זה ג' בתשרי, שבו נהרג גדליה בן אחיקם ששקולה מיתתן של צדיקים כשריפה בית אלקינו. ואמאי קרי

ר ש " י

לצאת כאחד. כמעלות בית מרון, הדרך קצר ואין שנים יכולין לילך זה בצד זה. כחיילות של בית דוד, מרון, לשון מרות ואדנות, וכך היו מונין אותם: יוצאים זה אחר זה בצאתם למלחמה. אף אנן נמי תנינא, דכולן נסקרים בסקירה אחת. מתני' על ששת חדשים השלוחים יוצאים, שקדשו ב"ד החדש ע"פ עדים כשראו את החדש ומודיעים השלוחים לגולה יום שקדשוהו, אם ביום שלשים, וחדש שעבר חסר, או ביום ל"א, והדש שעבר מלא. ועל אלול מפני ר"ה, מודיעים מתי התחיל אלול ועושין ר"ה ביום שלשים לאלול בגולה, דרוב שנים אין אלול מעובר. ועל תשרי מפני תקנת המועדות, לאחר שקדשוהו ב"ד לתשרי השלוחין יוצאין ליום המחרת והולכין עד מקום שיכולין להגיע עד החג ומודיעי' אם עיברו בית דין את אלול ואם לאו. פסח קטן, פסח שני. גמ' דאמר רב חמא בר ביזנא כו', דכולהו ימי תענית ניתנו בזמן הזה שאין ב"ה קיים. שיש שלום, שאין ד' אוה"ע תקיפה על ישראל. יהיו לששון ולשמחה, ליאסר בהספד ובתענית. יש גזרת המלכות צום, חובה להתענות בהן. רצו אין מתענין, וכיון דרשות הוא לא מטרחינן שלוחים עלייהו. ד' דברים

רבי אלעזר רמי, כתיב (שם כב) „ולך ה׳ חסד״, וכתיב „כי אתה תשלם לאיש כמעשהו״? בתחילה כי אתה תשלם כמעשהו, ולבסוף ולך ה׳ חסד. אילפי ואמרי לה אילפא רמי, כתיב (שמות לד) „ורב חסד״, וכתיב „ואמת?״ בתחילה ואמת, ולבסוף ורב חסד. „ויעבור ה׳ על פניו ויקרא״, א״ר יוחנן אלמלא מקרא כתוב אי אפשר לאומרו, מלמד שנתעטף הקב״ה כשליח צבור והראה לו למשה סדר תפלה, אמר לו כ״ז שישראל חוטאין, יעשו לפני כסדר הזה, ואני מוחל להם. „ה׳ ה׳״ אני הוא קודם שיחטא האדם, ואני הוא לאחר שיחטא האדם ויעשה תשובה; „אל רחום וחנון״ אמר רב יהודה ברית כרותה לי״ג מדות שאינן חוזרות ריקם, שנאמר (שם) „הנה אנכי כורת ברית״. א״ר יוחנן, גדולה תשובה שמקרעת גזר דינו של אדם, שנאמר (ישעיה ו) „השמן לב העם הזה וגו׳ ובאזניו ישמע ולבבו יבין ושב ורפא לו״. א״ל רב פפא לאביי, ודלמא לפני גזר דין? א״ל „ורפא לו״, כתיב, איזהו דבר שצריך רפואה? הוי אומר זה גזר דין! מיתיבי השב בינתים, מוחלין לו, לא שב בינתים, אפילו הביא כל אילי נביות שבעולם אין מוחלין לו? לא קשיא, הא ביחיד, הא בצבור. ת״ש, (תלים קז) „יורדי הים באניות עושי מלאכה במים רבים המה ראו מעשי ה׳ וגו׳ ויאמר ויעמד רוח סערה ותרומם גלוי יחוגו וינועו כשכור וגו׳ ויצעקו אל ה׳ בצר להם וגו׳ יודו לה׳ חסדו וגומר״, עשה להן סימניות, כאכין ורקין שבתורה, לומר לך צעקו קודם גזר דין, נענין, צעקו לאחר גזר דין, אינן נענין? הני נמי כיחידין דמו. ת״ש. שאלה בלוריא הגיורת את רבן גמליאל: כתיב בתורתכם (דברים י) „אשר לא ישא פנים״, וכתיב (במדבר ו) „ישא ה׳ פניו אליך״, נטפל לה רבי יוסי הכהן, אמר לה אמשול לך משל, למה הדבר דומה? לאדם שנושה בחבירו מנה, וקבע לו זמן בפני המלך, ונשבע לו בחיי המלך, הגיע זמן ולא פרעו, בא לפייס את המלך, ואמר לו עלבוני מחול לך, לך פייס את חבירך; הכא נמי, כאן בעבירות שבין אדם למקום, כאן בעבירות שבין אדם לחבירו. (יו״ד.) וגזר דין דיחיד תנאי היא, דתניא, היה ר״מ אומר: שנים שעלו לגרדום לידון ודינן שוה, זה ירד וזה לא ירד, זה ניצל, וזה לא ניצל; מפני מה זה ירד, וזה לא ירד, זה ניצל וזה לא ניצל? זה התפלל ונענה, וזה התפלל ולא נענה. מפני מה זה נענה, וזה לא נענה? זה התפלל תפילה שלימה, נענה, וזה לא התפלל תפילה שלימה, לא נענה. רבי אלעזר אמר, כאן קודם גזר דין, כאן לאחר גזר דין. רבי יצחק אמר, יפה צעקה לאדם בין קודם גזר דין בין לאחר גזר דין. וגזר דין דציבור מי מיקרע? והא כתוב אחד אומר (ירמיה ד) „כבסי מרעה לבך״, וכתיב (שם ב) „כי אם תכבסי בנתר ותרבי לך בורית נכתם עונך לפני״, מאי לאו כאן קודם גז״ד, כאן לאחר גז״ד? לא, אידי ואידי לאחר גזר דין, ולא קשיא, כאן בגזר דין שיש עמו שבועה, כאן בגזר דין שאין עמו שבועה, כדרב שמואל בר אמי, דאמר רב שמואל בר אמי, ואמרי לה א״ר שמואל בר נחמני א״ר יונתן, מנין לגזר דין שיש עמו שבועה שאינו נקרע? שנאמר

ר ש״י

כשרואה שאין העולם מתקיים בדין. ה׳ ה׳, מדת רחמים, אני מרחם קודם וגם אחר שיחטא אם ישוב. ברית כרותה לשלש עשרה מדות הללו שאם יזכירום ישראל בתפילות תעניתם אינן חוזרות ריקם. הנה אנכי כורת ברית, על האמור למעלה. בינתים, בין ראש השנה ליום הכפורים. סימניות, בין פסוק לפסוק יש סימנין הפוכין כזה]. אכין ורקין, באין לדרשה למעט את הדיבור באכין ורקין שהן מיעוטין לומר לא בכל שעה שיצעקו אל ה׳ בצר להם יוציאם ממצוקותיהם, אלא אם כן צעקו קודם גזר דין. לגרדום, בית וועד שדנים בו נפשות להריגה. ודינם שוה, שניהם נתפשו על דבר אחד. זה ירד, מן המטה. זה ניצול, מן הוועד. תפילה שלימה, נתכוון. ויחיד איכה, מצוי לו דכתיב בהמצאו. כבני אמרנא, ככבשים שמונין אותן לעשרן ויוצאין זה אחר זה בפתח קטן שאין

„אהבתי כי ישמע ה' את קולי", ועליהם אמר דוד כל הפרשה כולה „דלותי ולי יהושיע". פושעי ישראל בגופן, ופושעי עכו"ם בגופן יורדין לגיהנם ונידונין בה י"ב חדש, לאחר י"ב חדש גופן כלה ונשרף ורוח מפזרתן תחת כפות רגלי צדיקים, שנא' (מלאכי ג) „ועסותם רשעים כי יהיו אפר תחת כפות רגליכם". אבל המינין והמסורות והאפיקורסים שכפרו בתורה, ושכפרו בתחית המתים, ושפירשו מדרכי צבור, ושנתנו חיתיתם בארין חיים, ושחטאו והחטיאו את הרבים, כגון ירבעם בן נבט וחביריו, יורדין לגיהנם ונידונין בה לדורי דורות, שנאמר (ישעיה כו) „ויצאו וראו בפגרי האנשים הפושעים בי" וגומר, גיהנם בלה והן אינן כלין, שנאמר (תהלים מט) „וצורם לבלות שאול", וכל כך למה? מפני שפשטו ידיהם בזבול, שנאמר „מזבול לו". ועליהם אמרה חנה (שמואל א ב) „ה' יחתו מריביו". א"ר יצחק בר אבין, ופניהם דומין לשולי קדירה. ואמר רבא ואינהו כשפירי שפירי בני מהוזא, ומקריין בני גיהנם. פושעי ישראל בגופן מאי ניהו? אמר רב קרקפתא *) דלא מנח תפילין. פושעי עכו"ם בגופן, בעבירה. ושנתנו חיתיתם בארין חיים, אמר רב חסדא, „זה פרנס המטיל אימה יתירה על הציבור שלא לשם שמים. א"ר יהודא אמר רב, כל פרנס המטיל אימה יתירה על הצבור שלא לשם שמים, אינו רואה בן תלמיד חכם, שנאמר (איוב לז) „לכן יראוהו אנשים לא יראה כל חכמי לב". בה"א ורב חסד מטה כלפי חסד, היכי עביד? רבי אליעזר אמר, כובשו, שנאמר (מיכה ז) „ישוב ירחמנו יכבוש עונותינו". ר' יוסי בר חנינא אמר נושא, שנאמר (שם) „נושא עון ועובר על פשע". תנא דבי רבי ישמעאל, מעביר ראשון ראשון, וכן היא המדה. אמר רבא, ועון עצמו אינו נמחק, דאי איכא רובא עוונות מחשיב בהדייהו. ואמר רבא, כל המעביר על מדותיו, מעבירין לו על כל פשעיו, שנאמר „נושא עון ועובר על פשע", למי נושא עון? למי שעובר על פשע. רב הונא בריה דרב יהושע חליש, על רב פפא לשיולי ביה, חזייה דחליש ליה עלמא, אמר להו: צביתו ליה זוודתא. לסוף איתפח, הוה מיכסיף רב פפא למיחזייה, א"ל מאי חזית? אמר להו אין הכי הוה, ואמר להו הקב"ה הואיל ולא מוקים במיליה, לא תקומו בהדיה, שנאמר „נושא עון ועובר על פשע" למי נושא עון? לעובר פשע; (שם) „לשארית נחלתו" אמר רבי אחא בר חנינא, אליה וקוץ בה: לשארית נחלתו, ולא לכל נחלתו, (יז:) למי שמשים עצמו כשירים. רב הונא רמי: כתיב (תהלים קמה) „צדיק ה' בכל דרכיו", וכתיב, „וחסיד בכל מעשיו?" בתחילה צדיק, ולבסוף חסיד.

ר ש"י

המינין, האנשים אשר הפכו דברי אלהים חיים לרעה. והמסורות, מלשינים. אפיקורוס, מבזה תלמידי חכמים. שכפרו בתורה, האומרין אין תורה מן השמים. וצורם, כמו וצורתם. שפשטו ידיהם בזבול, שהחריבו ב"ה בעוונם. בני מחוזא, מעונגים ועמוגים היו. ומקריין בני גיהנם, כך יקראו להם. [בעבירה, בערוות שבן נח מוזהר עליו כדאיתא בפ' ארבע מיתות (תוספת)]. כובש, את כף המאזנים של זכות ומכריעין את העוונות. נושא, מגביה כף מאזנים של עון. מעביר ראשון ראשון, עון שבראשונים הבאים להתם לכף מעבירו ושומטו וכך היא המדה. ועון עצמו אינו נמחק, דאי איכא רובא עוונות בהדי ההוא עון מתחשב בהדייהו. דמעביר על מדותיו, שאינו מדקדק למדוד מדה למצערים אותו. מעבירין לו על כל פשעיו, אין מדת הדין מדקדקת אחריהן. צביתו ליה זוודתא, הכינו לו צדה לדרך, מת הוא צידת המתים? תכריכין. איתפח, נתרפא. דכי הוה, מיתה נקנסה עלי. לא מוקי' במיליה, אינו מעמיד על מדותיו. לא תקומו בהדיה, לא תדקדקו אחריו. אליה, שמינה יש כאן. וקוץ בה, כלומר דבר תגרומין יש כאן, אבל יש בתוכה דבר קשה שאינו שוה לכל. צדיק, במשפט אמת. חסיד, נכנס לפנים מן השורה. ולבסוף, יבולין

*) עיין הארה על פירושו של המאמר הזה בסוף המסכתא.

תורה הביאו שתי הלחם בעצרת? מפני שעצרת זמן פירות האילן הוא, אמר הקב"ה: הביאו לפני שתי הלחם בעצרת, כדי שיתברכו לכם פירות האילן. ומפני מה אמרה תורה, נסכו מים בחג? אמר הקב"ה: נסכו לפני מים בחג, כדי שיתברכו לכם גשמי שנה, ואמרו לפני בר"ה: מלכיות, זכרונות ושופרות; מלכיות, כדי שתמליכוני עליכם; זכרונות, כדי שיעלה זכרוניכם לפני לטובה, ובמה? בשופר. א"ר אבהו, למה תוקעין בשופר של איל? אמר הקב"ה: תקעו לפני בשופר של איל, כדי שאזכור לכם עקידת יצחק בן אברהם, ומעלה אני עליכם כאילו עקדתם עצמכם לפני. (טז:) א"ר יצחק, אין דנין את האדם אלא לפי מעשיו של אותה שעה שנאמר (ראשית כא) „כי שמע אלהים אל קול הנער באשר הוא שם"; וא"ר יצחק, ג' דברים מזכירין עונותיו של אדם, אלו הן. קיר נטוי, ועיון תפלה, ומוסר דין על חבירו, דא"ר אבין כל המוסר דין על חבירו הוא נענש תחילה, שנאמר (שם יו) „ותאמר שרי אל אברם חמסי עליך", וכתיב (שם כג) „ויבא אברהם לספד לשרה ולבכותה [וה"מ דאית ליה דינא בארעא (בב"ק נג)]; וא"ר יצחק, ד' דברים מקרעין גזר דינו של אדם. אלו הן: צדקה, צעקה, שינוי השם, שינוי מעשה; צדקה, דכתיב (משלי י) „וצדקה תציל ממות", צעקה, דכתיב (תהלים קז) „ויצעקו אל ה' בצר להם וממצוקותיהם יוציאם", שינוי השם, דכתיב (ראשית יז) „שרי אשתך לא תקרא את שמה שרי כי שרה שמה", וכתיב, „וברכתי אותה וגם נתתי ממנה לך בן", שינוי מעשה, דכתיב (יונה ג) „וירא האלהים את מעשיהם", וכתיב, (שם) „וינחם האלהים על הרעה אשר דבר לעשות להם ולא עשה". וי"א אף שינוי מקום, דכתיב בראשית יב) „ויאמר ה' אל אברם לך לך מארצך" והדר, „ואעשך לגוי גדול". א"ר כרוספדאי א"ר יוחן, ג' ספרים נפתחין בר"ה: אחד של רשעים גמורין, ואחד של צדיקים גמורין, ואחד של בינוניים; צדיקים גמורין נכתבין ונחתמין לאלתר לחיים, רשעים גמורין נכתבין ונחתמין לאלתר למיתה, בינוניים תלויין ועומדין מר"ה ועד יה"כ, זכו, נכתבין לחיים, לא זכו, נכתבין למיתה. א"ר אבין, מאי קרא? (תהלים סט) „ימחו מספר חיים ועם צדיקים אל יכתבו". תניא ב"ש אומרים ג' כתות הן ליום הדין: אחת של צדיקים גמורין, ואחת של רשעים גמורין, ואחת של בינוניים; צדיקים גמורין נכתבין ונחתמין לאלתר לחיי עולם, רשעים גמורין נכתבין ונחתמין לאלתר לגיהנם, שנאמר (דניאל יב) „ורבים מישני אדמת עפר יקיצו אלה לחיי עו"ם ואלה לחרפות לדראון עולם", בינוניים יורדין לגיהנם (יז.) ומצפצפים ועולין, שנאמר (זכריה יג) „והבאתי את השלישית באש וצרפתים כצרוף את הכסף ובחנתים כבחון את הזהב הוא יקרא בשמי ואני אענה אותו", ועליהם אמרה חנה (שמואל א ב) „ה' ממית ומחיה מוריד שאול ויעל". בה"א „ורב חסד", מטה כלפי חסד, ועליהם אמר דוד (תהלים קי)

ר ש"י

מתני' בר"ה ורבי יהודה ביוה"כ אמר. וכי קתני מתניתין, ארבעה פרקים. אתחילת דין, אבל גזר דין דאדם ביוה"כ. קצירי, חולים. מ"יעי, ת"ח שהן תשושי כח. כרבי יוסי, דאמר אדם נידון בכל יום ויתפלל שידונו אותו לזכות. שהפסח זמן תבואה היא, זמן שהתבואה נידונת בו. שתי הלחם, ירצו על פירות האילן שהן מתירין להביא בכורים. של אותה שעה, ואפילו הוא עתיד להרשיע לאחר זמן. שנאמר באשר הוא שם, אינו דן את העולם אלא בשעתו. קיר נטוי, ועובר תחתיו ומזכיר עונותיו, שאומר כלום ראוי זה ליעשות לו נס? ומתוך כך הוא נבדק. ועיון תפלה, סומך על תפלתו שתהא נשמעת ומתאמין לכוין לבו. מוסר דין, כמו ישפוט ה' ביני וביניך, אומרי' כלום ראוי הוא שיענש חבירו על ידו? ויבא אברהם וגו', הוא קבר אותה. שינוי מעשה, שב מרעתו. שלשה ספרים נפתחין, ספרי זכרון של מעשה הבריות. ליום הדין, כשיחיו המתים. רשעים גמורים, רובם עונות. בינוניים, מחצה על מחצה. מצפצפים, צועקים ובוכים מתוך יסורין שעה אחת ועולין. מטה כלפי חסד, תולה ומחצה על מחצה הם מטה את המכריע לצד זכות.

מתעשר לשנה הבאה. אמר ר׳ נחמיה: במה דברים אמורים באילן שעושה שתי בריכות בשנה; שתי בריכות ס״ד? אלא אימא כעין שתי בריכות, אבל אילן העושה בריכה אחת, כגון דקלים וזיתים וחרובין, אף על פי שחנטו פירותיהן קודם ט״ו בשבט, מתעשרין לשנה הבאה. א״ר יוחנן, נהגו העם בחרובין כרבי נחמיה. איתיביה ריש לקיש לרבי יוחנן: בנות שוח שביעית שלהן שנייה, מפני שעושות לשליש השנים? אישתיק. (טז.) **מתני׳** בארבעה פרקים העולם נידון: בפסח על התבואה, בעצרת על פירות האילן, בר״ה כל באי עולם עוברין לפניו כבני מרון, שנאמר (תלים לג) „היוצר יחד לבם המבין אל כל מעשיהם״, ובחג נידונין על המים. **גמ׳** הי תבואה. אילימא הא תבואה דקיימא? כל הני הרפתקי דעדו עלה אימת איתדון? אלא תבואה דמזדרעה, למימרא דחד דינא מתדנא? והתני׳: תבואה שאירע בה קרי או אונס קודם הפסח, נידונית לשעבר, לאחר הפסח נידונית להבא, אדם שאירע בו קרי או אונס, קודם יה״כ נידון לשעבר, לאחר יה״כ נידון להבא! אמר רבא, ש״מ תרי דיני מתדנא. אמר אביי, הלכך כי חזי איניש דמצלח זרעא אפלא, ליקדים וליזרע הרפא, דעד דמטי למדייניה, קדים סליק. מני מתני׳? לא ר״מ, ולא ר׳ יהודה, ולא ר׳ יוסי, ולא רבי נתן! דתניא: הכל נידונים בר״ה, וגזר דין שלהם נחתם ביה״כ, דברי ר״מ; רבי יהודה אומר, הכל נידונין בר״ה, וגזר דין שלהם נחתם כל אחד ואחד בזמנו: בפסח על התבואה, בעצרת על פירות האילן, בחג נידונין על המים, ואדם נידון בר״ה, וגזר דין שלו נחתם ביה״כ: רבי יוסי אומר, אדם נידון בכל יום, שנאמר (איוב ז) „ותפקדנו לבקרים״ רבי נתן אומר, אדם נידון בכל שעה, שנאמר (שם) „לרגעים תבחננו״ וכי תימא לעולם רבי יהודה היא, וכי קתני מתני׳ אגזר דין, אי הכי, קשיא אדם? אמר רבא, האי תנא דבי ר׳ ישמעאל היא, דתנא דבי רבי ישמעאל: בארבעה פרקים העולם נידון; בפסח על התבואה, בעצרת על פירות האילן, בחג נידונין על המים, ואדם נידון בר״ה, וגזר דין שלו נחתם ביה״כ, וכי קתני מתני׳, אתחילת דין. אמר רב חסדא: ורבי יוסי מ״ט לא אמר כרבי נתן? בחינה עיוני בעלמא היא. פקידה נמי עיונא בעלמא היא? אלא אמר רב חסדא טעמיה דרבי יוסי מהכא (מלכים א ח) „לעשות משפט עבדו ומשפט עמו ישראל דבר יום ביומו״. א״ר יוסף כמאן מצלינן האידנא אקצירי ואמריעי? כרבי יוסי. תניא א״ר יהודה משום ר״ע, מפני מה אמרה תורה הביאו עומר בפסח? מפני שהפסח זמן תבואה הוא: אמר הקב״ה, הביאו לפני עומר בפסח, כדי שתתברך לכם תבואה שבשדות; ומפני מה אמרה

ר ש״ י

מפריה הבריכה ראשונה. כעין שתי בריכות, שאין פירותיו נגמרין כא׳ כגון תאנים כדאמרן גבי קטניות מתוך שעשוין פרכין. אבל אילן, שפירותיו נלקטין כאחד, בתר לקיטה אזלינן בהו. בנות שוח, מפרש במסכת ע״ז תאיני חיורתא. שביעית שלהן שנייה, שביעית שלהן נוהגת בשנה שנייה של שמטה. מפני שעושות לשליש שנים, פירות החונטים בה בשביעית אין נגמרין עד שנה שנייה של שמטה. מתני׳ בארבעה פרקים, בשנה. גמ׳ תבואה דקיימא, השתא במחובר. הרפתקי, מקראות. דעדו עלה, שעברו עליה. דמזדרעה, שעתיד לזרוע במרחשון הבא. דחד דינא, פעם אחת. קרי, כגון ברד או שדפון. נידונית לשעבר, קודם שנזרעת דהיינו פסח של אשתקד. נידונה להבא, בפסח שאחר זריעתה. נידון לשעבר, וביה״כ של אשתקד נגזר עליו. להבא, ביה״כ שעבר עכשיו בקרוב. הרי דיני מיתדנא, קודם זריעתה וכמוך לקציר. כי הזי איניש דמצלח זריעא אפלא, הטה וכוסמת שנזרעין במרחשון שאין ממהרין להתבשל. ליקדים וליזרע הרפא, השעורה ממהרת להתבשל וזורעים אותה בשבט ואדר, דכיון דאפלא מצלה שמע מינה לטובה נידון בפסח שעבר, לפיכך ימהר לזרוע בזריעה שניה. דעד דמטי למדייניה, בפסח הבא. קדים סליק, וגדל קצת ואינו ממהר שוב להתקלקל. וכי קתני מתני׳, ארבעה פרקים אגזר דין. קשיא אדם, דתני

על כל מים ומתעשרין לשנה הבאה. מאי בינייהו? א״ר אבהו בצלים הסריכין ופול המצרי איכא בינייהו: דתנן, בצלים הסריסין ופול המצרי שמנע מהן מים שלשים יום לפני ראש השנה, מתעשרין לשעבר ומותרין בשביעית, ואם לאו אסורין בשביעית ומתעשרין לשנה הבאה. באחד בשבט ר״ה לאילן. מ״ט? א״ר אלעזר א״ר אושעיא הואיל ויצאו רוב גשמי שנה. אע״פ שרוב תקופה מבחוץ. ת״ר, מעשה ברבי עקיבא שליקט אתרוג באחד בשבט, ונהג בו שני עישורין: (יד:) אחד כדברי בית שמאי, ואחד כדברי בית הלל. רבי יוסי בר יהודה אומר לא מנהג בית שמאי ובית הלל נהג בה, אלא מנהג רבן גמליאל ור׳ אליעזר נהג בה. באחד בשבט כבית שמאי נהג בה? אמר ר׳ חנינא ואיתימא רבי חנניא הכא באתרוג שחנטו פירותיה קודם חמשה עשר דאידך שבט עסקינן, ובדין הוא אפילו קודם לכן, ומעשה שהיה כך היה. רבינא אמר כרוך ותני: לא אחד בשבט היה, אלא ט״ו בשבט היה, ולא מנהג בית שמאי ובית הלל נהג בה אלא מנהג רבן גמליאל ורבי אליעזר נהג בה. (טו.) אמר רבה בר הונא: אף על גב דאמר רבן גמליאל אתרוג אחר לקיטה כירק, ראש השנה שלו שבט. מאי שנא התם דקתני: אם היתה שנייה נכנסת לשלישית, ומאי שנא הכא דקתני: אם היתה שלישית נכנסת לרביעית? מילתא אגב אורחיה קמ״ל, דאתרוג קשיא ליה ידא, ואיידי דממשמשי בה כולי עלמא בשביעית, לא טענה פירי עד תלת שנין. בעא מיניה רבי יוחנן מרבי ינאי: אתרוג ראש השנה שלו אימתי? אמר ליה: שבט. שבט דחדשים, או שבט דתקופה? א״ל: דחדשים. בעא מיניה רבא מרב נחמן, ואמרי לה רבי יוחנן מרבי ינאי: היתה שנה מעוברת מהו? א״ל, הלך אחר רוב שנים. (טו:) איתמר, רבי יוחנן וריש לקיש אמרי תרוייהו: אתרוג בת ששית שנכנסה לשביעית, לעולם ששית. כי אתא רבין א״ר יוחנן: אתרוג בת ששית שנכנסה לשביעית אפי׳ כזית ונעשית ככר, חייבין עליה משום טבל. ת״ר, אילן שחנטו פירותיו קודם ט״ו בשבט, מתעשר לשנה שעברה, אחר חמשה עשר בשבט

ר ש״י

המצרי שורעו לירק, ראי זרעו לזרע קטנית הוא ולא הילכו בו אלא אחר השרשה. איכא בינייהו. כגון שמנע מהם מים ולא השקן ל׳ יום לפני ר״ה ולקטן אחר ר״ה, דתנן, כו׳ ר׳ יוסי הגלילי אית ליה הא מתניתי׳, דכיון דמנע מים שלשים יום לפני ר״ה נמצאו גדילין על מי שנה שעברה, ולר״ע הרי גדילים על כל מים ומתעשרין להבא. באחד בשבט ר״ה לאילן, ואין תורמין מפירות אילן שחנטו פירותיו קודם לכן על פירות דאילן שחנטו לאחר מכאן. הואיל ויצאו רוב גשמי שנה, שכבר עבר רוב ימות הגשמים שהוא זמן רביעה ועלה השרף באילנות ונמצאו הפירות חונטין מעתה. שליקט אתרוג, פירות אילן אתרוג. שני עישורים, מעשר שני בשנה שנייה ומעשר עני בשנה שלישית, שהיתה שנייה נכנסת לשלישית. אחד כדברי ב״ש, שאמרו נתחדש שנה כבר נכנסה שלישית משחשיכה. ואחד כדברי ב״ה, האומרין לא נתחדשה שנה עד חמשה עשר בו. לא מנהג ב״ש כו׳, שני עישורין שנהג בה לאו משום כספק כב״ש כספק כב״ה, אלא משום כספק הלכה כר״ג, דאמר אתרוג אחר לקיטה כירק, או שמא כר״א דאמר אחרי חנטה הלכו בו כשאר אילנות. דאידך שבט, דאשתקד, ובט״ו בשבט דאשתקד נכנסה שנה שלישית ועדיין לא יצאת שלישית, נמצאת שחנטה בשנייה ונלקטה בשלישית. ובדין הוא, דאם לקטה קודם לכן נמי הוה נוהג בה שני עישורין, משום מנהג ר״ג ור״א. אלא מעשה שהיה, באחד בשבט היה. כרוך והני, כפול את דברי רבי יוסי שנה בה שתי מחלוקות. אתרוג קשיא ליה ידא, קשה לעין האתרוג ידים הממשמשות בו. שבט דחדשים, של לבנה, או שבט דתקופה, לסוף שלשים של תקופת טבת נכנס שבט של חמה. היתה שנה מעוברת מהו, אימתי ר״ה? שבט הסמוך לטבת, או אדר הראשון שהוא במקום שבט? אחר רוב שנים, מי שסמוך שבט. לעולם ששית, חייבת במעשר ופטורה מן הביעור. אפילו כזית, אפילו לה גדלה בששית אלא מעט ורובה גדלה בשביעית עד שנעשית ככר, חייבת משום טבל דבתר חנטה אזלינן. שתי בריכות כ״ד, אין לשון זה נופל אלא בעופות, כדתנן: הלוקח פירות שובך

דכל תבואה שנקצרה בחג, בידוע שהביאה שליש לפני ר"ה, וקא קרי לה בצאת השנה. מתקיף לה רבי חנינא, ומי מצית אמרת דהאי אסיף קציר הוא, והכתיב (דברים יז) „באספך מגרנך ומיקבך", ואמר מר בפסולת גורן ויקב הכתוב מדבר? א"ר זירא הא מילתא הואי בידן, ואתא ר' חנינא ושדא ביה נרגא, אלא, מנלן? כדתניא, רבי יונתן בן יוסף אומר (ויקרא כה) „ועשת את התבואה לשלש השנים", (י.:) אל תקרא לשלש, אלא לשליש. והא מיבעי ליה לגופיה? כתיב קרא אחרינא (ויקרא כה) „וזרעתם את השנה השמינית ואכלתם מן התבואה ישן עד השנה התשיעית". תנן התם, האורז והדוחן והפרגין והשומשמין שהשרישו לפני ר"ה, מתעשרין לשעבר ומותרין בשביעית, ואם לאו אסורין בשביעית ומתעשרין לשנה הבאה. אמר רבה, אמור רבנן: איקן בתר חנטה, תבואה וזיתים בתר שליש. ירק בתר לקיטה, הני במאן שוינהו רבנן? הדר אמר רבה, מתוך שעשויין פרכין פרכין אזלי רבנן בתר השרשה. (יד.) תניא רבי יוסי הגלילי אומר (דברים יז) „באספך מגרנך ומיקבך" מה גורן ויקב מיוחדין שגדילין על מי שנה שעברה ומתעשרין לשנה שעברה, אף כל שגדילין על מי שנה שעברה, מתעשרין לשנה שעברה, יצאו ירקות שגדילין על מי שנה הבאה, ומתעשרין לשנה הבאה. רבי עקיבא אומר „באספך מגרנך ומיקבך" מה גורן ויקב מיוחדין שגדילין על רוב מים ומתעשרין לשנה שעברה, אף כל שגדילין על רוב מים, מתעשרין לשנה שעברה, יצאו ירקות שגדילין

ר ש"י

אסיף קציר, וה"ק וחג אשר הוא באספך את מעשיך מן השדה, אסיף אשר אתה קוצר בו אינו משנה הנכנסת, אלא משנה היוצאת, ולמדך כאן שקציר החג הולך אחר שנה שעברה, וקים להו לרבנן שאמרו התבואה אחר שליש, דכל תבואה שנקצרת בחג בידוע שהביאה שליש לפני ר"ה. וקא קרי ליה בצאת השנה, שהיא משנה היוצאת, אלמא תבואה אחר שליש. דהאי אסיף קציר, דקאמרת דהאי אסיף יתירא למידרשיה לשון קציר הוא. והא כתיב, בעלמא באספך מגרנך ומיקבך. ואמר מר, שלמדך הכתוב לעשות סכך של סוכה בפסולת גורן ויקב כגון קשין וזמורות, דבר שאין מקבל טומאה וגידולו מן הארץ. הא מילתא הוה בידן, היינו סבורין שנלמוד מכאן שהתבואה אחר שליש. ואתא רבי חנינא ושדא ביה נרגא, לומר דהאי אסיף שפיר משתמע בלישנא דקרא ולאו יתירא היא. ועשת את התבואה לשלש השנים אל תקרי לשלש אלא לשליש, שעשתה כשהיא בשליש בישולה. לגופיה, הבטחה על מה נאכל בשנה השביעית. האורז והדוחן כו', מיני קטנית הן. מתעשרין לשעבר, במעשרות שנה שעברה, אם שנייה מעשר שני ואם שלישית מעשר עני. ומותרין בשביעית, אם השרישו ערב שביעית לפני ר"ה. ומתעשרים לשנה הבאה, בשנת לקיטתן אם מוצאי שני שבוע היא, שאינה שביעית. בתר חנטה, לקמן תנא לה בפירקין אילן שחנטו פירותיו קודם חמשה עשר בשבט, שהוא ר"ה לאילנו', מתעשר לשנה שעברה. ירק בתר לקיטה, כדאמרן לעיל ליקט ירק ערב ר"ה כו'. הני, קטניות כמאן שוינהו, שהלכו בהן אחר השרשה. מתוך שעשויין פרכין, מתוך שגורנן עשוי מעט מעט, שאין נלקטין כא"ד, אלא היום לוקטין ומפרכין מעט, ולמחר מעט ונמצאו חדש וישן מעורבין יחד, הנפרכין לפני ר"ה עם הנפרכין לאחר ר"ה, אם הולכין בהן אחר לקיטה כשאר ירק כשיהא מפריש מעשרותיו, ה"ל מעשר מן החדש על הישן ומן הישן על החדש, אזלי בהו בתר השרשה, שבשנה אחת משרשת כל השדה, שהרי בבת אחת זורעין אותה ומעשר פירות האילן וקטניות וירק מדרבנן הן, ויכולת ביד החכמים לקבוע זמן לפי דעתם לכל אחד ואחד. באספך מגרנך ומיקבך, מכאן סמכו חכמים לקבוע זמן מעשר ירק דדבריהם אחר לקיטה לאסמכתא בעלמא, כל אסיף שלך יהא כתרומת גורן ויקב, שהילכה בהן תורה אחר שנה שהביאה שליש, הרי שהילכה בהן אחר שנה שגדלו במימיה, שהבאת שליש שלהן היא גדילתן, שמאותה שעה ראויה ליקצר בדוחק. אף כל כו', לכך הלכו באילן אחר הנטה, שכל גדילת פירותיו ע"י שהעלאת שרף האילן לפני חנטה הוא. יצאו ירקות שגדילין על שנה הבאה, והיינו שנת לקיטתן, שהרי גוזזין אותה והיא חוזרת וגדילה. רוב מים, הם מי גשמים, שרוב זרעים גדילים על ידם. על כל מים, אף על שאובין שדולין ומשקין אותן תמיד, כענין שנאמר והשקית ברגלך כגן הירק, סתם גן הירק דרכו בהשקאה. בצלים הכריכים, שאין נעשין גדולין כשאר בצלים. ופול

וקתני דאורייתא. וליתני דאורייתא ברישא ? איידי דחביבא ליה אקדמה. ותנא דידן תנא דרבנן וכ״ש דאורייתא. ת״ר ליקט ירק ערב ר״ה עד שלא תבא השמש וחזר וליקט (יב:) משתבא השמש, אין תורמין ומעשרין מזה על זה, לפי שאין תורמין ומעשרין לא מן החדש על הישן ולא מן הישן על החדש. אם היתה שנייה נכנסת לשלישית, שנייה מעשר ראשון ומעשר שני, שלישית מעשר ראשון ומעשר עני, מנה״מ ? אמר ריב״ל (דברים כו) „כי תכלה לעשר את כל מעשר תבואתך בשנה השלישית שנת המעשר", שנה שאין בה אלא מעשר אחד, הא כיצד ? מעשר ראשון ומעשר עני, ומעשר שני יבטל; או אינו אלא אף מעשר ראשון נמי יבטל ? ת״ל (במדבר יח) ואל הלוים תדבר ואמרת אליהם כי תקחו מאת בני ישראל את המעשר אשר נתתי לכם מאתם בנחלתכם" הקישו הכתוב לנחלה, מה נחלה אין לה הפסק, אף מעשר ראשון אין לו הפסק. ולנדרים וכו׳. ת״ר, המודר הנאה מחבירו לשנה, מונה שנים עשר חודש מיום ליום, ואם אמר לשנה זו, אפילו לא עמד אלא בעשרים ותשעה באלול, כיון שהגיע יום אחד בתשרי, עלתה לו שנה, לצעורי נפשיה קביל עליה והא אצטער ליה. ואימא ניסן ? בנדרים הלך אחר לשון בני אדם. תנן התם, התלתן משתצמח, התבואה והזיתים משיביאו שליש, מאי משתצמח ? משתצמח לזרעים. התבואה והזיתים משיביאו שליש, מנה״מ ? אמר רב אסי א״ר יוחנן ומטו בה משמיה דרבי יוסי הגלילי, אמר קרא (דברים לא) „מקץ שבע שנים במועד שנת השמטה בחג הסוכות" שנת השמטה מאי עבידתיה בחג הסוכות, שמינית היא ? אלא לומר לך כל תבואה שהביאה שליש בשביעית לפני ר״ה אתה נוהג בו מנהג שביעית בשמינית. : מר ליה רבי זירא לרב אסי. (יג.) וד למא לא עייל כלל וקאמר רחמנא השמט ותיזיל עד חג הסוכות ? לא ס״ד, דכתיב (שמות כג) „וחג האסיף בצאת השנה" מאי אסיף ? אילימא חג הבא בזמן אסיפה, הכתיב „באספך", אלא מאי אסיף, קציר, וקים להו לרבנן,

---

ר ש״י

דתנא לירקות ולא תנא למעשרות. תנא דרבנן, ואשמעינן דיום סבוע לו כ״ש דאורייתא. ליקט ירק, אשמועינן דירק בתר לקיטה אזיל לענין מעשר, ואע״פ שגדל בשנה א׳, אם נלקט בשתי שנים הוי חדש וישן, שאין תורמין מן החדש על הישן, דכתיב שנה שנה. שנייה, מה שנלקט בשנה שנייה של שמיטה מעשר ראשון ללוי ומעשר שני בירושלים, ומה שנלקט בשנה שלישית מעשר ראשון ומעשר עני. מנא הני מילי, דבשלישית אינו נוהג בה מעשר שני. שנה שאין נוהג בה אלא אחד, מן המעשרות שנהגו בשתי שנים שלפניה. הא כיצד מעשר ראשון, יתן כדרך שנתן עד הנה. ומעשר עני, יוסיף במקום מעשר שני כדכתיב לגר ליתום ולאלמנה, והוא מעשר עני. או אף מעשר ראשון יבטל, ושנת המעשר חד קאמר, ההיא דמפריש ואזיל ללוי לגר ליתום ולאלמנה, והוא מעשר עני שאף לוי בכלל עני שאין לו חלק בארץ. ובא הלוי, למעשר ראשון כל זמן שבא וכו׳ והא בשנה שלישית כתיב: מקצה שלש שנים וגומר ובא הלוי וגו׳. לשון בני אדם, שאין אדם נודר אלא על לשון שהוא רגיל לדבר, ודרך בני אדם לקרות תשרי ר״ה. התלתן, מין תבלין. משתצמח, יהר שנת צמיחתו הוא מתעשר ולא אחר שנת לקיטתו. משתצמח לזרעים, שהזרע צומח בתוכו. התבואה, דגן ותירוש קרויין תבואה, דכתיב כתבואת גורן וכתבואת יקב. והזיתים, יצהר משיביאו שליש מתעשרין אחר שנה שהגיעו בו לשליש בישולם אם שנייה אם שלישית. מנא הני מילי, אתבואה ואזיתים קאי דמעשר דידהו דאורייתא, ומנלן דבתר שליש אזלי ? מאי עבידתיה, לקרות חג הסוכות שבסוף שבע שנים שנת השמטה, הרי כבר יצאה השביעית מר״ה וכבר נכנסת שמינית. אלא לומר לך כו׳, והכי קרא יש לך דבר שהוא של שמינית והוא אסור כשביעית ואיזו זו תבואה שהביאה שליש. ודילמא לא עייל כלל, ואפילו לא התחילו להתבשל בשביעית קאמר רחמנא מצות שביעית לימשך איסורה עד חג הסוכות מלחרוש ולקצור. לא ס״ד, דלשתעי קרא אלא כשהביאו שליש ומוכח קרא אחרינא. מאי חג האסיף, אילימא דההוא שם סוכות ומשום דבא בזמן אסיפה למה לי דכתיב בחד קרא תרי זימני? הא כתיב בההיא קרא גופיה באספך את מעשיך. אלא מאי

כל איש ישראל בירח האיתנים בחג" ירח שנולדו בו איתני עולם. מאי משמע דהאי איתן לישנא דתקיפי הוא? כדכתיב (במדבר כד) „איתן מושבך", ואומר (מיכה ו) „שמעו הרים את ריב ה' והאיתנים מוסדי ארץ". רבי יהושע אומר „מנין שבניסן נולדו אבות? שנאמר (מלכים א ו) „ויהי בשמונים שנה וארבע מאות שנה לצאת בני ישראל מארץ מצרים בשנה הרביעית בחדש זיו" בירח שנולדו בו זיותני עולם. מ"ד בניסן נולדו, בניסן מתו; מ"ד בתשרי נולדו, בתשרי מתו, שנאמר (דברים לא) „ויאמר אליהם בן מאה ועשרים שנה אנכי היום" שאין ת"ל היום, ומה ת"ל היום? היום מלאו ימי ושנותי, ללמדך שהקב"ה יושב וממלא שנותיהם של צדיקים מיום ליום ומחדש לחדש, שנאמר (שמות כג) „את מספר ימיך אמלא". בפסח נולד יצחק, מנלן? כדכתיב (בראשית יח) „למועד אשוב אליך" אימת קאי? אילימא בפסח, וקאמר ליה בעצרת, בחמשין יומין מי קא ילדה? אלא דקאי בעצרת וקאמר ליה בתשרי, אכתי בחמשה ירחי מי קא ילדה? א"א דקאי בחג וקאמר ליה בניסן, אכתי בשיתא ירחי מי קא ילדה? תנא אותה שנה מעוברת היתה, ואמר מר זוטרא, אפי' למ"ד יולדת לתשעה אינה יולדת למקוטעין, יולדת לשבעה יולדת למקוטעין שנאמר (שמואל א א) „ויהי לתקופת הימים" מיעוט תקופות שתים ומיעוט ימים שנים. בר"ה נפקדה שרה, רחל וחנה, מנלן? א"ר אלעזר, אתיא פקידה פקידה, אתיא זכירה זכירה, כתיב ברחל (בראשית ל) „ויזכור אלהים את רחל", וכתיב בחנה (שמואל א א) „ויזכרה ה'" ואתיא זכירה זכירה מר"ה, דכתיב (ויקרא כג) „שבתון זכרון תרועה"; פקידה פקידה, כתיב בחנה (שמואל א ב) „כי פקד ה' את חנה" וכתיב בשרה (בראשית כא) „וה' פקד את שרה". בר"ה יצא יוסף מבית האסורין, מנלן? דכתיב (תהלים כא) „תקעו בחדש שופר בכסה ליום חגינו כי חק לישראל הוא וגומר" (יא:) „עדות ביהוסף שמו בצאתו וגומר". בראש השנה בטלה עבודה מאבותינו במצרים, כתיב הכא (שמות ו) „והוצאתי אתכם מתחת סבלות מצרים" וכתיב התם (תהלים פא) הסירותי מסבל שכמו". בניסן נגאלו, כדאיתא, בתשרי עתידין ליגאל: אתיא שופר שופר, כתיב הכא „תקעו בחודש שופר" וכתיב התם (ישעי' כז) „ביום ההוא יתקע בשופר גדול". רבי יהושע אומר בניסן נגאלו, בניסן עתידין ליגאל, מנלן? אמר קרא (שמות יב) „ליל שמורים" ליל המשומר ובא מששת ימי בראשית. (יב.) ת"ר, חכמי ישראל מונין למבול כר' אליעזר, ולתקופה כרבי יהושע; חכמי אומות העולם מונין אף למבול כר' יהושע. ולירקות. תנא לירקות ולמעשרות ולנדרים, לירקות מאי ניהו, מעשר ירק? היינו מעשרות! תנא דרבנן,

---

רש"י

בחודש זיו, אייר הוא. שנולדו בו זיותני עולם, כשנתחדש אייר נולדו כבר בניסן, א"נ זימנין דניסן דתקופה נמשך בתוך אייר של לבנה. להתנאות, להנות. למועד אשוב אליך, לי"ט הבא ראשון וליתר' בן. אפילו למ"ד, במסכת נדה. אינה יולדת למקוטעין, אלא לחדשים שלמי' של שלשים יום. עדות ביהוסף שמו, בתריה דההוא קרא כתיב דכי חק לישראל. הסירותי מסבל שכמו, ביוסף כתיב בתר עדות ביהוסף. המשומר ובא, לגאולה. חכמי ישראל מונין למבול כרבי אליעזר, מונין שנות נ"ח ו-ר"את עולם ושנות הדורות מתשרי תחילת השנים, ולא משום דסבירי' להו בתשרי נברא העולם, אלא דתשרי ראש השנה לשנים; ולתקופה כרבי יהושע, כשמונין תקופת החמה והלבנה מונין מניסן, לומר שמניסן נבראו, ובתחילת ליל רביעי שמשה חמה בניסן, לפיכך אין תקופת ניסן נופלת אלא בד' רביעי היום. אף למבול, כלומר למנין שנות הדורות מתחילין מניסן למנות, ומבול באייר ירד, ע"כ משתאמר באחת ושש מאות בראשון שחרבו המים, ניסן הוא שהרי משפט דור המבול שנים עשר חדש. ולירקות, מעשר ירק לענין חדש וישן, שאין תורמין מירק הנלקט ערב ר"ה על הנלקט אחר ראש השנה. ולנדרים, לקמן מפרש. תנא דרבנן, השמיענו שיש ר"ה קבוע לענין חדש וישן במעשר ירק דרבנן, והדר תנא מעשר דגן שיצא לו יום קבוע לחדש וישן שלו. ותנא דידן,

אחר? ובי תימא, אי אפשר דליכא חד בסוף העולם דלא מישלח, זו מסורה לבית דין וזו אינה מסורה לבית דין. אמר רבי חייא בר אבא א"ר יוחנן זו דברי ר' יהודה ור' יוסי, אבל חכמים אומרים שלשתן מעכבות בו, וקסברי, מקרא נדרש לפניו ולפני פניו ולאחריו. והכתיב „יובל" ההוא דאפילו בחוצה לארץ, והכתיב „בארץ" ההוא. בזמן שנוהג דרור בארץ, נוהג בחוצה לארץ, בזמן שאינו נוהג בארץ, אינו נוהג בחוצה לארץ, ולנטיעה. מנלן דכתיב (ויקרא יט) „שלש שנים ערלים" וכתיב (שם) „ובשנה הרביעית" ויליף שנה שנה מתשרי דכתיב (דברים יא) „מראשית השנה". ת"ר, אחד הנוטע ואחד המבריך ואחד המרכיב ערב שביעית, שלשים יום לפני ראש השנה, עלתה לו שנה, ומותר לקיימן בשביעית, פחות מל' יום לפני ראש השנה, לא עלתה לו שנה, ואסור לקיימן בשביעי'. (י.) ופירות נטיעה זו, אסורין עד ט"ו בשבט, אם לערלה ערלה, ואם לרבעי רבעי. מה"מ? א"ר חייא בר אבא אמר ר' יוחנן ומטו בה משמיה דר' ינאי, אמר קרא, (ויקרא יט) „ובשנה הרביעית ובשנה החמישית" פעמים שברביעית ועדיין אסורה משום ערלה, ופעמים שבחמישית ועדיין אסורה משום רבעי. (י:) תניא, ר"א אומר, בתשרי נברא העולם בתשרי נולדו אבות, בתשרי מתו אבות, בפסח נולד יצחק, בר"ה נפקדה שרה רחל וחנה, בראש השנה יצא יוסף מבית האסורין, (יא.) בר"ה בטלה עבודה מאבותינו במצרים, בניסן נגאלו, בתשרי עתידין ליגאל. רבי יהושע אומר בניסן נברא העולם, בניסן נולדו אבות, בניסן מתו אבות, בפסח נולד יצחק, בר"ה נפקדה שרה רחל וחנה, בר"ה יצא יוסף מבית האסורין, בר"ה בטלה עבודה מאבותינו במצרים, בניסן נגאלו, בניסן עתידין ליגאל. תניא רבי אליעזר אומר, מניין שבתשרי נברא העולם? שנ' (בראשית א) „ויאמר אלהים תדשא הארץ דשא עשב מזריע זרע עץ פרי" איזהו חדש שהארץ מוציאה דשאים ואילן מלא פירות, הוי אומר זה תשרי, ואותו הפרק זמן רביעה היתה, וירדו גשמים וצמחו שנאמר (שם ב) „ואד יעלה מן הארץ". ר' יהושע אומר, מניין שבניסן נברא העולם? שנאמר (שם א) „ותוצא הארץ דשא עשב מזריע זרע ועץ עושה פרי" איזהו חדש שהארץ מליאה דשאים ואילן מוציא פירות, הוי אומר זה ניסן; ואותו הפרק זמן בהמה וחיה ועוף שמזדווגין זה אצל זה. שנאמר, (תלים סה) „לבשו כרים הצאן וגומר", ר"א אומר מניין שבתשרי נולדו אבות? שנאמר (מ"א ח) „ויקהלו אל המלך שלמה

ר ש" י

ואי אפשר, שלא יהא שופר מצוי בעולם לפיכך יש לנו לומר כשתלה הכתוב לא תלה אלא בדבר המצוי לעולם. ד"א תקיעת שופר מסורה לב"ד. לצוות לשלוחם לתקוע, ושילוח עבדים מסורה ליחידים ואם ימאן יבטל היובל הלכך לא תלאו הכתוב בו. ולאחריו, שמיטת קרקעות דכתיב בתריה ושבתם איש אל אחוזתו. והכתיב יובל, לרבות במשמע יובל מ"מ. ולנטיעה מניין, דר"ה שלה תשרי? מבריך, כופף את הזמורה בארץ. מרכיב, אילן בחבירו. עלתה לו שנה, כיון שהגיע יום אחד בתשרי עלתה לו שנה למנין שני ערלה. פחות משלשים יום לא עלתה לו שנה, עד תשרי הבא, אם אינה ערב שביעית, ואם ערב שביעית היא אסור לקיימו משום תוספת שביעית שמוסיפין מחול על קודש. אסורים כו' ואע"פ שאמרנו עלתה לו שנה אם חנטו בה פירות לאחר ר"ה של שנה שלישית מיד עדיין אסורין הן עולמית משום ערלה, שאף על פי שראש השנה תשרי לנטיעה, ט"ו בשבט ר"ה לאילן: וזו כבר נעשית אילן, לפיכך אין שנתה מתחדשת לצאת מידי ערלה עד ט"ו בשבט. מנא הני מילי, ששנות ערלה ורבעי נמשכין לאחר פירות הנוטים קוד' ט"ו בשבט לאחר שכלו שלשת שני ערלה? ומטו בה, יש מבין ומבריין בשמוע' זו לאומרה משמיה דר' ינאי. פעמים שברביעית, כגן אם מיהר פירותיו לחנוט ברביעית לפני שבט. פעמים שבחמישית, כגון פירות שחנטו בה קודם שבט טעונין חלול. נולדו אבות, אברהם ויעקב. נפקדה שרה, בא זכרונה למובה ונגזר עליה הריון. בטלה עבודה מאבותינו, ששה חדשים לפני גאולתם פסק השיעבוד. עץ פרי, שנגמר פריו. ועץ עושה פרי ולא עץ פרי גמור. לבשו כרים, בזמן שיתרועעו שיבולים בניסן.

תניא אידך, כי חק לישראל הוא, אין לי אלא לישראל לאוה״ע מניין? ת״ל „משפט לאלהי יעקב״ א״כ מה ת״ל „כי חק לישראל?״ מלמד, שישראל נכנסין תחילה לדין. כדרב חסדא דאמר, מלך וציבור, מלך נכנס תחילה לדין. שנאמר (מלכים א ח) „משפט עבדו ומשפט עמו״ מאי טעמא? אי בעית אימא, לאו אורח ארעא למיקם מלכא אבראי, ואי בעית אימא, מקמי דליפוש חרון אף. ולשמיטין. מנלן? דכתיב (ויקרא כה) „ובשנה השביעית שבת שבתון יהיה לארץ״ ונמר שנה, שנה מתשרי, דכתיב (דברים יא) „מראשית השנה״. וליובלות. יובלות באחד בתשרי, בי׳ בתשרי הוא? דכתיב (ויקרא כה) „ביה״כ תעבירו שופר״ הא מני, רבי ישמעאל בנו של רבי יוחנן בן ברוקה היא, דתניא (שם) „וקדשתם את שנת החמישים שנה״, מה ת״ל? לפי שנאמר „ביה״כ״ יכול לא תהא מתקדשת אלא מיה״כ ואילך, ת״ל וקדשתם את שנת החמשים מלמד שמתקדשת והולכת מתחילתה, מכאן א״ר ישמעאל בנו של ר׳ יוחנן בן ברוקא: מר״ה עד יה״כ לא היו עבדים נפטרין לבתיהן, ולא משתעבדין לאדוניהם, אלא אוכלין ושותין ושמחין ועטרותיהן בראשיהן; כיון כשהגיע יה״כ, תקעו ב״ד בשופר, נפטרו עבדים לבתיהם, ושדות חוזרות לבעליהן. תניא אידך, יובל היא „מה ת״ל?״ לפי שנא׳ „וקדשתם את שנת החמישים״, יכול כשם שמתקדשת והולכת מתחילתה, כך מתקדשת והולכת בסופה; ואל תתמה, שהרי מוסיפין מחול על קדש? ת״ל (שם) „יובל היא שנת החמשים״, שנת החמשים אתה מקדש ואי אתה מקדש שנת החמישים ואחת. (ט.) ורבנן, שנת חמישים אתה מונה, ואי אתה מונה שנת חמישים ואחת. לאפוקי מדר׳ יהודה, דאמר, שנת חמישים עולה לכאן ולכאן, קא משמע לן, דלא. (ט:) תנו רבנן (ויקרא כה) „יובל היא״ אע״פ שלא שמטו אף על פי שלא תקעו. יכול אע״פ שלא שלחו? תלמוד לומר, היא! דברי רבי יהודה; רבי יוסי אומר, „יובל היא״ אע״פ שלא שמטו, אע״פ שלא שלחו, יכול אף על פי שלא תקעו? ת״ל היא! וכי מאחר שמקרא אחד מרבה ומקרא אחד ממעט מפני מה אני אומר יובל הוא אע״פ שלא שלחו ואין יובל אלא א״כ תקעו? לפי שאפשר לעולם בלא שילוח עבדים, ואי אפשר לעולם בלא תקיעת שופר. דבר אחר, זו מסורה לבית דין, וזו אינה מסורה לבית דין. מאי דבר

ר ש״י

יהא משפט להקב״ה. מלך וציבור, כשהקב״ה דן אותם מלך נכנס תחילה. משפט עבדו, שלמה קאמר ליה. דליפוש חרון אף, בשביל עוונות ציבור. מנלן, ששנת שמיטה מקודשת מר״ה ואסור בעבודת הקרקע? וקדשתם שנת החמישים מה ת״ל, מכיון שאמר שבע שבתות שנים והעברת שופר בחדש השביעי, יודע אני שהיא שנת החמשי׳. שנים אתה מקדש, כששנת יובל נכנסת, מצוה על ב״ד לומר מקודשת השנה. ואי אתה מקדש שום חדש, כר״א בר״ש דאמר לקמן בין שנראה בזמנו בין שלא נראה בזמנו אין מקדשין אותו. לפי שנאמר וקדשתם את שנת החמשים, דילפינן מיניה שמתקדשת מתחילתה. יכול כך מתקדשת בסופה, אחר ר״ה ותמשך עד יה״כ? ואל תתמה, אם משמרין אותה בתוך שנת שלאחריה. שהרי מוסיפין מחול על קודש, כדאמרינן לקמן. ת״ל יובל היא, מיעוטא היא. ורבנן, דלא ילפי מוקדשתם שתתקדש מתחילתה ולא איצטריך היא למיעוטי סופה דרשי ליה הכי: שנת החמשים אתה מונה ואי אתה מונה שנת היובל שנת חמשים לסוף יובל שעבר ואחת למנין יובל הבא, ואי אתה מונה שנת היובל הבא אלא משנה שלאחר היובל. ולאפוקי מדר׳ יהודה, דאמר במסכת נדרים שנת חמשים עולה לכאן ולכאן, שנת היובל ושנה ראשונה לשמטה הבאה. יובל היא יובל אע״ג ש״א שמטו כו׳, לעיל מיניה כתיב והעברת שופר וקדשתם את שנת החמשים שנה וקראתם דרור והדר כתוב יובל היא תהיה לכם וקרא יתירא הוא לדרשא והכי תדרשנה יובל היא לכם מכל מקום ואפילו לא נעשו בו דברים הללו: העברת שופר ולשוב אל אחוזה, אע״פ כן שם היובל עליו להיות אסור בזריעה ובצירה וקצירה. יכול אע״פ שלא שלחו, עבדים, יהא יובל? ת״ל היא, אם עשית דברים הללו היא יובל, ואם לאו אינו יובל. שאפשר לעולם בלא שילוח עבדים, פעמים שאין עבד עברי בישראל שיטען שילוח.

אגר איניש ביתא, לכולהו ימות הגשמים אגר; והנא קמא דברייתא, והנא דידן, בניסן נמי מישכח שכיח קיטרי: „באחד באלול, ראש השנה למעשר בהמה". מני? אמר רב יוסף, רבי היא ונסיב לה אליבא דתנאי: ברגלים סבר לה כרבי שמעון, ובמעשר בהמה סבר לה כרבי מאיר. אי הכי ארבעה, חמשה הוו? אמר רבא ארבעה לדברי הכל! לרבי מאיר ארבעה, דל רגלים, לרבי שמעון ארבעה, דל מעשר בהמה. רב נחמן בר יצחק אמר, ארבעה חדשים, ובהן כמה ראשי שנים. (ח.) „רבי אלעזר ורבי שמעון אומרים באחד בתשרי". א״ר יוחנן, ושניהם מקרא אחד דרשו, שנאמר (תהלים סה) „לבשו כרים הצאן ועמקים יעטפו בר יתרועעו אף ישירו" ר״מ סבר, אימתי לבשו כרים הצאן, בזמן שעמקים יעטפו בר; ואימתי עמקים יעטפו בר, מאדר: מתעברות באדר, ויולדות באב, ר״ה שלהן אלול. רבי אלעזר ור״ש אומרים אימתי לבשו כרים הצאן? בזמן שיתרועעו אף ישירו, אימתי שבלים אומרות שירה? בניסן; מתעברות בניסן ויולדות באלול, ר״ה שלהן תשרי. רבא אמר דכ״ע, לבשו כרים הצאן בזמן שעמקים יעטפו בר באדר, והכא בהאי קרא קמיפלגי (דברים יד) „עשר תעשר" בשני מעשרות הכתוב מדבר: אחד מעשר בהמה, ואחד מעשר דגן; ר״מ סבר, מקיש מעשר בהמה למעשר דגן, מה מעשר דגן סמוך לגמרו עישורו, אף מעשר בהמה סמוך לגמרו עישורו. ור״א ור״ש סברי, מקיש מעשר בהמה למעשר דגן, מה מעשר דגן ר״ה שלו תשרי, אף מעשר בהמה, ר״ה שלו תשרי. „באחד בתשרי ר״ה לשנים": למאי הלכתא? אמר רבי זירא לתקופה. ור״א היא, דאמר בתשרי נברא העולם. רב נחמן בר יצחק אמר, לדין, דכתיב (דברים יא) „מראשית השנה ועד אחרית שנה" מראשית השנה נידון מה יהא בסופה. ממאי דתשרי הוא? דכתיב (תהלים פא) „תקעו בחדש שופר בכסה ליום חגינו", אי זהו חג (ח:) שהחודש מתכסה בו? הוי אומר, זה ר״ה. וכתיב (תהלים פא) „כי חק לישראל הוא, משפט לאלהי יעקב". ת״ר „כי חק לישראל". מלמד, שאין ב״ד של מעלה נכנסין לדין, אא״כ קידשו ב״ד של מטה את החדש.

ר ש״ י

דליכא למימר דאדעתא דההיא שתא אגרא. דלא טרח איניש למיגר ביתא לבציר מתלתין יומין. ואימא תשרי, ר״ה לשכירות בתים, אם לא עמד אלא בא׳ באלול כיון שהגיע תשרי עלתה לו שנה? ומשני כי אגר איניש ביתא כמוך לתשרי לכולהו ימי הגשמים אגר. ות״ק דברייתא, דלא אמר לשכירות בתים. קיטרי, עבים מתקשרין וגשמים יורדין והוי כימות הגשמים. רבי היא, הוא אמרה למתני׳, ונסיב מילתא הדא כחד תנא, והדא כחד תנא. אי הכי, דחד גברא אמרה למתניתין ונסיב מילתיה הדא כחד תנא, המשה ראשי השנים נינהו: אחד בניסן, והמשה עשר בניסן, ואחד באלול, ואחד בתשרי, וחמשה עשר בשבט! הא ניחא אי מוקמת לה לרישא כרבי שמעון, שפיר, דלדידיה ארבעה נינהו, דלית ליה אחד באלול, אלא אי חד תנא אמרינהו קשיא! אמר רבא, לעולם רבי היא, והכי קאמר: אנא חמשה סבירא לי, ומיהו הכל מודים לי בארבעה. לרבי מאיר, דאית ליה אחד באלול, דל רגלים, דלדידיה ברגל אחד עובר בבל תאחר, כדתניא בברייתא דלעיל. ולר׳ שמעון דל מעשר בהמה, דליתיה אלא באחד בתשרי, וגלאו מעשר נמי ראש השנה הוא. ובהן כמה ראשי שנים, הילכך ניכן דאית ביה תרי, הד קחשיב ליה. לבשו כרים הצאן, מתלבשות הכבשים שמתעברות. יעטפו בר, שהזריעה צומחת ונעברת יפה. יתרועעו אף ישירו, בניסן כשיגיע זמן הקציר והתבואה בקשי׳ שלה והרוח מנשבת והן נוקשים זו על זו, נשמע הקול ונראות כמשוררות. זמן עיבור בהמה דקה חמשה חדשים. ר״ה שלהן אלול, דסמוך לגמרו זמן הדיש ויצן שלהן להידוש השנה. בזמן שיתרועעו, השיבולים. מעשר דגן סמוך לגמרו עישורו, ר״ה למעשרות תשרי דהכי תני ליה לקמן, ותשרי סמוך לגמרו היא, דכל ימות הדמה מנידי׳ ליבש בגרנות שבשדות. לתקופה, לומר שמונין לברייתן והילוכן של תקופות החמה ומולדות הלבנה מתשרי. לדין, שהקב״ה דן בתשרי את כל באי העולם. שהחדש מתכסה בו, לרחוקים כגון שחרית לבני מערב וערבית לבני מזרח לפי שקטנה היא סמוך להידושה. אלא אם כן קדשו החדש כו׳, והה״ק אם קבעו ישראל את חק החדש

א"ל אביי, ותיפוק ליה, דהא איתה בשמחה! איבעיא להו, בכור, מאימתי מונין לו שנה? אביי אמר משעה שנולד, רב אחא בר יעקב אמר משעה שנראה להרצאה; ולא פליגי, הא בתם, (ז.) הא בבעל מום. בעל מום מי מצי אכיל ליה? דקים ליה ביה שכלו לו חדשיו. ת"ר, באחד בניסן, ר"ה לחדשים, ולעיבורין, ולתרומת שקלים. ויש אומרים, אף לשכירות בתים. לחדשים מנלן? דכתיב (שמות יב) „החדש הזה לכם ראש חדשים ראשון הוא לכם לחדשי השנה", וכתיב (דברים יז) „שמור את חדש האביב" איזהו חדש שיש בו אביב? הוי אומר זה ניסן, וקרי ליה ראשון. ולימא אדר? בעינא רוב אביב, וליכא. מידי רוב אביב כתיב? אלא אמר רב חסדא מהכא: (ויקרא כג) „אך בחמשה עשר יום לחדש השביעי באספכם את תבואת הארץ" איזהו חדש שיש בו אסיפה? הוי אומר, זה תשרי, וקא קרי ליה שביעי. ואימא אלול? ומאי שביעי, שביעי לאדר? בעינא רוב אסיף, וליכא. מידי רוב אסיף כתיב? אלא אמר רבינא, דבר זה מתורת משה רבינו לא למדנו. מדברי קבלה למדנו, (אסתר ג) „בחדש הראשון הוא חדש ניסן". ולעיבורין. לעיבורין מנינן? והתניא אין מעברין אלא אדר! אמר רב נחמן בר יצחק, מאי עיבורין? הפסקת עיבורין. ותנא דידן, בהתחלה קמיירי בהפסקה לא קמיירי. ולתרומת שקלים. מנלן? א"ר יאשיה אמר קרא (במדבר כח) „זאת עולת חדש בחדשו לחדשי השנה", אמרה תורה חדש, והבא קרבן מתרומה חדשה; וגמרי שנה שנה מניסן, דכתיב (שמות יב) „ראשון הוא לכם לחדשי השנה". אמר רב יהודה אמר שמואל, קרבנות צבור הבאין באחד בניסן, מצוה להביא מן החדש; ואם הביא מן הישן יצא אלא שחיסר מצוה. ויחיד שהתנדב משלו כשירין, ובלבד שימסרם לצבור. פשיטא! מהו דתימא, ליחוש שמא (ז.) לא ימסרם לציבור יפה יפה, קא משמע לן. ותנא דידן, כיון דקתני אם הביא יצא, לא פסיקא ליה. „ויש אומרים אף לשכירות בתים". תנו רבנן, המשכיר בית לחבירו לשנה, מונה שנים עשר חודש מיום ליום, ואם אמר לשנה זו, אפילו לא עמד אלא באחד באדר, כיון שהגיע יום אחד בניסן עלתה לו שנה. ואימא תשרי? סתם כי

רש"י

לא שייך בה זמן רגלים לבל תאחר, או דילמא מיחייבה למיפק משום שמחה, דכתיב ושמחת בחגך. הא בתם, דקאי להרצאה משנראה להרצאה. בעל מום, שנולד במומו ועומד לשחט בחוץ, מיום שנולד הוא ראוי לכך ומונין לו משנולד. כי מצי אכיל ליה, ביום שנולד דילמא נפל הוה ואין שחיטה מטהרתו עד שיהם שמונה ימים? לחדשים, למנין חדשי השנה. לעיבורין, קא סלקא דעתיה לישב בית דין ולעיין, אם השנה הבאה צריכה להתעבר. ולתרומת שקלים, להקריב ראשון קרבנות הלקודים מתרומה קופות של שקלי שנה זו. אף לשכירות בתים, המשכיר בית לחבירו ואמר לשנה זו, כלתה שנתו באחד בניסן, ואפי' לא דר בו אלא חדש אחד. החדש הזה לכם, ומנלן דניסן? דכתיב ויקחו להם שה לפסח, וכתיב קרא אחרינא שהפסח בחדש האביב, שיש בו אביב, שהתבואה בכירה בו להיות מבושלת בגמר בשולה. בעינא אביב וליכא, שכבר נגמרה מניסן, ואי איכא זרעא אפילה אין זה בכיר, אלא אפיל. ואימא אדר, דאיכא זרעא הרפא המתבכר מאדר. רוב אביב, שיהו רוב תבואות מתבכרות בו. שיש בו אסיפה, שמכניסין בו פירות לבית מפני הגשמים, וכל הקיץ הן עשויות גדישין לייבש. אין מעברין, אין מעיינין בצרכי ציבור לרודיע לגולה שעיברו ב"ד את השנה, שלא ישתכח הדבר עד אדר הבא. אין מעברין אלא אדר, אין מוסיפין חודש על השנה אלא אדר, דכתיב שמור את חדש האביב, חדש הסמוך עבר, שיבוא אביב בזמנו. הפסקת עיבורין, שכיון שקדשו את החדש לשם ניסן פסקה שנה שעברה מלהיות מעוברת עוד שאין רשאין לעשות ניסן אדר, שכבר נכנסה שנה אחרת לענין עיבור. בהפסקה לא קא מיירי, בראשי שנים דהפסקה לא קא מיירי. חדש בחדשו לחדשי, חדשי יתירא לדרשא. יפה יפה, בלב שלם. ותנא דידן, דלא תנייה במתני'. כיון דקתני אם הביא יצא לא פסיקא ליה מילתא דליחשבה בראשי שנים. אלא באחד באדר, אבל בבציר מהכי לא אמרינן עלתה לו שנה ודר בה שנה שלימה,

„ה׳ אלהיך״, אלו צדקות ומעשרות ובכור. (שם) „מעמך״, זה לקט שכחה ופאה (שם) „והיה בך חטא״ ולא בקרבנך חטא. (ו.) ת״ר. (דברים כג) „מוצא שפתיך״ זו מצות עשה. „תשמור״ זו מצות לא תעשה. „ועשית״ אזהרה לב״ד שיעשוך. „כאשר נדרת״, זה נדר. „לה׳ אלהיך״ אלו חטאות ואשמות, עולות ושלמים. „נדבה״ כמשמעו. „אשר דברת״ אלו קדשי בדק הבית. „בפיך״ זו צדקה. אמר רבא, וצדקה מיחייב עלה לאלתר. מ״ט? דהא קיימי עניים. פשיטא! מהו דתימא כיון דבעניינא דקרבנות כתיבא, עד דעברי עליה ג׳ רגלים כקרבנות, קמ״ל, התם הוא דתלנהו רחמנא ברגלים, אבל הכא לא, דהא שכיחי עניים. (ו:) ואמר רבא, כיון שעברו עליו ג׳ רגלים, בכל יום ויום עובר בבל תאחר. מיתיבי, אחד בכור ואחד כל הקדשים, כיון שעברו עליהם שנה בלא רגלים, רגלים בלא שנה, עובר בבל תאחר! והאי מאי תיובתיה? אמר רב כהנא, מאן דקא מותיב, שפיר קא מותיב: מכדי תנא אלאוי קא מהדר, ליתני בכל יום ויום עובר בבל תאחר? ואידך, תנא למקבעיה בלאו קא מהדר, בלאוי יתירי לא קא מהדר. בשלמא רגלים בלא שנה משכחת לה. אלא שנה בלא רגלים, היכי משכחת לה? הניחא למאן דאית ליה כסדרן, משכחת לה, אלא למאן דלית ליה כסדרן היכי משכחת לה? בשלמא לרבי משכחת לה בשנה מעוברת, **דאקדישה בתר חג המצות**; דכי מטא שילהי אדר בתראה, שנה מלא, רגלים לא מלו, אלא לרבנן היכי משכחת לה? כדתני רב שמעיה: עצרת, פעמים חמשה פעמים ששה, פעמים שבעה, הא כיצד? שניהן מלאין, חמשה. שניהן חסרין, שבעה. אחד מלא ואחד חסר, ששה. בעי ר׳ זירא, יורש מהו בבל תאחר? (דברים כג) „כי תדור נדר״ אמר רחמנא והא לא נדר, או דילמא (שם יג) „ובאת שמה והבאתם שמה״ והא מחייב! ת״ש, דתני רבי חייא (שם כג) „מעמך״, פרט ליורש, והאי „מעמך״ מיבעי ליה, זה לקט שכחה ופאה? קרי ביה עמך, וקרי ביה מעמך. בעי רבי זירא, אשה מה היא בבל תאחר? כי אמרינן, הא לא מיחייבה בראיה, **או דילמא הא איתה בשמחה?**

ר ש״י

למעלה במקרא, נדרוש ביה לאתויי צדקות ומעשרות שכתוב בהן שם זה: ולך תהיה צדקה לפני ה׳ אלהיך ואכלת לפני ה׳ אלהיך מעשר דגנך. מעמך זה לקט שכחה ופאה. שהן חלקו של עני דכתיב ביה את העני עמך. ולא בקרבנך חטא, אין הקרבן נפסל בכך. מוצא שפתיך זו מצות עשה, דמכתמא הכי אמר קרא: מוצא שפתיך קיים. השמור זו מצות לא תעשה, שלא תאחר, כדר׳ אבין א״ר אילעאי כל מקום שנאמר השמר פן ואל כו׳. ועשית, על כרחך, מכאן אזהרה לב״ד לכופו. לה׳ אלהיך, קרא יתירא הוא לדרשא, לרבות דבר שבחובה. בפיך זו צדקה, קרא יתירא דריש. יקריב אותו, קרא יתירא הוא, דהא כתיב ברישיה יקריבנו. שנה בלא רגלים, לקמיה מפרש. למקבעיה בלאו קא מהדר, להודיעך כל צידי זמן ההחלת בל תאחר שבו. אלאוי יתירי לא מהדר, להודיעך לאוין הרבים שבו. הניחא למאן דבעי כסדרן משכחת לה, דעברה שנה ולא עברו רגלים כסדרן, ולמהדך דכיון דעברה שנה, אע״פ שלא עברו רגלים כסדרן, רייב, ומבי לה כר״ש בהדא ופליג עליה בחדא. בשלמא לרבי, דאמר דרש העיבור אינו מן השנה חוץ מי״א יום שנשנת החמה יתירא על הלבנה, משכחת לה בשנה מעוברת. בתר חג המצות, בתוך הרגל, ואית דאמרי לאחר הרגל ושלהי אדר בתרא לאו דוקא, אלא לאחר יציאת אדר קאמר. שנה מלא, ג׳ מאות וששים וחמשה ימים. פעמי׳ ששה, שהוא ששה בסיון יום חמשים לעומר. שניהם מלאים, ניסן ואייר, הרי ט״ו ימים מניסן ול׳ דאייר מלא להו חמשים בחמשה בסיון. אחד מלא כו׳, ומשכחת לה שנה בלא רגלים, כגון שניהם מלאים, ואירע עצרת בה׳ בסיון, והקדישה למחרת בו׳ בסיון, ולשנה הבאה היו שניהן חסרים, ואירע עצרת בז׳ בסיון, והשנה מלא׳ ביום ו׳ בסיון משהקדישה, ועדיין לא עבר עצרת עליו. יורש מהו בבל תאחר, על נדר אביו. קרי ביה עמך ומעמך, ודריש בה תרתי: דעמך משמע ליה חלקו של עני ומ׳ יתירא למעוטי יורש. מי אמרינן הא לא מיחייבה בראיה, דכתיב כל זכורך, וכיון דלא מיחייבה למיכק

לרגלים. נפקא מינה, לנודר. למיקם עליה בבל תאחר, ורבי שמעון היא, דאמר ג׳ רגלים כסדרן וחג המצות תחילה. ת״ר, חייבי הדמין והערכין והחרמין וההקדישות חטאות ואשמות עולות ושלמים, צדקות ומעשרות, בכור ומעשר ופסח, (ד:) לקט שכחה ופאה, כיון שעברו עליהן שלשה רגלים, עובר בבל תאחר; ר״ש אומר שלשה רגלים כסדרן, וחג המצות תחילה. ר״מ אומר, כיון שעבר עליהן רגל אחד עובר בבל תאחר. ר׳ אליעזר בן יעקב אומר, כיון שעברו עליהן שני רגלים, עובר בבל תאחר. ר״א בר״ש אומר, כיון שעבר עליהן חג הסוכות עובר עליהן בבל תאחר. מ״ט דת״א קמא? מכדי מינייהו סליק למה לי למהדר ומיכתב (דברים טז) „בחג המצות ובחג השבועות ובחג הסוכות?“ שמע מינה, לבל תאחר. ור״ש אומר אינו צריך לומר בחג הסוכות, שבו דיבר הכתוב, למה נאמר? לומר שזה אחרון. ור״מ מ״ט? דכתיב (שם יב) „ובאת שמה והבאתם שמה“. ור׳ אליעזר בן יעקב מאי טעמא? דכתיב (במדבר כח) „אלה תעשו לה׳ במועדיכם“ מיעוט מועדים שנים. ור׳ אלעזר בר״ש מ״ט? דתניא ר״א בר״ש אומר: לא יאמר חג הסוכות שבו דיבר הכתוב, למה נאמר? לומר שזה גורם. ור״מ ורבי אליעזר בן יעקב, האי „בחג המצות ובחג השבועות ובחג הסוכות“ מאי דרשו ביה? מיבעי להו לכדרבי אלעזר אמר ר׳ אושעיא, דאמר ר״א א״ר אושעיא: מניין לעצרת שיש לה תשלומין כל שבעה? ת״ל „בחג המצות ובחג השבועות ובחג הסוכות“ מקיש חג השבועות לחג המצות, מה חג המצות יש לו תשלומין כל שבעה, אף חג השבועות יש לו תשלומין כל שבעה. למאי הילכתא כתביה רחמנא לחג הסוכות? לאקושיה לחג המצות, (ה.) מה חג המצות טעון לינה, אף חג הסוכות טעון לינה. והתם מנלן? דכתיב (דברים טז) „ופנית בבקר והלכת לאהליך“. (ה:) מנהני מילי? דתנו רבנן (דברים כג) „כי תדור נדר“, אין לי אלא נדר, נדבה מניין? נאמר כאן נדר ונאמר להלן (ויקרא ז) „אם נדר או נדבה“, מה להלן נדבה עמו, אף כאן נדבה עמו, „לה׳ אלהיך“, אלו הדמין הערכין והחרמין וההקדישות. (דברים כג) „לא תאחר לשלמו“ הוא ולא חילופיו. (שם) „כי דרוש ידרשנו“ אלו חטאות ואשמות עולות ושלמים, (שם)

ר ש י

בחדש תנכנס באחד בניסן הוא ר״ה לרגלים. נפקא מינה, דהאי ר״ה. לענין נדר שהוא מוזהר בבל תאחר, ותלה הכתוב איחורו שלשה רגלים ואשמעינן מתני׳ שאינו עובר עד שיהא פסח ראשון לשלשתן, שאם עברו עליו שלא כסדרן אינו עובר. חייבי חרמין, אמר דמי עלי. והחרמין, חרמי גבוה. בכור ומעשר, מעשר בהמה. מכדי מינייהו סליק, כשאמר הכתוב: שלש פעמים בשנה יראה כל זכורך בחג המצות וגו׳ מהם היה עולה, כבר כתוב למעלה בענין שמור את חדש האביב: שבעה שבועות תספר לך, חג הסוכות תעשה לך. למה לי למיהדר, ולימנינהו בפרש׳ חג הסוכות? ש״מ לבל תאחר, דה״ק היו נראין לפניו לשלם נדריכם ולא תבאו ריקם. אין צ״ל חג הסוכות, אף כשחוזרין לבל תאחר לא היה צריך להזכירו שהרי הענין עסוק בו. שבו דיבר הכתוב למה נאמר לומר שזה אחרון, עד שיעבור אותם כסדר הזה. מניין לעצרת, דאילו בחג הסוכות ובחג המצות נפקא לן מוחגותם אותו חג לה׳ שבעת ימים יכול יהו חוגגין כל ז׳? ת״ל אותו, אותו אתה חוגג, ואי אתה חוגג כל ז׳; אם כן למה נאמר ז׳? לתשלומין, שאם לא חג חגיגתו בראשון, יקריבנה בשני. טעון לינה, ליל הוש״מ. ופנית בבקר, בי״ט לא קאמר קרא, שהרי הוא יום שחייבו לראות בעזרה. מנא הני מילי, דאכל הנך דתניא במתני׳ לעיל איכא בל תאחר? נדר, הרי עלי. נדבה, הרי זו. נאמר להלן נדר, ואם נדר או נדבה וגו׳. אלו חרמין והערכין כו׳, שהן קדשי בדק הבית וכולן לה׳ ואין לכהנים בהן כלום. הוא ולא חילופיו, עליו אתה עובר ולא על חילופיו. אלו חטאות ואשמות, שהן נדרשין ממך שהרי חובה הם מוטלין עליך. ועולות ושלמים, כגון עולות ראיה ושלמי חגיגה שהן חובה, דאילו דנדר ונדבה ברישא דקרא כתיבי, וה״ה נמי לבכור ולמעשר ופסח שהן חובה. ה׳ אלהיך אלו צדקות ומעשרות, דהא קרא יתירא הוא, דהוה ליה למכתב כי דרוש ידרשנו, ובכר ה׳ כתיב

באן ליציאת מצרים. וממאי דמעשה דאב קדים, דילמא מעשה דשבט קדים? לא ס"ד, דכתיב (שם) „אחרי הכותו את סיחון" וכי נח נפשיה דאהרן אכתי הוה סיחון קיים. דכתיב, (ג.) (במדבר כא) „וישמע הכנעני מלך ערד" מה שמועה שמע? שמע שמת אהרן ונסתלקו ענני כבוד וכסבור ניתנה רשות להלחם בישראל. מי דמי, התם כנען הבא סיחון? תנא, הוא סיחון, הוא ערד, הוא כנען, תניא כוותיה דר' יוחנן. מניין שאין מונין להם למלכים אלא מניסן? שנא', (מלכים א ו) „ויהי בשמונים שנה וארבע מאות שנה לצאת בני ישראל מארץ מצרים וגומר" וכתיב, (במדבר לג) „ויעל אהרן הכהן אל הר ההר על פי ה' וגומר" וכתיב „ויהי בארבעים שנה בעשתי עשר חדש" וכתיב (דברים א) „אחרי הכותו את סיחון וגומר" ואומר (במדבר כא) „וישמע הכנעני וגו'" ואומר „ויראו כל העדה כי גוע אהרן וגומר", ואומר (שם י) „ויהי בחדש הראשון בשנה השנית וגומר" ואומר (שמות מ) „ויהי בשנה השנית בחדש השני וגומר" ואומר (שם י ט) „בחדש השלישי לצאת בני ישראל וגומר" ואומר (ד"ה ב ג) „ויחל לבנות וגומר". א"ר חסדא, לא שנו אלא למלכי ישראל, אבל למלכי אומות העולם מתשרי מנינן, שנאמר, (נחמיה א) „דברי נחמיה בן חכליה ויהי בחדש כסלו שנת עשרים וגומר" וכתיב (שם ב) „ויהי בחדש ניסן שנת עשרים לארתחשסתא וגומר" מדקאי בכסליו והרי ליה שנת עשרים, וקאי בניסן וקרי ליה שנת עשרים, מכלל דר"ה לאו ניסן הוא. בשלמא היאך מפרש דלארתחשסתא, אלא האי, ממאי דלארתחשסתא? דילמא, (ג:) למנינא אחרינא הוא? אמר רב פפא, שנת עשרים שנת עשרים לגזירה שוה: מה התם לארתחשסתא, אף הכא לארתחשסתא. וממאי דמעשה דכסליו קדים, דילמא מעשה דניסן קדים? לא סלקא דעתך, דתניא, דברים שאמר חנני לנחמיה בכסליו, אמרן נחמיה למלך בניסן, שנאמר, (נחמיה א) „דברי נחמיה בן חכליה ויהי בחדש כסלו שנת עשרים ואני הייתי בשושן הבירה ויבא חנני אחד מאחי וגומר, ושעריה נצתו באש וגומר, ויהי בחדש ניסן שנת עשרים לארתחשסתא המלך יין לפניו וגומר, וייטב לפני המלך וישלחני ואתנה לו זמן". מתיב רב יוסף, (חגי ב) „ביום עשרים וארבעה לחדש בששי בשנת שתים לדריוש" וכתיב, (שם) „בשביעי בעשרים ואחד לחדש" ואם איתא, בשביעי בשנת שלישית מיבעי ליה? אמר רבי אבהו כורש מלך כשר היה לפיכך מנו לו כמלכי ישראל. מתקיף לה רב יוסף, חדא דא"כ קשו קראי אהדדי! דכתיב (עזרא ו) „ושיציא ביתא דנא עד יום תלתא לירח אדר די היא שנת שית למלכות דריוש מלכא" ותניא, באותו זמן לשנה הבאה עלה עזרא מבבל וגלותו עמו, וכתיב, (שם ז) „ויבא ירושלים בחדש החמישי היא שנת השביעית למלך" ואם איתא, שנת השמינית מיבעי ליה? ועוד, מי דמי, התם כורש הכא דריוש? קשיא. (ד.) ולרגלים, רגלים באחד בניסן הוא, בט"ו בניסן הוא? אמר רב חסדא, רגל, שבו ראש השנה

רש"י

לא: ר"ה דאי תשרי ר"ה הוה ליה בשבט שנת מ"א. דילמא לתקמת המשכן, שהית בשנה השנית. דילמא מעשה דשבט קדים, ובתשרי שלפניו נכנסה שנת ארבעים. אחרי הכותו את סיחון, נאמר במשנה תורה. תניא כוותיה דר' יוחנן, בכולי קראי דאייתי לעיל. ויבא חנני, מירושלים בא שבבר עלו בני הגולה מימות כורש והיו שם בימיו ובימי אחשורוש וארתחשסתא, זהו דריוש שאחר אחשורוש, שנבנה הבית בשנת שתים לדריוש, והרבה נשארו בבבל, ונחמית בן חכליה היה שר המשקים למלך בשושן הבירה. בששי בשנת שתים, שניהם בנבואות חגי; נבדק במקרא ולא נמצא כתוב בפסוק שני בשנת שתים אך י"ל שלפסוק של מעלה הימנו קאי שכתוב בו בשנת שתים. הדא, דאם מנינן מניסן קשו קראי אהדדי. באותו זמן לשנה הבאה, ע"כ שביעית היא לו ממה נפשך, וכתיב בעזרא ויבא ירושלים בחדש החמישי היא שנת השביעית למלך, ואי מנו לו מניסן שמינית היא. ועוד, אנן בדריוש קיימינן ואת אמרת כורש מלך כשר היה. רגל שבו ר"ה לרגלים, רגל שהוא

ארבעה ראשי שנים הם: באחד בניסן, ר"ה למלכים ולרגלים. באחד באלול ר"ה למעשר בהמה; ר"א ור"ש אומרים, באחד בתשרי. באחד בתשרי, ר"ה לשנים ולשמיטין וליובלות לנטיעה ולירקות. באחד בשבט, ר"ה לאילן, כדברי ב"ש. ב"ה אומרים, בחמשה עשר בו. גמ' למלכים, למאי הילכתא. אמר רב חסדא לשטרות. תנו רבנן מלך שעמד בעשרים ותשעה באדר, כיון שהגיע אחד בניסן עלתה לו שנה; ואם לא עמד אלא באחד בניסן, אין מונין לו שנה, עד שיגיע ניסן אחר, (ב:) וקמ"ל דניסן ר"ה למלכים. ויום אחד בשנה חשוב שנה. ואם לא עמד אלא באחד בניסן, אין מונין לו שנה עד שיגיע ניסן אחר ואע"ג דאימנו עליה מאדר, מהו דתימא נימנו ליה תרתין שנין, קמ"ל ת"ר, מת באדר ועמד אחר תחתיו באדר, מונין שנה לזה ולזה; מת בניסן ועמד אחר תחתיו בניסן, מונין שנה לזה ולזה; מת באדר ועמד אחר תחתיו בניסן, מונין ראשונה לראשון, ושניה לשני. א"ר יוחנן. מנין למלכים שאין מונין להם אלא מניסן? שנאמר, (מלכים א ו) „ויהי בשמונים שנה וארבע מאות שנה לצאת בני ישראל מארץ מצרים בשנה הרביעית בחודש זיו הוא החדש השני למלך שלמה על ישראל" מקיש מלכות שלמה ליציאת מצרים. מה יציאת מצרים מניסן, אף מלכות שלמה מניסן. ויציאת מצרים גופה מנלן דמניסן מנינן. דילמא מתשרי מנינן? לא סלקא דעתך, דכתיב (במדבר לג) „ויעל אהרן הכהן אל הר ההר על פי ה' וימת שם בשנת הארבעים לצאת בני ישראל מארץ מצרים בחדש החמישי באחד לחדש" וכתיב (דברים א) „ויהי בארבעים שנה בעשתי עשר חדש באחד לחדש דבר משה וגומר" מדקאי באב וקרי לה שנת ארבעים, וקאי בשבט וקרי לה שנת ארבעים, מכלל דר"ה לאו תשרי הוא. בשלמא היאך, מפרש דליציאת מצרים, אלא האי, ממאי דליציאת מצרים דילמא להקמת המשכן? שנת ארבעים לגזרה שוה, מה כאן ליציאת מצרים, אף

רש"י

למלכים, רגילים היו למנות זמן שטרותיהם לשנות המלך משנה שעמד בה המלך כדאמרי' במסכת גיטין משום שלום מלכות, וקבעו חכמים אחד בניסן לתחלת שנתו ואפי' עמד בשבט או באדר כלתה שנתו משהגיע ניסן ויתחילו למנות לו שנת שנייה. למעשר בהמה, שאין מעשרין מן הנולדים בשנה זו על הנולדי' בחבירתה. לשמיטין וליובלות, משנכנס תשרי אסור לחרוש ולזרוע מן התורה. לנטיעה, למנין שני ערלה ואפי' נטעה באב כלתה שנתה הראשונה לסוף אלול ובכולהו מפרש טעמא בגמ'. לירקות, למעשר ירק שאין תורמין ומעשרין מן הנלקט לפני ר"ה על של אחר ר"ה. לאילן, לענין מעשר, שאין מעשרין פירות האילן שחנטו קודם שבט על שחנטו לאחר שבט, שבאילן הולך אחר חנטה. גמ' למאי הילכתא, כלומר למה הוקבע יום מיוחד למנין המלכים? אימא שכל מלך ומלך תתחיל שנתו מיום שעמד בו. לשטרות, להבחין איזה שטר חוב מוקדם למלוה ואיזה מאוחר. עלתה לו שנה, כלומר כלתה לו שנתו ומעתה מונין לו שנה שנייה. דאימנו עליה, נמנו וגמרו השרים למנותו. לזה ולזה, הבא לכתוב שטר באדר לאחר שעמד השני, אם רצה לכתוב בשנת פלוני למלך שמת כותב, ואם רצה כותב בשנה ראשונה למלך פלוני שעמד. מת בניסן ועמד אחר תחתיו בניסן, והוא הדין אם עמד באחד מכל החדשים שעד ניסן הבא, ורוצה למנות בכל השטרות שיכתבו משעמד השני למנין שנות הראשון מונה, והרוצה כותב בשנה ראשונה למלך שעמד. ושנייה לשני, הבא לכתוב משעמד זה לא ימנה שנה שנייה למלך שמת, שאין שנה זו שלו ולא ימנה את הראשונה לשני, לקרות שנה שעמד בה שנייה, אלא שנייה זו ראשונה לשני. בחדש זיו, הוא אייר כדמפרש קרא הוא החדש השני ואמרינן לקמן ניסן ר"ה להדר מנין החדשים. למלך שלמה על ישראל, אשנה רביעית קאי, ומקרא מסורס הוא: בשנה רביעית למלך שלמה על ישראל בחדש זיו הוא החדש השני. מקיש מלכות שלמה, לענין מנין השנים ליציאת מצרים שהרי המקרא הזה מנה שנה זו שנת ד' מאות ושמונים ליציאת מצרים ובשנת ארבעה למלוך שלמה. מה יציאת מצרים, מנין השניה שמונין לה מתחילין מניסן אף מלכות שלמה מניסן. אימא מתשרי, אע"פ שיצאו בניסן משהגיע תשרי קראו לו שנה שנייה, לפי שתשרי ר"ה לשנים הנמנים לבריאת עולם והוא הדין ליציאת מצרים. ויהי בארבעים שנה הואיל משה באר את התורה, מכלל דתשרי

כמוהו ולא לתקן את המנהג מן ההלכה *) בעת ששנית משנה זו מצאה ארבעה ראשי שנים, בארבעה חדשים. ותבא היא ותלמד להשות את המנהג הזה בכל מקום ותגבל את היום מהחודש, להראשון בו. וצורת המשנה כאשר היתה טרם שם רבי אותה בסדרו: ארבעה ראשי שנים הן: באחד בניסן, באחד באלול, באחד בתשרי, ובאחד בשבט. שלא היה להם כל צורך לפרש, מפני המנהג שהיה ידוע לכל ישראל, ואף רבי המסדר את המשנה שבימיו לא היו עוד מלכי ישראל וגם כבר נתרופף המעשר והתרומה, מפני שהכהנים הלוים לא שרתו עוד בבהמ״ק וממשלתם הוסרה מידם והזה לבית דוד, הוסיף בביאור המשנה, למלכים, למעשר בהמה וגם את דעת ר״א ור״ש שאין עוד צורך למקצת החרדים הנוהגים עוד לעשר את בהמתם ואת תבואתם בחודש אלול כי אין חשש אם גם יתערבו בשנה הבאה, ועל כן תעשרנה בשנה הכללית שהיא תשרי, לרמז כי כן היא גם דעתו; (וכן הוסף כדברי ב״ש וב״ה, אולי מפני שבימיו נתאחרה החנטה והוא עצמו היה מבית הלל.)

3) מן המשנה בארבעה פרקים העולם נדון נראה, שכבר בימי המשנה היה יום ראש השנה כיום תשובה, ויען שעקר התשובה היא שעבוד הלב לאב נו שבשמים והתפלה על כליחת החטאים, בא רבי במשנתו (בפרק ראוהו ב״ד) והיה כאשר ירים משה ידו וכו׳ ללמד כי רק ההסתכלות כלפי מעלה ושעבוד הלב לשמים, ידרש בימי התשובה שהוא מן ר״ה עד יום הסליחה „יוהכ״פ.“ אך לא ידעה עוד מהספרים הנפתחים בר״ה שהמציאו האחרונים, והמלה „נדון“ יש להבינה כמו שאמרו בני בתירא לריב״ז (לקמן בגמרא) נידון ואח״כ נתקע, והראיה מן הכתוב היוצר יחד לבם המבין על כל מעשיהם תתאים לזה, כי ההסתכלות כלפי מעלה גורמת פשפוש המעשים שנעשו למטה.**)

4) אחרי שסדר רבינו את מנין ראשי השנים, את תכלית יום הזכרון, דיני תקיעת ושמיעת שופר בקיצור נמרץ וכן את המנהג שהיה במקדש בשופר שהיה פיו מצופה זהב ושאין שום צורך בהכנה לתקיעת שופר כ״א העובר אחורי בהכנ״ס ושמע קול שופר עשה את חובתו, וגם מנהג אמירת הפסוקים של מלכיות זכרונות שופרות לפני התקיעות בקיצור נמרץ, אחרי שכבר הקרים להן את עקר הדבר מהסתכלות כלפי מעלה ושעבוד הלב, האריך מאד בכל המשניות הנוגעות בענין ראיית הלבנה, שאף למנין חדשיה ימנו בנ״י, עדי הראיה, צורת הטבלות שהיו לר״ג, והקבלות שהיו לו מאבותיו, כלומר החשבון האמתי, שעל פיהם קבל את העדים, ואת התקנות שהתקין ר׳ יוחנן בן זכאי שבזה השמיע שיש כח ורשות לגדול הדור להתקין דבר גם אם אינו כתוב בתורה, ואם גם יראה כגורע או מוסיף על דבריה, ושאך ביד הב״ד הגדול הרשות לתקן המועדים והחגים ולא לב״ד אחר ולאנשים פרטים אף שיהיו מגדולי העם, מפני שצריכה היתה אז האריכות הזאת, כי בימיו החלו כבר בני גולה להתאונן ויחפצו להסיר מהם את עול הנשיאות ולתקן המועדים לעצמם עפ״י חשבון חדשי הלבנה. ועל כן האריך לספר מה שקרה לזקנו ר׳ גמליאל עם ר׳ דוסא בן הרכינס ועם ר׳ יהושע שגם המה החליטו ואמרו שאין לנו אלא מעשה בית דין שבימינו והוא חשוב כמעשה משה רבינו בעצמו אף על פי שנראה לעין כל שטעה או שגה. זו היא כל המסכתא כולה, שמכונת צאות רבות להיסתורית ימי קדם. זיל גמור!

*) כל החפץ לדעת את הראיות הנצחות שאין עליהם תשובה לאלו הדברים, יעיין נא בחוברתנו ברקאי מצד 20 והלאה בהערתנו בשולי הגליון; ובמורה נבוכי הזמן שער י״ג ד״ה: „צורת ההלכה“ ויקראנו עד תומו.

**) מאמרו של ר׳ כרוספדאי בשם ר״י, שג׳ ספרים נפתחין מקורו מן הברייתא ג׳ ספרים נפתחים ליום הדין אבל שם הכונה ביום תחיית המתים כפרושו של רש״י (ראה צד 17 בפנים ובאריכות בגמרות הישנות במקום הזה) ואשר אמרו משום ר׳ יוחנן אין לדרוש כי כן דרכם היתה לתלות באילן גדול דבר אשר רצונם היה שיתקבל, ור׳ יוחנן התיר זאת ולכן תלו בו. ודי למשכיל.

מסדרי התלמוד ישתמשו במבטא כזה על אדם גדול וקדוש להם כרב אשי ומר בנו. וכן בטוים לא נאים על שארי חכמים וגם על האבות והנביאים וכו׳ וכו׳ מה גם שאם אמנם לא היו המסדרים האחרונים חכמים כרב אשי וחבריו הלא היו בעלי צורה ובעלי דרך ארץ ולא פיהם יוציא מלין כאלה.— אך התגנבו בתוכו מאנשי דלא מעלי—ואולם חתימת התלמוד לא הועילה וחפצם לא נעשה, כי הרבנן סבוראי שהיו אחריהם וגם הגאונים הכניסו בתלמוד דברים רבים מדעתם והוסיפו עליו בכל דור וזמן.

חכמי הגמרא, שלמען תתגדל ותתקדש המשנה ושכל העם יראו שהיא תלויה רק בתורת משה, שמו כל מעינם בה רק להלכה, ולכן דקדקו לא לבד בלשונה, כי גם באותיותיה ודרשו גם מהם מיעוטין וריבוין כבתורת משה והנביאים ובראותם כי אינה מתאמת עם ההלכה בימיהם, דחקו ולחצו אותה בשנוים רבים באמור למעלה, כאשר כן עשו התנאים עם הכתובים בתנ״ך וכל זה הוכרחו לעשות מפני המנגדים הרבים של הכתות השונות נגד התורה המסורה שלא הודו רק בתורה הכתובה, שמפני זה שאלו חכמי הגמרא על כל דבר שאינו מפורש במקרא, מנלן? וגם התמיה פשיטא! אם דבר זה כתוב מפורש, או כי פשוטו המקרא אינו סובל פירוש אחר מאשר השמיעה המשנה. ועל דברים שבמנהג העבר יסורם ולא יוכלו להועיל לההוה ולעתיד, שאלו „למאי הלכתא"?

עד כא תולדתן בקיצור; ועתה נבאר מטרת ותוכנה של המש׳ הזאת שאנו עסוקים בה:

חסר הוא בתורת משה, הנביאים והכתובים, עקר גדול שממנו יכולנו לדעת את סדר העולם ודברי הימים, והוא מנין השנים, אשר מבלעדו לא נוכל למצוא ידינו ורגלנו, שלא נאמר מאיזה עת וזמן, או באיזה חודש ויום מנו הקדמונים את מנין שנתם. אמנם כתוב מפורש: החודש הזה לכם ראש חדשים, ראשון הוא לכם לחדשי השנה (שמות יב, ד.) שלפי עומק פשוטו מצוה המחוקק: כי לא לבד שהחודש ניסן יהיה ראשון במעלה, כ״א גם ממנו תתחיל ענין השנה, אבל גם כתוב אחר לפנינו הנראה לכאורה כסותר אותו, והוא „וחג האסיף בצאת השנה" (שם כג, כח) שאם לא נבאר מלות בצאת השנה" במובן „במשך השנה" יובן עפ״י עומק הפשט החג של אוסף התבואה בגמר השנה שהיינו חודש אלול. ויען כי קשה היא לפנינו לבא על כונת הכתובים נפן על המנשה הידוע לנו מההיסתוריה וגראה, כי מניסן מנו המלכים את שנתם, לא לבד מלכי המצרים כ״א גם מלכי ישראל כשלמה והלאה; ולעומת זה נדע כי כל מלכי המזרח הארמענים והכשדים מנו אז את שנתם מחודש סעפטעמבר שהוא תשרי. ואם אמנם לא נדע איככה התנהגו בני ישראל ברשתם את ארץ כנען אם מנו את שנתם כהעם אשר יצא ממנו, או כי כהעם אשר ירש את מקומו, הנה ברור הוא: כי בזמן המשנה הקדומה, במלות אחרות, בימי הבית השני, מנו את שנתם הכוללת מתשרי; אבל יתכן עם כל זה כי מלכי הבית השני מנו את שנתם מניסן כהמלכים הקודמים (ואולי חשו גם להנכפל במקרא שתי פעמים „לכם ראש חדשים, ראשון הוא לכם" להזהיר שלא תעשו כמעשה הגוים שאתם באים שכיה המונים את שנתם מתשרי) ובכל השטרות שנם בני ישראל נקבו בם את שנת מלכיהם כאשר כן היה המנהג אצל כל העמים, היתה איפוא התחלת השנה מניסן. התרומות והמעשרות בזמן הבית השני שברוב שנותיה היתה תחת ממשלת הכהנים ונשמרו בכל תוקף, הפרישו בצאת השנה (למנינה הכללית לא לשנת המלכים) להתרחק מן המחלוקות וערבוביא של התבואות משנה לשנה והוא בחודש אלול. ואף מעשר פירות האילן אחרו עד חודש שבט ר״ל תיכף אחרי החנטה של האילנות ג״כ כדי שלא לערב פירות שנה זו עם שנה הבאה, ולא לתת יד להכהנים הלוים לשלוט במעשי ידם.

ב) המשנה הקדומה שכן היתה דרכה לדבר תמיד מן המנהג ולתקן ההלכה

לתור ולדרוש אחריהם בבתי מדרשים וישיבות שהיו חוץ למקום ממשלתו. הקיפו עליו כתרנגולי של בית בוקיא והסתירו אותן ממנו ורבות נסדרו גם במקום ממשלתו בחשאי אשר נתפרסמו רק אחרי מותו, אך תלמידי רבי הסירו מהם את השם „משנה" שהוראתה שנית במעלה אחרי תורת משה ויכנון בשם תוספתות שר"ל שנתוספו אח"כ, או כי שהנה רק נוספות ולא מן העקריות וגם ברייתות שר"ל שתחשבנה רק לחיצוניות שנשנו חוץ מן כותלי בית המדרש ולצדדיות ולא לפנימיות ולעקריות, אבל גם בשם הזה נפזרו מיד אחרי מותו בכל העולם וכמעט שהחשיכו זהרה של משנהו של רבי, ולוא לא נתאספו תלמידיו להחזיק ישיבות גדולות להצדיק את משנתו של רבי, כי עתה כמעט לא היתה לה תקומה בין התוספתות ובריתות הרבות שהיו מבליעות אותה ולא נודע כי באה אל קרבנה, שלכן היה כל עסקן של הישיבות במערב ובמזרח, בישיבתן של רב ושמואל בבבל. ור" ינאי ור" יוחנן בפלשתנא, לעסוק ולהנות במשנתו של רבי לתרץ אותה במקום שיש עליה חולקין בתוספתא ובריתות שקראום ע"ש ר' חייא ור' אושעא שהיו חביבות בעיני העם; ופעמים רבות קצצו את לשונה והוסיפו עליה בחסורי מחסרא שקבעו בה דעת ולשון הברייתא, או כי אמרו „אימא הכי" ר"ל ההיפוך מן הכתוב במשנה וקראו כאלו כתובה במשנה, למען תתאים או עם התוספתא המתנגדת לה, או עם המנהג שנשתנה וקבל צורה אחרת מאשר היה לו בזמן רבי, ובמקום שלא היה להם ברירה אחרת הוסיפו גם משנה שלימה כצורתה וכלשונה וסדרוה בתוך משנתו.

ח) החכמים שנזכרו בתוך משנתו של רבי או בתוך התוספתות והברייתות נקראו בשם „תנאים", ביחיד „תנא" שהוראתו „מורה", „מלמד" Professor.

ט) לימודיהם של הישיבות במשך שנות מאות שנים אות; רשמו התלמידים לעצמם ונעתקו אח"כ מיד ליד, נקראו בשם גמרא, מן השם גמר וסוף, כי השתדלו לגמור ולהשוות את דברי המשנה והברייתא ועפ"י רוב גם לגמור את ההלכה כזה או כזה, (אם כי לא למעשה כי ע"ז הזהיר רבי יוחנן שלא יתנהגו כההלכה הכתובה עד שיאמר בה מפורש כן תעשו), וחכמי הגמרא נקראים בשם אמוראים, ביחיד „אמורא" שהוא „מתורגמן", מפרש ומבאר לעם את הדברים שאינו מבין לבדו. ויען כי הנהו רק מפרש ומבאר, אין לו רשות לחלוק על התנא מן המשנה או הברייתא. אם לא שיש לו תנא אחר הסובר כמותו שאז יוכל להתנצל ולומר, כי דעת התנא ההוא ישרה בעיני יותר מדעת התנא הזה. ורבינא ורב אשי שהיו במאה החמישית, למספר הנהוג, המאה השלישית להאמוראים, החלו לסדר את הגמרא במהדורא קמא ולא עלתה בידם היטב ונצרכו לסדר אותה במהדורא תנינא, אבל בתוך כך נאספו אל עמם והכתבים נתגלגלו מיד ליד עד שקם במאה הששי רבנא יוסי ראש ישיבה האחרונה מהאמוראים בפומבדיהא ויער את לבב חבריו לקבץ את כל הכתבים ולחתום אותם שלא יהיו רשאים להוסיף עליהם, כי ירא היה פן יאבדו הכתבים מן העולם או כי האחרונים יוסיפו עליהם ויעשו בם כרצונם, ובדעתו כי לב המלכות ממות פירוז רשעא לא טוב לבית ישראל וישיבתו היא האחרונה להאמוראים, קבץ בחפזון גדול את כל הכתבים סדרם ויחתמם. וההפזון הזה גרם כי נסדרו מאמרים רבים מאד שלא במקומם הראוי, שנשנו דברים רבים פעמים רבות בלי שנוי לשון ובשנוי ותוספות, וגם מאמרים רבים התגנבו בם ממגדי התלמוד ומנגדיו, מפני שלא היתה להם עת ראויה לבקר את כל המאמרים, (כי אך שבע עשרה שנה מלך רבנא יוסי בישיבתו) ומאמרים רבים הכניסו אויבי התלמוד בזדון למען יאבד התלמוד את ערכו בעיני העמים. שכן התגנב המובטא: „הא דרב אשי בדותא היא" כעשר פעמים בתוך התלמוד מה שלא נוכל להאמין כי

מבוא קצר

להתלמוד בבלי, ולמס׳ ראש השנה בפרט.

יען כי עלה הגורל על המסכתא הזאת כי תעלה בדפוס ראשונה, נחשוב לחובה לתת לה מבוא קצר שבו יכנס הקורא המתחיל — הארוך, יבא אי״ה במקומו — והיה אם ימצאו הקוראים, כי דרכנו במבוא הזה אינה דרך כבושה מאשר קדמנו, ידעו כי דרך חדשה היא, אשר תבוטל בהתנגדות רבים, בלא ויכוחים, שאם אמנם יש לנו על מה לסמוך לא נאמר קבלו דעתנו; כי רק דנים אנחנו אבל לא נאמר: „בן יקום" וע״כ חדלנו פה להראות המקורים שמהם שאבנו את דברנו נגד דרכנו בכל אשר חברנו עד כה; ואחרי ההקדמה הקטנה הזאת, נאמר:

א) המשניות שלפנינו ברובן קדומות הנה מאד, כי השומעי לקח בבתי מדרש והחכמה, שהיו נהוגים בישראל עוד מימות יהושפט מלך יהודה, רשמו את דברי החכמים לעצמם, להיות תלמודם רגיל בפיהם, בשפת קצרה וברובם בלשון ששמעום, אך לפעמים הוסיפו עליהם כעין ביאור ופירוש מן הצד, וברבות הימים פרצו המשניות למעלה עד כי עלה מספרם לדעת רבים עד שש מאות סדרים.

ב) תוכן המשניות הקדומות היה המנהג שהיה נוהג בימיהם אצל ראשי העם ומנהיגיו, בין בדברים הנקראים בין אדם למקום במצות שבת, תפלה וק״ש, ט מאות וטהרות ומאכלות אסורות, ובין הדברים שבין אדם לחברו כדיני נשים ועבדים, ודיני ממונות וגם דיני נפשות, שבבתי המדרש היו עסוקים בהם לעשות את המנהג קבע בכל מקום שבני ישראל נמצאים.

ג) ברבות הימים שהחלו להעתיק את המשניות איש מרעהו ובנים ירשום מאבותם והוסיפו עליהם וגרעו מהם, קם רבינו יהודא הנשיא הנקרא עפ״י רוב בשם „רבי" סתם, ויחל לקבץ כל המשניות אל ישיבתו ומהם ברר ובחר וסדר אותם לששה סדרים מיוחדים אשר קרה להם שמות לפי ענינם: זרעים, מועד, נשים, נזקין, קדשים, טהרות; ויקדשם לבית ישראל.

ד) בין המשניות אשר ברר רבי נמצאות אלה שלא שנה את שפתן ונתנן לפנינו בלשונן הקדום, אך גם ישנן בהן שהוסיף עליהן וישנן גם אלה שפירש אותן בקצרה ר״ל שהכנים איזה מלות מבארים את הענין בתוך המשנה עצמה כעין מאמר המוסגר, אבל יש בהן גם אלה אשר שנה את לשונן וטעמן מפני שבימיו כבר נשתנה המנהג וקבל צורה אחרת.

ה) הדברים אשר רצה רבי כי יקובלו להלכה באין פוצה פה, שנאן סתם ולא פירש שם האומרם, אך על רבות מהם שלא היה בכחו להכריע את ההלכה, או כי אלה שהיו כבר מפורסמים בעם עם שם האומרם, סדר אותם בשם אומרם ויקרא בשם גם את דעת המנגדים להם, בלא כל הכרעה, אבל ישנן גם אלה אשר אמרם בשם אחרים או יש אומרים, מאשר לא רצה לקרא עליהם שם האומרם כטעמים ידועים.

ו) לא בהסכמת רוב החכמים סדר רבי את משנתו ואדרבה רבים ערערו עליו ויסדרו משניות לעצמן בחשאי שלא היו מתאימות עם משנתו, אבל רבי בכחו הגדול אצל הרשות, בנשיאתו שהנהיג ברמה, ובנכסיו הרבים, כפה את כל מנגדיו שלא ירימו ראש נגדו ושתקובל משנתו לעיני כל ישראל כהתורה הנתנה מסיני; ותלמידיו הגדולים כאשר ראו כי כונתו לשם שמים להמעיט המחלוקות בישראל, החזו החזיקו בידו ותורתו נתקבלה.

ז) משניות רבות בער רבי מן העולם אבל לא היה בכחו להשיג כולן, וההלכ

עמנו ותורתו יקר לכבם, בכל מקום שהם, להיות לעזר ולסעד להמחבר המשכיל הזה, לאמץ זרועותיו, להתמכו ולחזקו, למען יוכל להוציא את מחשבתו לפועל ולתת ברכה לבית ישראל בתורתו הישנה אשר כל דברי חפץ טמונים בה.

והיו הדברים האלה אשר דברתי למען האמת והצדק, לאות ולנס לדור אחרון כי גם בביאת תשע־העשרה לא אלמן היה ישראל ממוקירי תורת ח זל ומתומכי ידי הכמים וסופרים העוסקים להגדיל תורה ולהאדירה. ומובטחני, שכל תלמיד הגון אשר תצמא נפשו לשאוב מים ממעיני החכמה הקדומה ימצא די „בהתלמוד הקצר״ הזה לרות נפשו השוקקה. ויהי נועם ה׳ עליו ועל כל תומכיו ועוזריו בעתירה.

בנימין סאלד.

רב ומורה לעדת אוהב שלום בעיר באלטימארע.

Dr. Benjamin Szold.

מכתב הרה״ג החכם הנודע בשערים לשם ולתהלה הר״ר קויפמאן קאהלער, רב לעדת בית אל בנויארק.

New York, Feb. 12, 1895.

אדון נכבד!

בכל לבבי ובכל נפשי הנני מסכים לדעת הפרופיסור לאצארוס והרבנים הדוקטורים יאסטראוו ומילציגער בשבח הוצאת התלמוד אשר הוא אומר להדפיס. גם אני אחשב למשגב, כי בהוציאו לאור את התלמוד הקצר, שנשמטו נשמטו כל המאמרים המוסגרים אשר יבלבלו דעת הקורא, ואשר יבואו בו כמנע ההפסק כדי להקל על המעיין, אז יתענג הקורא גם על המקומות הקשים ולא יהיו לו עוד למשא, ומזה תצא טובה רבה לתלמידי חכמים, בין שהם בני ברית, ובין שאינם בני ברית, אשר על כן חפצי להיות מליץ טוב בעד המפעל הזה, למען יתמכוהו חובבי ספרות העברית, אשר אך מעטים ישחרו מכבסם בעדה.

דר. ק. קאהלער.

אל מ. ל. ראדקינסאן.

מכתב הרה״ג החכם המפורסם הר״ר ב. דר. פעלזענטהאל.

Chicago, Feb. 14, 1895.

אדון נכבד!

איש לא יכחד כי התלמוד בצורתו הנוכחית כמו שנמסר לנו ע״י מסדריו, גדול הוא מאד בכמותו, ועוד זאת כי ע״י עומק הפלפול אשר בו והערבוביא מחמת חוסר הסדרים, לא יוכל איש לדעת אותו על בוריו, חוץ מתלמידי חכמים אשר שמו לילות בימים ויקדישו את כל הייהם אך לעלות בסנכן זה של הספרות הקדומה. אך בימים האלה ובארצות אשר בהן נטל על כל תלמיד חכם ועל כל מורה צדק לעדתו לקבוע עתים גם לחכמות ומדעים אחרים, דבר שאי אפשר הוא לארם להקדיש את כל עתותיו אך ללמוד התלמוד לבדו. אשר על כן דבר טוב ויפה תהיה הוצאת התלמוד הקצר לרוב העוסקים בו, ובפרט לתלמידים המתחילים ללמוד אותו, בין שהם לוטיים אותו בבתי מדרש ובין שהם לומדים אותו כשהם לעצמם, דבר טוב ויפה יהיה קיצור תלמוד כזה, אשר הדברים היותר נכבדים יתבוננו בו במהרה מועטות המחזיקות את המרובה והורס כל מכשול מדרך הלומד, בפרט אם יעשה למוד התלמוד נקל לנבון ע״י כמני ההפסק אשר יבואו בו וע״י הערות ובאורים בשולי העמודים או בסוף הספרים. אשר על כן הנני להלין בעד הוצאת התלמוד הקצר אשר הוא אומר להדפיס לפני כל חובבי ספרות ישרון בכלל ולפני תלמידי בתי מדרש לרת ואמונה בפרט, ועל העשירים בבני עמנו החובה להיות לו לעזר אף אם לא ידעו את התלמוד ואינן נהנין מדברי תורה, והיה להם למופת מעשה זבולן „שהיה עוסק בפרקמטיא וממציא מזון לשבט יששכר והם עוסקים בתורה״.

עלה והצלח לתת לנו תלמוד קצר אשר יהיה דרוש לחפץ כל מבין עם תלמיד. מכבדך

ב. פעלזענטהאל.

מכתב הרב הגדול המפורסם בתורתו ויראתו וכו׳ וכו׳ רב שבתי מוראיס רב ודרשן בק״ק „מקוה ישראל״ בפילאדעלפיא.

אדוני הנודע בשערים והמפורסם!

ביום ש״ק קבלתי הדפים אשר אני מחזיר אחר שעיינתי בם היטב. לא קלה המלאכה אשר העמיס מכ״ת עליו ואם יעלה בידו להשלימה באופן שהתחיל לעשותה יפה, אומן גדול יקרא ושכר הרבה יטול. הסכמתי לקיצור התלמוד אשר יצא מתחת יד איש נודע בשערים כמוהו תהיה למחברו לא לעזר ולא לדו, כי מה אני שאבוא אחר המלך (מאן מלכי רבנן) כמו רב מרדכי יאסטראו ואחרים המפורסמים. אולם האמת אגיד ולא אכחישנו כי הדפים שקריתי מסבבת ראש השנה ישרו בעיני כאשר כבר הודעתיו.

וה׳ ידריכנו בדרך אמת להגדיל התורה ולהאדירה כאות נפש עבדו, הכו״ח היום זה פילאדילפיא יע״א בכ״ד לירח שבט לשנת הבנית בהון ת׳ר׳נ׳ה׳ לפ׳ ק.

הצעיר שבתי מוראיס ס״ט,

ש״ץ בק״ק מקוה ישראל.

To Michael L. Rodkinson, D. T.

מכתב הרה״ג המפורסם כו׳ כו׳ רב שלמה צבי זאנגעשיין הרב לעדת „שער השמים״ בנויארק.

ב׳ תעש קלפ׳ שקלים שנת תרנ הלפ ק.

הנה קם הרב המופלג וסופר מהיר מו ה מיכאל לוי ראדקינזאן נ י ונתעורר לעשות פריטגמא חדשה ולהוציא לאור „קיצור התלמוד הישן״.

גם אני קראתי בקצת ספרו אשר שם לפני ומשבח אני את הדרך הכלולה אשר בחר בה. כל עובר ארחות ים התלמוד אשר ילך בעקבותיו בל ישעה ובל ינוה ימין ושמאל, וכחוף ימים כמים עזים של תורה ישכון לבטח ויטעם ויראה פרי תלמודו. וזכות רבים תלויה בו, ואני תפלה כי משכורתו של המעריך תהיה שלמה! א ד המדבר לכבוד אבבני׳ של תורה ודוריכיה,

הק׳ שלמה צבי זאנגעשיין.

רב ודרשן לעדת „שער השמים״ בעיר נויארק.

מכתב הרב הגדול המפורסם בחבוריו, כידברותיו ומפעלותיו בקהל עדת יישורון הר"ר מרדכי נ"י דר. יאסטראוו. הרב לעדת רודף־שלום בעיר פילאדעלפיא.

Germantown, Oct. 5, 1894.

אדני היקר!

למלא הפצך הנני לקחת את העונג לגלות דעתי כי התלמוד הקצר (שבחנתי וראיתי את המלאכה) שבדעתך להוציאו לאור יהיה לתועלת רבה לתלמידי חכמים, יען כי ע"י לא יצטרכו עוד לפלס להם נתיב בתוך נבכי השקלות והטריות אשר לעתים לא רחקות אינן שייכות אל עקר הענין שידובר בו. ובנוגע להעתקת ספרי התלמוד הקצר (כפי מלאכתך) לשפה האנגלית, אף אם אמנם עודנה לא מלאכה קלה הוא אבל לא יבצר עוד ממעתיק מבין (מה שאין כן עם התלמוד אשר לפנינו) ובברכי אותך כי הפצך הטוב יצליח בידך, הנני מכבדך מאד

M. Jastrow.

To M. L. Rodkinson.

תעודת הרב הגדול המורה את התלמוד בבית מדריש הרבנים בסינסינאטא הנודע לשם בחבורו הנפלא „מבוא התלמוד" הר"ר משה נ"י דר. מילצינער.

קראתי עלים אחדים מחלק אחד של התלמוד הקצר אשר ה' מיכאל לוי ראדקינכאן אומר להוציא לאור, ואמצא כי למלאכתו נאוה תהלה. ע"י הוצאת התלמוד אשר בזאת תוקל ההבנה בדברי התלמוד בכלל ובפרט להמתחילים לפי שממנה נשמטו כל שיח ושיג שאינו שייך אל הענין אשר ידבר בו וכל מאמר מוכגר בדבריב צרדים אשר יכביד את הבנת הענין, מה גם כי במני החפבק השאלות והקריאות כפי המנהג ביתר הספרים יבאו בפנים התלמוד. תקותי חזקה כי אוהבי ספרותנו הישנה יתאמצו בכל עוז להיות יעזר להחכם הזה בגופם ומאדם למען יהי לאל ידו להשלים את המפעל רב התועלת הזה.

Cincinnati, Nov., 1894.

Dr. M. Mielziner,

מכתב של הרב הגדול המאירי, ישהאיר והעכייד תלמידים רבים אנשי שם, ישעד מבוא השמש ינון שמו הר"ריצחק מ. ווייס. (שכתב לאיש אחד שמו לא יזכר).

Cincinnati, Oh., Jan. 14, 1895.

ארון נכבר!

נושא מכתבי זה הוא מ. ל. ראדקינכאן, הנודע אשר חפצתי להללהו לך כי תשים לבך אליו ביחוד ולהכיר פעלו.

המפעל אשר האדון ר. עכוק בו, הוצאת תלמוד, מוגה ומתקן והעתקתו לשפת ענגליש פעל ענק הוא, שאך איש אשר כמוהו גם עשה יעשה וגם יכל יוכל, אם יצליח חפצו בידו, או אז תביא פעלו חיים חדשים ליהדות האמריקני גם פה וגם הוצה לארצנו.

אחת איפוא יוכל השואל לשאל: היצליח בידו להוציא חפצו אל הפועל? ועל זאת אענה אני, כי בנוגע לחכמתו ודעתו הנני בטוח בו כי יכל יוכל; וכן בנוגע לכח מעשיו אהין להגיד נבון לבי כי חפצו יצליח בידו, כי הוא איש רב עלילות אשר לא ייעף ולא ייגע. ועלינו החובה לעזר לו למען יהי לאל ידו להוציא לאור חלק אחד לדוגמא, למען תוכח דעת הקהל אם הוא הגבר המוכשר למפעל הזה ואם לא.

ועתה מה אני שואל מעמך? כי אם להחזיק ידו בהוצאות הנצרכים לזה למען יוכל להוציא לאור את החלק הראשון. אם החלק הזה יצא מתחת ידו מתקן כהבטחתו, אזי יוכיח כי אמנם ראוי והגון הוא להוציא את הדבר הגדול הזה לפעולות אדם.

Isaac M. Wise.

תעודת הרב הגדול בישראל ובלאומים הנודע בשערים בביאורו הנפלא על ספר „איוב" כש"ת רב בנימין דר. סאלד נ"י.

בשם השם Baltimore, Jan. 16, 1895

אורח נכבד בא לעירנו הוא החכם הרב מיכאל ל. ראדקינסאן הנודע בתלמודו ובקיאותו בספרות העברית הישנה והחדשה, וכי עשר ידות בו בתלמוד ומפרשיו, ובידו מגילת ספר, אשר בשם התלמוד היבן והקצר יכנהו; וישם לפני עלים אחדים נדפסים ממסכתא „ברכות" למבחן, וגם מסכת „שבת" בכתב יד הביא לפני ויחל את פני לשום עליהם עין בקרת חדה, למען, אם אמצא בספרו דבר־חפץ, אוכל להעיד על מלאכתו ועל תכליתה בפני כל קהל עדת ישראל.

לגודל ערך המלאכה ויקרתה בזמן הזה, נעתרתי לו ועברתי על ששת עשר פרקים ממסכת שבת בעיון נמרץ, וכן בחנו עיני את העלים לבחן מדפוס, ששם לפני: והנני עלז מאד להעיד בכתב יושר דברי אמת, כי אמנם מצאתי בם שאהבה נפשי. ויותר לקח לבי הסדר הנאה שנגדרו בו דברי הש"ס הבבלי באופן ישר ונאה וכי כל המאמרים צמודים, אחוזים ודבוקים יחד, על פי משפטי ההגיון, והמה קלים להבין עפ"י פירוש רש"י אשר שם בצדם; ונעימים בהגיונם, כי דבר דבור על אפניו יחנו ובן יסעו במדברותיהם, אם כי המחבר לא הוסיף עליהם מדיליה אף מלה אחד, וגם לא שינה את לשונם.

ואם אמנם לא חדשים היו בעיני מאמרי הש"ס אשר למדתים לדעת מנעורי הנה טעמתי מצוף דבש הסדר החדש והנאה ותאורנה עיני כי מעתה בטוח הנני שהקורא הנבון ירוין בם בהשכל ודעת, ויהיו בעיניו כאלו כן יקרו מימי התלמוד ממעיניהם וכן יפכו ממקורם. ולכן בעליצת נפשי אמרתי הפעלא טבא ייישר חילו.

עד כמה נחוץ ספר כזה בזמננו, שלימודי התלמוד הגדול ורחב ידים עם כל מפרשיו ומבאריו כמו שהוא נדפס עד כה, ולאצור ממנו הפנינים המפוזרות במקומות רבים, עד כי תהיינה לאחדים בחדרי שכלו, אין באפשרות גם לאנשי מדע העוסקים כל ימיהם אך בחכמה ומדעים; ואולם בהתלמוד הקצר הזה, אשר השקלות וטריות היתרות שאינן מביאין שום תועלת, וכן הדברים מענין אחד אשר נשנו כמה פעמים, יחסרו בו, יוכל כל תורני להשיג בזמן קצר ובלי יגיעה רבה, את כל אשר יחפוץ לבו להבין ולדעת.

הדברים האלה הניעוני לצאת ממקומי ולחלות פני אוהבי הספרות הישנה, נכבדי אומתנו שכבוד

מכתב הרב הגדול החו"ב נודע בבל תפוצות ישראל בחבוריו הנפלאים „מאיר עין" מורה בבית המדרש שבווין הר"ר מאיר פרידמאן נ"י.

ה' לפ" דברים מרת"ח לפ"ק,
16 יולי, 1885, ווין.

לכבוד המו"ל את הקול הרב החכם מו"ה מיכאל לוי ראדקינזאן נ"י

את מכתבך קבלתי והנני להודיעך כי קראתי את מאמרך בהכבמת הלב ברוב עיניו, אם כי לא אסכים בכל שאתה מוצא להשמיט במה שהנהתי שאין אני רואה ד"מ להשמיט מיתבי מאמתי וכו' וכו'. שבכולם באה מלת אור במובן אורתא ושייכים הם לעקר הענין ובפרט מיתבי מר זוטרא וכו'. ששמו נקרא עליו, אבל איך שיהיה כך או כך, אין הדבר כ"א להלכה ולא למעשה ר"ל אקאדעמיש, כי בעלי חכמה אינם בעלי כסף ובעלי כסף אינם בעלי חכמה וע"ב נתקים בנו: „ואבדת חכמת חכמיו ובינת נבונים תסתתר", ואעפ"י שאינך מבעלי הבוד תבין הבוד של תסתתר, והאמן לי כי לא מצאתי לי פנאי ועת למלאות דברי לשפוט על ספרך בענין התפילין כי השובת שאלת האוכל לבני ביתי קודמת לכל התשובות.

המוקירך והמכבדך מאיר איש שלום. *)

---

*) המכתב הזה נדפס בהקול 299, עם תשובתי עליו והקורא בו גם כי מ"י הראשי שם דבור המתחיל „ואני רק במובן מודעה כו' לא יפסיד רק ירויח ריוח ג"ול, כי הוא שייך לענינו אבל אין כאן מקום להדפיסו שנית.

מכתב הרב הגדול המנוח שהיה המלומד היותר גדול בזמנו מכל הרבנים שבדורו בתלמוד ומפרשיו ומצוין במדותיו האב"ד ד"ק דרעזדן והמדינה רב בנימין זאב וואלף דר. לאנדויא ז"ל.

ב"ה דרעזדען יום ד' ו' אב לשנת והוא יישר א'ו'ח'ו'ת'י'ך' לפ"ק.

שלום לכבוד הרב החכם והחוקר הנכבד כ"ש מוהר"ר מכאל לוי ראדקינזאהן נ"י.

שמעתי את הקול מדבר מבין פרחי גנך אשר נטעת בו עלים להתרופה לכבוד תורתנו ולהרים קרן חכמת ישראל כי נתת את לבך לקרב אל המלאכה הגדולה והיקרה מאוד לשום לפני בני ישראל את התורת שבעל פה בתמונתה הראשונה טרם התערבו בה במשך הזמן כמה וכמה הוספות מהרבנים סבוראים ומהגאונים, מבלתי געת חו"ש בעקר ההלכה, וגם להכיר מן התלמוד כמה וכמה אגדות שנכנסו אליו מפי המאוחרים, וכתובם דברים אשר אין להם שחר ולא לכבוד הם לחכמינו ז"ל. שמעתי וישמח לבי כמוצא של רב. ומה אוסיף לדבר על גדול התועלת אשר תצא ממלאכתך לכל לומדי תורה כי ימצא להם ספרך אשר קראת בשם: „התלמוד הישן והקצר" מנוקה מכל תוספות, ותחת השנות הדברים עשר פעמים בכל המקומות הנוגעים בהם יצויין רק מ"אה מקום המסכתי והדף אשר בא זכרונם ראשונה, והי' לנו, בכל עם ועם ובכל מדע ומדע, ספר כולל כל דברי תורה שבע"פ בקצור למען ירוץ קורא בו. הלא בטוב טעם הצעת כל אלה במאמרך בהקול נר' 298. אך יהיה ה' בעזרך ויישר כחך והילך לשאת עול המשא הכבד הזה על שכמך ויפתח לבך ויאר עיניך לבוא אל מטרת האמת ולא החטיא. כי הלא דבר הוא לחקר בעין חדרת לברר ולהוציא חדש מפני ישן, ויפח אמ"ת בהתהברך עם חכמים מובהקים אשר יש להם יד ושם בתורה וגם נתן ה' להם לב לדעת ועינים לראות את החדש (קריטיק). ואולם תמהתי על כל החרדה אשר חרדת מפני חמת מוציאי דבה לאמר כי מקצין בנטיעות אתה; הנה לא באת לפגע חו"ש בפסק הלכה וגם לא באת לרחק חרבים מן העולם רק לקרב הקוראים אל הספר והדברים הנוספים גם דמה ימצאו כמאז גם היום בתלמוד הארוך ושם יקראון. והלא כמה גדולים קדמוך בזה בהערותם ואפי' למחק איזה דבר שהתחילו לשבש או לשנות הנוסחא ובמקומות אין מספר כתב רש"י ז"ל הכי גרסינן וכן נדפס על פיו בש"ס שלנו והנוסח' הישנה הלפת חלכה לה ועל כמה דברים גזרו אמר שהם הוספות מר' אחאי גאון וכדומה. אבל על שני דברים אעירך נא ידידי וגדולים הם אלי. א) אל השכח מלהעתיק פי' רש"י בתלמודך הקצר לפחות מה שנוגע להבנת המלות והענין, אם גם תשמיט את הנוגע אל הפלפול בדברי רש"י (והוא מעט) כי הוא הפרשנדתא ובו"תו התלמוד בספר התום לקוראיו.

ב) לא תשכח מלהציב ציונים בכל מקום אשר תשמיט דברים הנוספים לפי דעתך והראת על הגליון אי' מקומם בתלמוד ארוך, וכל הרוצה לקרות יבוא ויקרא ויבחן לרחקם או לקרבם, ולא על כל מוצא פיך יהיה הקוראו, כי מי כל האדם יוכל להחליט על כל דבר המן הישן הוא או מן החדש? *)

עבדך הדורש שלומך וטובתך מוקירך ומכבדך הצעיר בנימין זאב וואלף (**Dr. Landau**). בהר"מ"י ז"ל אב"ד בדרעזדען והמדינה.

---

*) סוף המכתב נדפס בהקול 300 ובהוברות מיח"ות ויעוד שני לו נדפס בהקול 309 בנויארק יקר מאד.

בשמן לבקש תמיכה על מלאכתי זאת, אך אלי יראתי פן לא תעלה בידי ושמו יהיה לבוז לבן חדלתי. עתה הגיעני מכתב תהלה בשפת אשכנז וחות דעתו בשפת אנגלית מהרב הגדול הישיש שקנה חכמה. דר. פעלזנטהאל. שהנני נותן את דעתו לפני הקוראים וגם לפניו היו 10 עלים ממס״ ראש השנה, וישמח לבי מאד כי גם דעת החכם הזה מסכמת עם החכמים שקדמוהו ויהי גם שמו מבורך. לאחרונה הנני אתן תודה להמעתיק החכם הרב לעאנרד לוי נ״י שמלבד שעשה זאת בלי כל תשלום גמול, הנה הואיל בטובו לקבל עליו את הטרחא היתירה לקרא לפני כל מלה ומלה, טרם נתן לדפוס; ואין דבר בכל העתקתו אשר לא שמתי עיני במו וראיתי כי היא מתאמת את הארגינאל.

נם החכמים קראסקאפף ובערקאווין יקבלו תודתם שהשתדלו בכל אשר יכלו לתמוך את ידי בתתומים אשר שלמו כסף מראש למען אוכל לגשת אל מלאכתי, והנני מודיע בזה לכל אלה אשר יתמכו את ידי ויעזרו לי בין בכחם בין באונם, בין בעשה ובין במעשה, כי לבד זאת ששכרם יהיה כפול מן השמים יברך דור אהרון את שמם, כי שמם יזכר ויפקד לעוזרים ותומכים בשערי המסכתית הבאים. ובזה אצא מאת פני הקורא, לא בקידה והשתחויה, כ״א בשלש פסיעות לאחורי, מדבין ראש, למזרח, צפון ודרום ואומר: שלום, שלום לרחוק ולקרוב. וה׳ יברך את עמו בשל ם.

נואַרק יום שהוכפל בו כי טוב כ״ד שבט תרנ״ה לפק.

מיכאל. ל. בהרב החסיד ר׳ אלכסנדר ז״ל ב ן־ר א ד ק ה.

מכתבי תהלה.

ואלה המה המכתבים שכבדוני בהם גדולי הדור עשר שנה לפנים והיום, שהנני נותן אותם, כסדר יום כתיבתם, בתודה. הכתובים בשפות החיות העתקתי לשפת עבר, והכתובים בשפת עבר העתקתים לאנגליש למען ירוין בם כל קורא:

מכתב הרב הגדול המורה בבית מדרש המדעים בברלין ויועץ הממשלה וכו׳ שמו נודע למשגב הר״ר משה לאצארוס נ״י.

Berlin, den 20 July, 1885.

ראדקינבאן ארני הנכבד!

למענת על מכתבו היקר מיום י״ד להו״ז הנני להגיד:

בשום לב ובשמחה קראתי את מאמרו הראשי בהקול נו׳ 298, אבל גם תוגה הרישית לקחה לבבי אחרי התבוננתי בדבריו.

שמחתי כי הרעיון הנשא הזה הנוגע ברומו של עולם היהדות פורש בשום שכל בהקול אבל גם צר לי מאשר לבי לא יתנני להאמין, כי אראה את מחשבתך יוצאת לפעולות אדם בעודני בחיים הייתי.

אין כל ספק בלבי כי באיזה מקום ובאיזה זמן יצאו דבריך אל הפועל, כי המה נחוצים ונצרכים, אבל המלאכה הזאת תוכל להעשות רק ע״י אספת ומעשי חכמים מובהקים, שגם הם יהיה להם על מה שיסמוכו, כי יקבלו התמיכה להוצאות הדבר הגדול הזה מיהודים עשירים ונדיבים.

אבל באלה כן איה רואים אנחנו שהאינדי־ פערענטיזמוס שורר בם ויאבד בם כל רגש טוב ונשגב לטובת התלמוד והיהדות כלה; ואולם בין אלה אשר יחשבו את התלמוד למקור חכמתם או כי ישאף דבריו נר לרגלם, כרובם הם מבעלי קוצר רוח וקטנות המוח השתרר בם, אשר על כן יחסר להם מבט ישר על קורות העתים ועל הדעות הנשגבות אשר תצאנה לנו מן ההיסטוריה אשר אך על ידי ההתבוננות עמוקה בהם נוכל לטכס עצה ולחבר ספר כזה.

ואולם גם על התחלת העבודה וההכנות להמלאכה ישמח לבי מאד והנני מוכן לתת ידי להן.

אמנם עד כמה שקשה לי לבלי תת ידי לדבר הזה ולהשיב פניך, לא אוכל, עם כל חפצי, לקחת על עצמי מלאכה כזו או גם אך להשתתף בה. בשבבר עמוכה עלי עבודה רבה בצרכי צבור שהנני רובץ תחת משאי ולא אוכל להעמיס עלי עבודה הדרשה הצריכה עמל ויגיעה רבה, ובעת שלא אוכל לקוות על תמיכת חכמי הדור שיקחו חלק בזה, במצב כזה יחבר לי העוז וגם הנטיה לזה. מקרב לבי אברכו ברפואה שלמה,

הנני המכבדו

לאצארוס.

ז) בחרתי בשם "ראש השנה" לתתה קודם משני טעמים א) כאשר המס' ברכות היא ביד המעתיק כמו שהיא ואשר נדפס עד כעת נתקלקל וב) כי מפני שלא תכיל הרבה חפצתי לתתה עם ההעתקה ביחד, להקל על המבקר שיוכל לבקר את הטעקסט וההעתקה גם יחד. וזולת זאת המסכתא הזאת לבד ההלכה, תכיל ענין גדול ונחוץ במנין שנות החמה והלבנה ובענין קידוש החודש התקנת ריב"ז ועדותם השוה לכל נפש חוקר ומעיין בדחז"ל.

ח) עוד אחת הנני להבטיח ולעשות לטובת כל הלומדים והמשכילים, והוא להעמיד כל הדברים שהובאו במשניות ובגמרא כ"א על מקומם הראוי ביחוד; במסכתא הזאת ימצא זאת הקורא בענין מוסר דין לשמים, והוא מצער. אבל במקום שיבאו משניות שלמות והגמרא להם שלא במקומם הראוי לענין המדובר בהמסכת, אעביר אותו להמסכתא ההיא אשר עקרה ידובר בענין הזה, וכה תדבר כל מסכתא ומסכתא רק מענין ששמה מוכיח. ובקדושין אשר תופיע תיכף אחרי זאת המסכתא, ימצא הקורא דוגמא גדולה מזה וידין מהם על השאר; וזהו תועלת גדולה להסדר הנכון ואקוה להפיק רצון בזה מאת כל המפלגות בעמנו, כי אם לא יאבו אחדים להכיר את מלאכתי לתלמוד הקדום, הלא על כרחם יודו, כי הנהו "קיצור התלמוד" מההלכה והאגדה וכל המשא ומתן בהם לא נחסר, וכי הוקל מאד לכל מעיין אשר יאבה לקרות בגמרא, שעד כה היה לפניו כספר החתום.

ט) הרה"ג דר. מילצינער העיר אותי במכתב מיוחד על המראה מקומות מהש"ס שנשמטו בברכות ועוד על דברים אחדים; שמעתי גם לו ונתתי את הספר "תורה אור" על מקומו לפני כל מקרא ומקרא שהובא מהת נך אבל איני מקבל אחריותו עלי כי אם אמנם מצאתי באיזה מקומות שהמראה מקום נשתבש, לא לקחתי עלי את המלאכה לחפש ולעיין אחריו כי רב המלאכה לפני מבלעדה, ולכן הנחתיו כמו שהוא בנכרות הישנות, וגם על יתר הדברים שהעירני החכם הנ"ל שמתי לבי והנני מודה לו על יגיעתו לקרא פרק אחד מסדורי בעין פקוחה חודרת ובוקרת. כן הנני מודה להרבנים הגדולים עיני ישראל הרה"ג דר. מ. יאסטראוו והרה"ג דר. ב. סאלד שנעתרו לבקשתי לעבור על חלק מסוים ממלאכתי בעין בקרת ולחוות את דעתם גלוי לעיני כל ישראל והעמים, ומקרב ולב עמוק אברך את זקן בית ישראל את הרב הגדול המאירי. ראש בית המדרש לרבנים בסינסינאטי ועורך את העתון הנודע לשם **American Israelite** אשר לא יניח את ידו להטיב אתי בכל אשר אך יוכל בנפשו ובמאדו; יהי נועם ה' על כולם להאריך ימיהם ושנותיהם לתפארת ולטובת בית ישראל.

כן יקרה בעיני עצת החכם המלומד הר"ק קאהלער לקצר כל מה דאפשר, כי דעתו היא שכל אשר יקטן בכמותו תגדל איכותו, וכן כתבתי אני זה עשר שנים לפנים. אבל לדאבון נפשי לא אוכל לקצין בנטיעת כללי האפנים שעליהם תסוב מלאכתי. יהי שם הרב קאהלער מבורך בעבור יגיעתו ועמלו בשביל היהדות והיהודים, כי הוא היה הראשון אשר זה שלש שנים לפנים התנדב לי את שמו ויצוני להדפיס מכתבי כובבים

מה נמודים הנדפסים מפני שהיו משובשים עד כי אין באפשרי להשתמש בם. שלכן בחרתי בשם' הזאת לתתה עם פרש"י בשולי היריעה מתחת, אם כי המראה מקום סמני הקריאה והשאלה ונקודות המפסיקות ופרש"י לקחו יותר ממחצה הגליון בכל עמוד, ואולי גם שלישה רבעים, דבר אשר לא דמיתי מראש, ואם אמנם גם פה נפלו איזה שגיאות הדפוס מאותות הדומות, אבל בכלל טובה היא ההגהה, כי בדפוס רב משכיל ובקי בתלמוד הדפסתי והוא קבל עליו מלאכת ההג"הה, ונשתדל ביתר המסכתות כי לא תהינה שגיאות כלל.

דעת דברים שהמה נגד דעת בעלי התלמוד ומטרתם הכללית, יוסרו באין חמלה.[1]

ד) לפעמים יצאתי גם מאלו הכללים במקום שראיתי כי כמעט אין באפשרי זאת להעתיק בשפה חיה, כמו: „הנותן מטתו בין צפון לדרום הוין ליה בנים זכרים שנא׳ „וצפונך תמלא בטנם" אשר יקשה מאד להעתיק מלת וצפונך במובנה פה „נארד" מפני שמובן המלה בכתוב יש לו הוראה אחרת וגם אז אין שום ראיה מהכתוב, כי הבטן תמלא גם מנקבות — שעל כן הנחתי המאמר ואת הראיה מקרא החסרתי. וכן במסכת הזאת (כא.) מהיכן את ? מדמהריא,[2] דם תהא אחריהו. שכל העיר לא נבראה אלא למשל הזה שאין לנו ממנו כל תועלת והמעתיק לא יהיה בכחו להעתיק אף אחרי הזיעה שתטיף משערותיו. כל הדומים לזה החסרתי מבלי לנגוע בהענין עצמו.

ה) ציינתי בכל צד וצד את הדף שבגמרות הישנות, להקל על הקורא אם יאבה לקרא גם את החסר, ובסמן הכולל (ב.) (ב:) שר״ל ב. עמוד א׳, ב׳ עמוד ב וכן כולם.

ו) את פירוש רש״י כמו שהוא הנחתי במקום שנצרך ואם אמנם גרעתי ממנו רב במקום שיוכל הקורא להבין את הגמרא מבלעדי פירושו. על כל זה לקח ממני כמעט מחצית הגליון בכל עמוד, והאמת לא אכחד, כי לא כן היתה מחשבתי מתחלה באשר יראה הקורא בפתח שני, אבל יען הרב המלומד היותר גדול בזמננו לאנדא ז״ל העירני ע״ז במכתבו ואני הבטחתי לו לשמוע לקול דברו, קימתי הבטחתי אם כי גרמה לי נזק רב, כי במס׳ ברכות כבר החלותי להדפיס הרש״י בצדו, מלאכה אשר לא הורגלה בה מסדרי האותיות במדינה הזאת.[3]

---

1) הנני מוציא את עצמי מחויב להדאות דוגמא אחת לקוראי וישפטו עליה ומזנה: בברכות (י.) יאמר רשב״ח בשם ר׳ יונתן (בש״ס נדפס יוחנן והוא שבוש גמור כי רשב״ח יאמרם בכ״מ אך בשם ר׳ יונתן). כל פרשה שהיתה חביבה על דוד פתח בה באשרי וסיים באשרי דכתיב אשרי האיש וסיים באשרי כל חוכי בו. ופרשה אחרת כזאת לא נמצא בכל התהלים ועיין תוספת שדחקו עצמם לישב אך לא עלתה בידם. והנה פרשת „למה רגשו" לפי דעת המשיחים מדברת רק מגדולתו של המשיח, „בני אתה", „נשקו בר פן יאנף", „אשרי כל חוכי בו", ואת דעת רשב״ח בדבר המשיח ימצא הקורא כיכודו של ר׳ משה הדרשן פ׳ ויצא ל. בבפרו של הדר. וויכשע הנקרא בשם „יכור המשיח" ובישועות משיחו להאברבנאל בעיני נוכח מעט כפי הכתוב בירושלמי. ולבל אאריך הנה להציב לשונו פה, הנני רק להעיר: שהוא רשב״ח אומר: שנגלה לו מפי אליהו שהמשיח נולד בבית לחם יהודה, ושהוא אליהו מחכה עליו ליום הדין הגדול". אותו מצאתי אומר (בשבת קטז.) כי שבעה ספרי תורה לנו ולא חמשה הומשי תורה (לא מטעם האומר כי „ויהי בנסוע הארון" הוא ספר מיוחד יעיין נא הקורא היטב). אותו מצאתי מדבר בכגנון הזה במקומות רבים מאד בתלמוד וכולם מצוינים אצלי (אחרי נתתי ציונם להפ״פ הגדול לאצארוס במסרי לו ציוני הש״ס); בהוצאתי החסרתי מאמרים כאלה, ולא אכחד כי השוד בעיני המזמור „למה רגשו" למעשה ידי המשיחים; ואשר כמוהם נמצאו עוד, הראני החכם המדקדק הד״ר ר׳ מ׳ רייכערסאן ורשני אמנם להרים אורם על גם בשמו וגם הראה לי התימה „פאול" על אחד מהם, אבל לא כה היא המקום. מה גם כי תודות לה׳ הי הוא רייכערסאן והקוראים יוכלו לדרוש ממנו אך זאת אחשוב לי לחובת להגיד כי מתחלה פג לבי להאמין לו ואח״כ הודותי לו בלבי, מפני ראיה חזקה אחת אשר מצאתיה אח״כ ונקבע הדבר בלבי.

2) ראה ההלוין 7. בדבר השמות ווהמאי זוואי וכו׳, כי נכוחה דבר.

3) (וגם מלאכה כבדה היא באמת לשער מקודם בכיה יהיו שורות רחבות במקום שהרש״י עודף על הגמרא, וכמה קצרות במקום שפרש״י עודף ובעת ההיא לשמור את הסדר שיהיה פרש״י במקומו; כי מהש״ס הישן נקל לעשות את מפני שהדפים מכל הגמרות שוים הנה משא״כ פה שנצרך למדד ולדייק, וע״כ עלה כולו קמשונים. בשני דפוסים הדפסתי מס׳ ברכות האחד פשט את הרגל בבלותו פרק ראשון, ולא קבלתי מאומה. והשני הוכרח לקלקל בעשרים לוחות עלעקפוא.טייפ

„בת קול" קוראת בקוה, כי הוא איננו עוד „בן־בלי־עזר" כ"א אלי־עזר המזומן ומוכן לחיי עולם הבא, ויושבי מרום אשר נפקחו עיניהם לראות את העני האובד הזה מטפס ועולה ובפשע בינו ובין מטרתו ואין עוד בכחם לעמוד בנגדו, החלו גם המה להאיר פניהם אליו אם כי עיניהם תזלנה דמעות ובשחוק מר יענו ויאמרו: לא דיים לבעלי מחשבות ותשובות האלו שמתקבלין, כ"א גם „רבי" יתקראון, ו„חכם" יתכנון.

זאת היא התמונה אשר עמדה לנגד עיני בעת כמעט אמרתי נואש לכל אשר הנה רוחי בעולם הישן והחדש אשר נרחתי גם בו מדחי אל דחי: כי כאשר נגלו לפני שערי ארץ החדשה, נגלו לפני גם שמים חדשים גם תלאות חדשות גם צרות חדשות, גם אויבים חדשים אשר סבוני כדבורים ויעקצוני כשועלים, ולא מצאתי מנוח לי וכמעט לא האמנתי בחיי, אבל רעיוני הלוני בכל מקום ובכל עת, בשכבי, בקומי ובלכתי בדרך, ולא בושתי לגלות לבי לפני חכמים בבקשת עזר וסעד אשר כמצחק הייתי בעיניהם, עד אשר במלים מעטים האיר והעיר את רוחו השופט החכם המבין ויודע תושיה **מאיר סולצבערגער** מעיר „אהבת אחים" אשר אמר לי: „רב לך חולם חלומות מאשר יש בכחך להבין ולרקוח, הוציא מתחת ידך אשר עשית ואשר כוננת והנח לפנינו; והיה אם נראה כי יש ממש בה נהיה לך מעיר לעזיר" לדבריו אלה הקיצותי ואך כבותי את שכמי ממעונו קניתי לי גמרא והחלותי לעשות את מלאכתי ואז ראיתי כי חפץ ה' יצליח בידי: ואך אז קניתי לי ש"ס קטן וגדול והדוגמא הראשונה מונחת לפניכם.

ואתם חכמי לב, אנשי אמת, וכל אשר לו עין בקרת והודות, הואילו נא לעבור על המסכתא הזאת כולה בעת אשר תהיה הגמרא הישנה פתוחה לפניכם, ואל תמהרו להוציא משפט, טרם תסתכלו היטב בכל החסר פה, ובטובכם תדקדקו היטב ללמוד את המאמרים השלמים, מקצתם וגם מלות אחדות אשר לא תמצאו פה; וגם תעיינו במסורת הש"ס בצדה ואז, אמרו נא את אשר בלבבכם, גלוי, לעין כל.

לא לנו, אחי ואדוני, לא לנו, כ"א לשם התלמוד, לשם „תורתנו שבע"פ", חיי רוחינו ונשמת אפינו, תנו כבוד! הדעת והתבונה, האמת והצדק, תהינה לכם לרוח משפט ולקו בקרת על המלאכה ובשרון המעשה, והיה אם תמצאו כי היא דורשת תיקון, באיזה מקומות או בכולה, השמיעוני נא והנני מוכן לשמוע לקולכם. כי יהיה בשם ולשם האמת, אך לבקרת הצופה ולדברי בוז, הנני מגיד מראש, לא אשים לב ולא יעשו שום רושם עלי...

בספר מיוחד, ארשום בכתב אמת את הסיבה והטעם, שהכריחו אותי להסר את הדברים שנהסרו בכל הש"ס, כל אחד ואחד טעמו בצדו: אם תהינה עתותי בידי, אחרי יזכני השם לראות, כי כבר יצא התלמוד הקצר מבית הדפוס, ואניחו באחד מבתי אוצר הספרים שיד רבים ממששים בהם כבריטעש מוזעאום בלאנדאן, אבל הנני מוצא את עצמי מחויב לתת גם פה כללים אחדים שעל פיהם הנני עושה את מלאכתי, גם פה, והמה:

א) בכל מקום שנכפלו הדברים בין בלי שנוי ובין גם בשינוי לשון קצת, בין על מקומם ובין במקומות מפוזרים בכל הש"ס, יבואו רק פעם אחת במקום הראוי להם.

ב) שקלות וטריות, בתוך השקלות וטריות, שנתוספו במאות האחרונות להחלת התלמוד, שאינן מוסיפין שום חדוש בההלכה עצמה או במשאה ומתנה, וכן בהגדה, יחסרו; ורק המסקנא תבוא במקום שהיא צריכה.

ג) את אשר הכניסו בו היהודים המשיחים בזדון וכן אשר הכניסו רבים בבלי

בישר, או כי חריש פסל תעשוה ? אפונה !.... אמנם בן בנסיון יסודה, ובתבונת האנשים וסדרי התבל מקורה, אבל אדמה כי הגויל לא יכילנה, היריעה תקצר מהשתרע וגם המעצד והמקדח אין אונים המה לפסול למו לוחות התמונה הזאת.

התמונה הזאת אשר יצירו לנו חכמינו בשכלם החד, לא חדשה המה מדעתם, כי זה כאלפים שנה הנה אותה ראש נשיאנו הלל הזקן ברוחו, לאמר: אם אין אני לי, מי לי? אם לא עכשיו אימתי? אבל קולו היה קול קורא במדבר, והחיים בעיר ובשדה לא שמו לבם אליו; ואף חז"ל בעומק בינתם, ובעזז רוחם ירדו לסוף דעתו של נשיאנו זה, ולפרש ולבאר את שיחו ואת הגיונו בראו למו תמונה נאמנה שבה תארו לפנינו בשרד את עומק דעתו ורחבי בינתו, את שיחו ואת הגיונו; אך חז"ל האחרונים שהקדישו את כל ימיהם ללמד את תבונת האדם, לתכן את רוחם ולדעת כדרי התבל, אך המה אשר למדו לדעת את גבוהות הלב של בעלי הכסף והזרוע, ואת מרת נפש העני האובד המבקש עתידות לו בין רעיוניו אשר יוליכוהו בישימון דרך, אך למו, הורה נסיונם למצא תמונה כזאת מאיש מסכן המקריב את עצמו על מזבח האידעע שלו ואשר יאמר לתקן בו את העולם כולו וגם למצוא בו אחרית וישם לו בהעתיד הקרוב. אשר בשם עולם הבא יכנוהו.

בשגיונו וברוחו המר יראה המסכן כי חכמתו בזויה, כי להוציא מחשבה כזו אל הפועל אין לאל ידו בלתי עזרת מרום העם היושב בהר, והנהו פונה אליו ומבקש רחמים כי יתמוך בידו; הנהו קורא לישע את אילי הזהב שיזהירו בעולם החשך כזהר הרקיע, הנהו מחלה את פני החכמים שכשמש וירח הנם בעיניו, או כי בעיניהם, כי יישימו לו לב, הנהו פורש כפיו אל בעלי המזלות שבין הכוכבים יישימו קינם וההתחרות והספיקולציה יסודתם, כי יקחו את האידעע שלו למשחק למו וינסו בו את כחם, אך כולם כאחד יישחקו ילעגו לו יבוזו לו בפניו ובשחוק גלוי על שפתם וכעס אצור בלבם, יענו לו: הלמסכן להתחכם ? הלעני לבקש עתידות, הגם איבד בין האידעיכטים ? סוב פנה לך אל הרומים לך ! כי עד שנעתר לבקשתך, נבקש רחמים על עצמנו כי מי כמונו ההרים הרמים, הנבעות הנשאים אשר לשמים יעלו שיאנו ובין כוכבים נשים קננו בעלי אידעעים? הן כולנו מחשבים אנחנו אחרי עתידותנו, כולנו חפצים בעולם הבא, כולנו עסוקים בו, אך עוד לא עלה בידינו אף חצי תאותנו, ומי אתה כי תקרב אלינו ?! ברח לך איפוא, עני וכואב, אל מקומך, בשפל תשב שם תנוח ושמה תקבר אתה ואידעעותיך ומאתנו הרף ואל תפריע את מחשבותנו כי יש לנו רב".

אך האובד הזה, לא לבד שלא נפלה רוחו בדברם אליו כה, כ"א התאזר ויעשה חיל, כי אף ראה שתוחלתו בם נכזבה, אך התבונן כי חנם עבר שבעה נהרות, שוא שקד לעלות ההרה, להבל כלה כחו לדלג שור מחמה ללבנה ולקפץ מכוכב זה אל מזל אחר, התחזק ויעמד על עמדו ויאמר אל לבו: מה נואלתי בשומי מבטחי על ההרים הרמים, מה שגיתי בחשבי שאת האידעע שהריתי והגיתי שנים רבות, שכלה שארי ולבבי, ימציאו לי זרים! שוא לכם נבורי הכסף, חבל עליכם חכמים בעיניכם שלהטיב לא תדעו, בושני מדבריכם כוכבי חושך, ספיקולנטען אשר לא תבינו באידעעים ולא תדעו מה לזרות ומה להבר, לא בכם הדבר תלוי, אין האידעע תלוי אלא בי ! בי לבדי, כי האם אין עזרתה בי ?! ובדברו כזאת נהפך ויהי לאיש כביר כח ורב אונים, ויתנור עוז לשום ראשו בין ברכי עצמו; ואם כי במועט לא נותרה בו נשמה, לא זז משם עד שהשיג את מטרתו, עד שאחז בקצה החבל שבו יטפס ויעלה אל על, אף ראש האידעע השוכן בקרבו. בו יאחז ולא ירפנו ובכל יום ויום הנהו מטפס ועולה ומתקרב אל מטרתו ואיננה עוד ממנו והלאה ! או אז תשמענה אזניו מאחוריו נם

ונושאי כליו, עם האלפסי והאשר״י וכל ההגהות אשר נתוספו בו גם מהאחרונים, וכו אלמוד בשקידה ובעין חודרת ולא אניח אי״ה שום מפורש, מגיה, מראה המקומות השייכים לעניני וגם את אלפסי והרא״ש אקרא וכן גם את הש״ס ירושלמי אקרא במקום שישנו, ואחרי אתבונן ואחליט מה לזרות ומה להבר, ארשום בעט עופרת בהש״ס הקטן את אשר החלטתי להשאיר לי, מהפנים ומרש״י ובזה עשיתי את מלאכתי, כי בפנים הספר לא אוסיף אפילו אות אחד משלי. ורק את אשר אמצא להעיר א. לפרש להקוראים מדוע עזבתי את המאמר או ההגדה ההיא ארשום בסמנים מיוחדים אשר אוכל לקרות בם רק אני לבדי בכפר מיוחד. ואת הספר ההוא לא אשלימו עד אשר אכלה את מלאכתי כולה מכל הש״ס. ויען כי לפי ידיעתי הברורה ד״ה היא לפני שעה אחת לדף גמרא אחד עם כל מפרשיו ונושאי כליו הנצרכים למלאכתי בלי שום פלפול צדדי שאינו נוגע לעניני, מפני שכבר קראתי אותו כולו וגם כל הירושלמי תוספתא ומשניות בחורף 83—84, וישנם דפים כאלה אשר גם שעה תמימה לא אצטרך להם וגם חצי שעה תספיק להב, הנה יהיה בכחי ללמוד ולהבין בכל יום עב״פ חמשה דפין גמרא אשר יהיו מוכנים לדפוס, וכה נצרך לי למלאכתי רק ערך 550 ימים אשר אעבוד בהם חמשה שעות בכל יום כי לערך 2570 דפים (זולת המשניות) גמרא ישנם בכל הש״ס בבלי.

ואחרי כל אלה אם גם המצא תמצא איזה שגיאה במלאכתי, היינו אם אחרי כל ההתבוננות אשמיט איזה דבר אשר החכמים ימצאו אותו מעקר התלמוד, או כי אכנים דבר אשר החכמים ימצאוהו שאינו מעיקר התלמוד, הנה לא אקצין בזה בנטיעות כלל, כי את החסר יוכלו להשלים בכל עת והנוסף יוכלו לחכרו, העקר הוא כי הרעיון יצא לפועל והמלאכה הראשונה תוגמר; ולהשלימה לפארה ולכללה עוד יש עת רבה ועוד לא תמו חכמים מן הארץ, ומוקירי התלמוד עוד ישנם, אנכי אעשה מה שמוטל עלי ובכל כחותי וכשרונות נפשי אעבוד את העבודה הזאת, אבל לא אומר כי לא אשגה, או כי „קבלו דעתי״ אני יודע את עצמי הודות לה׳, יודע אני את חברי ויודע אני את רבותי, אני אתבונן במה שהרשתי ואעשה את שלי, והמה יעשו את המוטל עליהם והתלמוד הקצר יהיה אי״ה לנס ולברכה לכל ישראל ולכל הגוים אשר יראו אותו בקצורו בהדרתו ובהעתקתו.

ועתה אתם בני ישראל כל אלה אשר מצא הרעיון מסלות בלבבכם, כל איש אשר יקר בעיניו תורתנו הקדומה והטהורה, כל החפץ בטובת עמו דתו ותורתו, תמכוני, עזרוני! תנו ידכם לדבר הגדול הזה, עמדו לימיני וגוננו עלי בחסדכם, והיו נכונים לקבל את תורתנו שבע״פ הקדומה הישנה והטהורה על ידי איש דך וכואב אשר הקדיש את חייו למטרה הזאת, והתברכו מן השמים.

פתח שלישי:

התמונה המבארת את דברי הלל הזקן.

הרים וגבעות, שמים וארץ, חמה ולבנה, כככים ומזלות, בקשו עלי רחמים! עד שנבקש עליך נבקש על עצמנו! אמר: אין הדבר תלוי אלא בי! הניח ראשו בין ברכיו וכו׳, יצאה בת קול כו׳ מזומן לחיי עולם הבא, בכה רבי כו׳ ואמר: לא דיין שמקבלים אותם אלא גם שקוראים אותם. (ע״ז י״ז במעשה דבן דורדיא).

חכמי חרשים קרבו הנה, ציירים אמנים גשו נא והתבוננו במה כחכם גדול לצייר לפנינו תמונה זו שהתוו לפניכם חכמנו ז״ל בספור חול ובקוצר מלים, כעשר מאות שנה לפנים, התעשו גם תוכלו? העל היריעה הפרושה לפניכם תתארו אותה

עמלי! מה גם כי אחרי יודע מהות הספר, אחרי יוכחו כי לא נוסף בו אות אחד מכל הנכתב והנדפס בבל הש״ס כבר ואף יחסרון בו מאמרים הנמצאים בבל הש״ס, לא יעלה ולא יוריד שם המסדר את הש״ס מערכו אף כמלא נימא, וגם הקנאים היותר גדולים אם אך יודע להם כי אין בהספר הזה אלא דברי התלמוד בעצמו ולא חסר מכנו גם ענין אחד בהלכה ואגדה, ורק הדברים הטפלים נחסרו בו, לא ימנעו את עצמם מללמוד בו וללמדו, כי גם המה אוהבים את עצמם וחפצים לקחת מן המוכן בלא עמל ויגיעה, מלעמול ולינע את עצמם חנם...,, ומכאן אמנם תשובה גם להשאלה השניה אם יקובל הספר לעם אם יהיה רק מאיש אחד, אבל נוסף לזאת נשאל גם אנחנו: ההסכן הסכין העם לקרא בספרים אשר נתחברו ממחברים רבים? או הנמצא ספר כזה? הן מעת שהנחיל הקב״ה את תורתנו הקדושה למשה מורשה, ואמר „זכרו תורת משה עבדי״, נקבו כל הספרים בשם מחבריהם האחד, והמספר היותר גדול הוא השנים: המשנה נקראת ע״ש רבנו הקדוש, התוספתא ע״ש ר׳ חייא ור׳ אושעיא, הש״ס ע״ש רבינא ורב אשי, 1) המדרש ע״ש ר׳ חייא רבה, הספרי ע״ש רב וכו׳. ומאז והלאה נקראים הספרים ע״ש מחבריהם היחידים, השאלתות ע״ש רב אחאי. ההלכות גדולות ע״ש ר״ג מקיירא, וגם המחברים המאוחרים אשר חברו ספרים ויחפוצו כי יקובל ספרם קראו עליהם את שם אחד מן הגדולים כמו פרקי דר״א, אבות דר׳ נתן ועוד ועוד. ואין עוד לדבר מספרי הרבנים אשר כל אחד ואחד נתחבר רק מאיש אחד אם גם ספר דתי הוא להלכה ולמעשה, ומעולם לא נתחבר כפר דתי מאספת חכמים עפ״י ישיבת אקאדעמיע ועפ״י רוב דעות בישראל, ואיפוא א״כ יקח לו ההמון את הרעיון לבקש ספר שיצא מסוד חכמים ונבונים יושבי בשבת תחכמוני? וכה לא נשאר לי אלא לפרש במה כחי גדול אשר אדמה בנפשי לגשת אל המלאכה לבדי ואיככה אוכל לשער זמן עשית המלאכה לא יותר מן שליש שנים בעת אשר לכאורה הזמן הזה נצרך גם לאיש מלומד לעבור על כל הש״ס עם מפרשיו ונושאי כליהם? ואיה היא המלאכה הקשה והכבדה מאד, מלאכת ההעתקה כן הש״ס אשר גם לזה לא אקבל שום עוזר מפני שאין ידי משגת לשלם להם, וכמפני שנסיתי כבר בעסקי בעבודתי אצל האדון הפראפ. לאצארוס כי ההנהה למלאכת המעתיק לקחה ממני עתותי יותר מאשר העתקתי בעצמי. ואיך אפוא אקבל עלי מלאכה כזו לגמרה כליל במשך שליש שנים, אם יחייני ה׳, גם מבית הדפוס?

יודע אני אדוני את כל אלה, וחלילה לי לחשוב על עצמי, כי הנני מהיר במלאכתי יתר מכל חכמי הדור, או כי מן המלומדים כנילי, ועכ״ז הקצבתי הזמן בהתבוננות רבה ובמתינות. והנני רואה כי הזמן הזה הוא היותר גדול הנצרך למלאכה הזאת וגם אז אם אעבוד רק חמש, שש שעות בכל יום, ששה ימים בשבוע. ולמען יאמינו לי קוראי אפרש את סדר המלאכה ואגלה את סודה, כי כבר כתב עלי החכם מא״ש שאינני מבעלי הסוד, ואז יראו הכל, כי לא כינזם ולא מתפאר אני.

קוראי „הקול״ חמש שנים לפנים כבר ידעו כי בקי אני במלאכת השבעת הקולמס וכבר גליתי את סודה (בגליון 14 או 16 שנה חמישית בו, כי איננו בידי בדרכי לעיין בו) אבל אחי, הוספתי חמש שנים ולמדתי עוד מלאכה אחת אשר גם בה ישתמשו סופרים רבים והוא מלאכת המספרים ואת המלאכה הזאת אשר אני אומר לגשת אליה לא בקולמסי ולא בעטי אעבוד אך בשכלי הדל ובמספרים החדים שיהיו בידי.

אני אעשה את מלאכתי בשתי שסי״ן האחד יהיה ש״ס גדול עם כל המפרשים

1) יעויין כ״ז בספר דור דו״ר ה״ג בפרקי השבעה עשר והשמונה עשר.

ובכן אקוה כי כל ההוגה דעות והמתבונן יבין וידע כי אין עצה ואין תרופה אחרת כ״א לטהר את התלמוד, לנקותו ולהפרידו, לקבל את כל מאמריו הקדומים, את כל החלכות והאגדות שאין בהם כל נפתל ועקש ולהדפיסם לבדנה, ולהרים אותם על נס לעיני כל ישראל ולעיני כל שונאינו ומנדינו לאמר: „זאת היא התורה שבע״פ אשר שמו לנו חז״ל בעלי התלמוד, והשאר מונח בארכיווע, כרוכה ומונחה בקרן זוית וכל הרוצה ליטול יבא ויטול, ובזה ידע ישראל את התלמוד אשר לא ידע עד כה, לא ייראו עוד ללמדו לבניו, ולא עוד יבוש בו ישראל, וגם משנאינו יתנו בעפר פיהם כי את האחריות מהמאמרים שנשארו מונחים בארכיווע לא יוכלו לשום עלינו כי אז הלא נאמר להם עד שאתם אומרים לנו טול קיסם מבין שיניך, אומרים אנחנו לכם טול קורה מבין עיניך.

ועתה אדוני! אחרי הודעתי לכם באגרתי הראשונה כי אחרי ההסתכלות וההתבוננות על ספרותנו הזאת לא נתן לי הרעיון מנוח יומם ולילה להשיב להעם את התלמוד והתלמוד להעם, אחרי התבוננתי וראיתי כי הירא ורך הלבב עבודתו פסולה, ואחרי אשר לקחתי לי למשען את עצת חז״ל במקום שאין אנשים השתדל, ואחרי אשר אני רואה כי רעיוני מצא מכלות בלבבכם ותבינו את נחיצת המעשה והמלאכה, אשוב לפרש לפניכם את כל מחשבותי בזה ואת כל פרטי עבודתי אשר אומר לגשת אליה בקרב הימים בעזרת אלקי אבותי, ואענה על אחרון ראשון ועל ראשון אחרון:

מודה אני כי לוא יכלתי לעשות את מלאכתי בחשאי ולא גליתי ממנה עדי תהיה כולה מוכנת בידי, כי עתה יותר טוב היה לפני בפרטים אחדים, וגם בפרטים אחדים להמלאכה בעצמה כי את הנעשה כבר אין להשיב, ואם אמנם לא נתקבל אצלנו שום ספר בלא קולות וברקים, מיום נתנה התורה לנו, הנה הקולות לא יחדלון גם אז כאשר כבר יצא הספר מבית הדפוס; ממינים וממשמאילים, מזכים ומחייבים, לא יחסרו לנו גם בעת ההיא, ולכן יותר טוב היה הדבר לוא היה ביכולתי, לשבת במנוחה שליש שנים למצער ולא לעסוק בשום דבר זולת מלאכתי הזאת, אבל מפני שאין בכחי לעשות את הדבר הזה, ומפני שבאמת חפצתי לשמוע דעת החכמים והתורנים על עצם הרעיון ועל נחיצת המלאכה ראיתי כי לא נכון לבטל את המלאכה ולכלות את הרעיון מפני פרסומו.

וע״ד אשר יחושו אחדים כי שמי, שם יחידי, יזיק לקבלת הספר, או גם לראשית המלאכה, הנה שתי תשובות בדבר, א) להדפים את הספר בלא שם המחבר יזיק מאד, כי מעת החלה המיסיאן האנגלית והאשכנזית להפיץ ספרי עברים בהעלמת שם המחבר, יוטל החשד על כל ספר אשר יופיע בהעלמת השם אם גם מטרתו הוא נגד המיסיאן, וגם המזיק ברעותיו להמיסיאן רב יתר מאשר יזיק לדעות הקנאים איננו יוצא מן החשד הזה, ואם אמנם גם החשד הזה איננו מונע את החכמים לקרא את הספר ולהבין בו, אבל המון העם ינועו ממנו ויעמידו מרחוק ואז לא יוכל הספר להשיג את מטרתו; וזאת שנית, שאם אמנם אינני רודף אחר הכבוד[1] אבל גם אינני בורח ממנו, מפני שלא אחפוץ שהוא ירדוף אחרי; כי החסר רודפים אני מבלעדי? ולכן אם יהיה ה׳ בעוזרי ואגמור את המלאכה הזו אחפוץ כי יקרא שמי עליה, כי הן זהו שכרי מכל

---

[1]) לא מפני שאשנא אותו או שאיננו יקר בעיני אך מפני שבטבעי אינני מן הרודפים ולא עוד שגם אתעב את הרודפים, ובפה מלא אוכל להתפאר כי אינני מן הרודפים אחרי שום דבר בעולם, גם לא אחרי הכסף בעת שאוכל להיות מבלעדו וכמדומה לי כי גם שונאי היותר גדולים לא ימציאון עלי את החסרון הזה כי הנני מהרודפים אחרי איזה דבר מגונה או משובח.

בארכיווע ואין משים לב עליהם, אבל מה כחה של הטענה הזו ומה טעמה, בעת שההבדל הגדול בולט ונראה? מפני העמים הקדמונים מונח ם בארכיווע ולא יראו רק להפילאלאגן ודורשי קדמוניות, והתלמוד ע ם כ ל מ ה ש ב ת ו כ ו נדפס בכל שנה ושנה לאלפים! העיני האנשים ההם תנקר לקבל את הטענה הזאת ולהצדיק את התלמוד ואותנו המחזיקים בו? אותנו, אשר גם אנחנו מודים ואומרים כי יהודים תלמודים נחנו!?

ולא זו בלבד, אלא שהמפרשים את האגדות הזרות וההלכות שאין אנחנו יודעין מה טיבן, באללאגארית מדומית, בחקירות כזבות, בפילוסופיא של הכל ובהזיות הקבלה וחכמה נסתרה, שגם המה נספחים אל התלמוד, ירעו ויציקו לנו מאד 1), כי בזה המה מקדישים את התלמוד כ ו ל ו ומחזקים את טענת המנגדים, אשר אינם יכולים ואינם צריכים להאמין בסודות התלמוד כמו שאינם מאמינים בסודות של ספרי הקדמונים, כי הלא ישאל ישאלו בנו „אם אין ממש בכל הדברים החסרי טעם האלו, ואין בם מועיל, וכבר בלו מזוקן מדוע לא תסירו אותם מהתלמוד אשר אתם מדפיסים ללמוד וללמד?! ואם עודכם מחזיקים בם ואומרים כי דבריהם ממולאים בסודות שאין לכם בעצמכם כל מושג מהם, הלא בעלי הזיה שאין כמוכם בכל העולם אתם?!“

והטענה הזאת, מורי ורבותי, תעשה רושם גדול וחזק לא בעיני העמים האחרים, כ״א על היהודים עצמם שרובם אינם יודעים את התלמוד, ואינם יכולים לדעתו בכמותו שהוא עתה, כי המה שמעים את הכתוב בתלמוד רק מפי שונאיו ואת טענת מצדיקיו אינם יכולים להכניס בלבם, ואשר על כן נחלקו לשלש מפלגות: האחת תעשה את התלמוד כולו לקדש קדשים ואומרה כי הוא מלא סודות. רמזים, צירופי שמות וחכמה נסתרה על כל גדותיו, (המה מפרשים „ביצה“ בר״ת י״ב צירופי הויה, „בית שמאי“ מליצון במתא שמאי ר״ל בית המושל על כל העולם, „בית הלל“ הבית שמהללים ומשבחים את הרבש״ע), את כל המצות עשה יקחו לסרסרים ולשושבינים ליחד בהם את קוב״ה ושכינתיה ואת הל ת יקחו לכלי זיין ללחום בם נגד הסטרא אחרא נגד הס״מ, השטן, לילית וכל כת דילה, או להיפוך; השנית אשר נכנסה בלבה טענת המנגדים ועל ידם השמיטו ידיהם מן התלמוד שופכים את מי הרחצה עם הילד, המה אשר אבדו את התלמוד חיי רוחם ויסוד אמונתם, נ ש א ר ו ב ל א כ ל א מ ו נ ה, והמה נקראים יהודים רק מפני שנולדו מאבותם היהודים; והשלישית אשר לא תוכל לשרש מלבה את שורש האמונה, ולא תוכל לחבל את נטיתה להאמין באיזה דבר, תעבור את זרם המים, המה מטהרים במים את בשרם ובזה יפטרו בפעם אחת מהתלמוד ומכל מה שבתוכו אבל לא מהאמונה. כמה חללים הפיל התלמוד מעת החלו מגדיו להעלים את טובו להראות את חסרונותיו? אם את הדבר הזה תחפוצו לדעת עליכם להסתכל בעין חודרת ולהביט על מספר בני ישראל בכל מקום שהם, על מספרם הכולל שלא יעדיף בשום אופן על שבעה מיליאנען, בעת שעם ישראל הוא העם הזקן והקדום מכל העמים הנמצאים כעת, בעת שהמה פרים ורבים יתר על כל העמים, מתים פחות מהם (ואולי יטען הטוען כי מבנ״י נהרגו לאלפים וכו׳ וכו׳ יראה נא בהערתי על מכתב ימ״ל בהקול נר׳ 285 אד 26) ומה היא הסבה האמתית והנכונה כי מספרנו לא יתרבה ולא יתגדל אם לא זאת „ש ל א נ מ ל א ה צ ו ר א ל א מ ח ו ר ב נ ה ש ל י ר ו ש ל ם“?! כי לדאבון נפשנו כבר ראינו ונוכחנו לדעת, שכל אשר יצא מדת התלמוד, לא שב אליה עוד.

1) ומה נאמנו דברי החכם המנוח „ד ו ב ש“ בהחלון שאמר על מפרשי „רבה בר בר חנה“ בפרושים כאלו: „נפלה נא ביד רבה בב״ח וביד מפרשיו בל אפולה.“

הנה כי כן שונה היא ספרות ישראל מהספרות של כל עם ועם, שתחת שלכל העמים והלשונות ישנם סוחרי ספרים אנשים חכמים וידועים הקונים את פרי עטם של החכמים וידפיסום על חשבון עצמם, ואשר טרם יוציאו את כספם יתבוננו מאד במהות הספר, בהצטרכותו לעם, בטובתו ובדעתו, הנה לנו, עם בנ"י, אין לנו סוחרי ספרים כאלה ולא אנשים חכמים וידועים אשר יתעסקו בהרחבת ספרותנו, כמעט כל המחברים מדפיסים את ספריהם על חשבון עצמם, או במלות אחרות על חשבון הקהל מבלי ישאלו את פיו, והמדפיסים שבנו, מדפיסים או את ספרי המחברים על חשבונם, או את התלמוד וספרי הדת עם הוספות על מה שלפניהם על חשבון עצמם למען שבח מקחם; או סדורי תפלות עם הוספות ופירושים ותחינות ומעמדות וסמני הקאפיטלין תהלים ליולדות להולה וכו' וכו', ודברי ר' יוחנן וגם דברי ר' אבדימי דמן חיפה נצבים וקימים לעד ומזהירים עלינו בביום נאמרו.

אף לא בזה לבד נפלינו מכל העמים בכל המדינות כ"א גם בזה אשר לפי ערך מספרנו נגד כל העמים, תוגדל ספרותנו אלף פעמים ואולי גם רבבות פעמים מספרותו של כל עם ועם, כי עם חכם ונבון אנחנו באמת מלידה ומבטן ואין אנו צריכים כלל לידיעת בית מדרש המדעים, לידיעת בית הספר הכללי, וגם לידיעת התלמוד ומפרשיו לחבר ספר מדעי, די לנו אם נבין מעט את שפת קדשנו, ואם גם לא נבינה מה בכך? יש לנו שפות רבות בנות ובני בנות שפתנו הקדושה ויש לנו ספרים רבים הצריכים ביאור, וגם ביאורים רבים צריכים ביאור, וכל מבאר ומחבר יניח מקום לבניו להתגדר בו לחבר ביאור לביאורו, ואם גם כבר נדפסו פרושים וביאורים עד בלי די, הלא יש לנו שבעים פנים לתורה, תורתנו ארוכה מארץ מדה ורחבה מני ים והיא מועט המחזקת את המרובה, רבבות פירושים ואלפי אלפים טעמים קבלנו בכפיה ובכל אלה תורת ה' עודנה תמימה היא ולא נגע בה עוד יד כל איש! וע"ב מגודל היער לא נראה את העצים ומרוב העצים לא נראה את היער, ותורתינו הכתובות והמסורות חתומות הנן לנו כביום שנתנו לנו כי נתקימה בנו קללת רשב"י שאמר: „אלא מה אני מקיים ישוטטו לבקש דבר ה' ולא ימצאו שלא ימצאו הלכה ברורה ומשנה ברורה במקום אחד“ (שבת קל"ט.) ור"ל אפי' במקום אחד וד"ל.

אמנם כן נתאמת בנו מאחז"ל הזה במדה נדושה מאד. וכאשר אמרו במ"א ישראל חטאו בכפלים ולקו בכפלים, כי מעת כפו עלינו את ההר וגזרו ואמרו: „עליו אין להוסיף וממנו אין לגרוע“ אשר נתקים רק החצי השני שלא גרעו ממנו אבל הוסיפו עליו הרבה מאד בכל דור ודור בזדון ובשגגה, (כאשר יבאר הדבר בשום שכל הרב הראה"ו בדו"ד ח"ג) לא לבד שאין לנו הלכה ומשנה ברורה עד שחוברי ספרים למאות להמציא ההלכה לנו, אלא שגם משטיני התלמוד ומנדיו רבו מאד וכפעם בפעם ירימו על נס את מאמריו להראות משגתו, אי־סבלנותו, הזיותיו והבליו, וממאמריו האלה חותכים את גזר דינו לכליה ולשרפה. ודברים כאלה רואים אנו בכל דור ודור מימות ענן, ושאול, וואלטער, אייזענמענגער, פפעפפערקארן עד ראהלינג ושטעקער בדור הזה, אך מה עושים מצדיקי התלמוד? המה מאספים מאמרים אחרים המכילים בקרבם מדות ישרות, אהבת אדם במדה גדושה, סבלנות רבה, וכו' וכו' ויציקום לעומת המאמרים הנ"ל, ובדבר המאמרים אשר ירימו שונאי התלמוד יתנצלו „את מי אין כמו אלה“? כי אם נחפש בחוקי הגוים הקדמונים, באגדותיהם ודרשותיהם נמצא דברים רבים מאד הגרועים יתר רב ממאמרי התלמוד; והטענה הזאת יכולה היתה באמת להיות טענה חזקה ואמתית אלו היו התלמוד אגדותיו ודרושיו מונחים בארכיווע כמו שמונחים חוקי הגוים הקדמונים, אגדותיהם ודרשותיהם, הבליהם והזיותיהם

התורה מוטב, תהיו לעם בין העמים, ואם לא שם תהא קבורתכם, הוא לא אמר פה תהא קבורתכם תחת ההר כאשר היה צריך לומר אם היתה כונתו שישארו קבורים תחת ההר אם לא יקבלוה, כ"א: שם! שם בין האומות הרבים תהא קבורתכם שאם לא תקבלו את התורה תתערבו ותתבוללו ביניהם ותחדלו מלהיות לעם ולא יזכר שם ישראל עוד. — והנה אנו ראים כי „המלמד" של ר' אבדימי דמן חיפא הוא באמת מלמד גדול ונכבד מאד, הוא מלמד זכות כמו על כלל ישראל כי לא נופל ם הכה מיתר האומות לקבל דבר שלא ידעו מה טיבה, וגם להם לב כמוהם, כן על הכופים עליהם את ההר שמפני שקטן יעקב ודל הוא הנהו מוכרח לקבל את תורתו בכפיה ובאונס, למען יחיה, ולמען לא יקבר בין יתר העמים — ועד כמה כנים ונאמנים דבריו אלה יבין כל איש כי לולא תורתנו שעמדה לנו האם נשאר לנו כל זכר? לולא כפיית ההר כגיגית בכל דור ודור אפוא היינו כולנו?

כן הוא, אחי ואדוני! הננו מקבלים את תורתנו בכפיה בכל דור ודור, בכל עת וזמן וכל איש היודע אף מעט את סדר השתלשלות תורתנו, מימות משה עד עזרא ונחמיה אשר נקבצו כל ישראל לקול החרם הגדול (מרעידים על הדבר ומהגשמים, עזרא י') עד המשנה בשררתו של רבנו הנשיא, עד התלמוד שגזרו רבנן סבוראי ואמרו: עליו אין להוסיף וממנו אין לגרוע (מחמת המינים ובתות אחרות), עד ספרי הגאונים שמשלו בממשלה בלתי מגבלה, עד ספרי הרבנים שאחריהם שהחלו להגיד כי דבריהם קבלו מן השמים (הראב"ד הסמ"ג ספר התרומה, ר' יעקב מקורבל ועוד ועוד) עד ספרי הפוסקים הראשונים והאחרונים שגזרו „ואין לשנות", יראה את ההר כפוף ועומד עלינו גם עתה מלמעלה ואומר „אם תקבלו את התורה מוטב ואם לאו" . . . .

ואולם אם הכופים הראשונים שכונתם היתה באמת לקיום האומה, עשתה כפיתם הגדולה פרי רב, והחזיקה את הלאום עד היום הזה (אם כי הפריזו על המדה כאשר התאוננו חז"ל בעצמם ואמרו משרבו תלמידי שמאי והלל נעשתה התורה כשתי תורות, וביום שגזרו על הדברים המותרים אמרו „והיה קשה לישראל כיום שנעשה בו העגל") הנה הכופים האחרונים גדשו את הסאה ובכפיתם עזרו לרעה הרבה מאד כי רבים המה מאד מאד אשר יצאו לרגלם מתחת ההר הכפוי ולא יראו עוד לא את ההר ולא את היער ולא את הדוב — ואף גם זאת עשו האחרונים שתחת אשר תורת הראשונים עד שנחתם התלמוד, שאם אמנם היה מסדר הספר לרוב איש אחד לבדו, נועץ עכ"פ עם בני גילו ועם תלמידיו את מה לזרות ואת מה להבר, הנה באו האחרונים ובנו להם כל אחד במה לעצמו עפ י דעתו וסברתו לבדה, חבר ספר ויכפה את ההר כי יקבלוהו, עד כמה היתה כפיתו של כל מחבר כפר, כי ספרו יתקבל ויתקדש, לא פה המקום לבאר, (כי יתארך ויתרחב המאמר מאד וכבר יצאתי כמעט ממטרתי) אבל זאת יכול כל איש לראות בתוכן ספרי הראשונים, ובהסכמות של הרבנים על ספרי האחרונים, וגם מעת חדלו ההסכמות להיות למנהג בישראל, לא חדלו המבקרים והבקורים במכתבי העתים והמודעות השונות הרבות המפליאות את הספר לכפות את ההר וכו' וכו'. והמחברים העניים אשר אין להם לא זה ולא זאת מחזירים על הפתחים עם ספריהם וכופים גם המה את ההר, עד כמה שיש ביכולתם, שיקובלו ספריהם, כללו של דבר אם נסתכל בעין טובה וחודרת נראה כי אין לך ספר וספר בספרות ישראל שלא כפו בעדו את ההר אם מעט ואם הרבה, ובלתי זאת לא היה לו כל זכר בעולם. ואולם אין רע בלי טוב כי בין הספרים הנתנים בכפיה ישנם גם אלה אשר יפיצו אור רב ויועילו מאד לקיום לאומיות ישראל.

התורה הכתובה והמסורה מראשיתן עד היום הזה, ולהתבונן על המאמרים הנפלאים המספרים לנו סדר קבלת תורתנו אשר הצגתים בראש מאמרי הזה, ואומר:

כל איש אשר לו מח בקדקדו יבין עד מאד, כי מדיוקי הכתובים לבדם לא היו יכולים ר׳ יוחנן ור׳ אבדימי דמן חיפא ללמד את הגדותיהם המפליאות שהמה בעין הוצאת לעז על התורה שאינה שוה להתקבל לכל אומה ולשון, וגם לישראל עצמם לולא כפו עליהם את ההר, ועוד יותר לא היו מתקבלים הגדותיהם האלו כדבר ברור נכון וקים לכל חכמי האגדה עד שר׳ אחא ב״י אמר מכאן מודעה רבה כו׳ ורבא הצטרך לחפש בהשתלשלות התורה זמן אחר שקימו מה שקבלו כבר (גם עם הלא באונס היה) ומסדרי הש״ס התפלאו על אוה״ע ומי מצו למימר הכי? מפני „המלמד״ שברא ר׳ יוחנן כי החזיר הקב״ה את התורה ולא קבלוה! — כאלו גם אוה״ע מוכרחים המה לשמוע בקול המלמד הזה; ואחרוני המסדרים שנו את ההגדה הראשונה בלשונה מן „כלום נתת לנו ולא קבלנוה״, על „כלום כפית עלינו את ההר,״ ורק מפני „המלמד״ של ר׳ אבדימי? ובמה יפה כחם של „המלמדים״ האלו מכל „מלמדי״ ההגדה אשר מצבם רעוע ורופף מאד ואין שואלין בהם ואין משיבין עליהם?!

אבל האמת תעיד על עצמה, כי ההגדות האלו אינן הגדות היוצאות רק מפי המלמדים האלו כ״א היו מסורות בפי החכמים וקבועות בלבם ולא היה להם לפון אף רגע באמתתן — ר׳ יוחנן הזה אשר היה ממיכדי ומרחיבי דתורה שבע״פ, הוא אשר היה העד כי רבנו הקדוש סדר את המשנה לבדו בלא אסכמת הכמים הככימים אתו (אדרבה הוא סדר אותה נגד דעתם של רוב החכמים ראה בדו ר ודורשיו) והוא ר׳ יוחנן עצמו אשר מצא לנחוץ לחזק את התורה הזאת ולשום אותה להוק על העם בזמנו (מפני שראה בעין פקוחה כי לולא זאת יתבולל ויתערב העם בין הגוים ובפרט בזמנו כאשר פרצה ונתגדלה התורה המשיחית) וישם כללים מפליאים לאמר: „אם יכול אתה לשלשל את השמועה עד משה, ׳שלשלה״ (ירושלמי שבת פ א הג׳) אם באה הלכה תחת ידך ואין אתה יודע מה טיבה אל תפליגנה לדבר אחר שכמה הלכות למ״מ קבועות במשנה [שיכר רבי], (שם פאה פ״ז) כל מילא דלא מחוורא כמכינן לה מאתרין כגיאין״ (שם ברכות פ״ב ערובין פ י) והוא ראה כי דבריו מצאו מכלות בלבב העם ותורתו נתקבלה ונתקדשה. האם היה יכול לדרוש אחרת בשבח ישראל כי רק בני ישראל עלולים ומוכשרים לקבל הלכות שאינם יודעין מה טיבן, ואין לך כל אומה ולשון בעולם שתקבל הלכות כמו אלו? האם לא נאה דרש אשר שם בפי „המלמד״ שלו כי הקב״ה החזיר את תורתו לכל האומות ולכל הלשונות (נירכת נין יעקב) ולא רצו לקבלה? כי עד כמה שהיה כחו רב בהלכה להחיותה ולקימה ולשלשלה עד למשה מסיני כן היה גדול כחו באגדה לגלות טפח ולומר דבר אשר כל החכמים יבינו את אמתתו ולא יפונו בו׳ ·.

ואולם ר׳ אבדימי דמן חיפא גלה טפחיים, הוא בא לגלות על תורתנו הכתובה והמסורה כי מעולם לא נתקבלה אצלנו אלא בכפיה ובאונס, כי באמת התורה הכתובה והמסורה תסייעו, בקבלת התורה היו קולות וברקים, ענן כבד, קול שופר חזק, הר סיני עשן כולו, ויחרד כל העם ויאמר נעשה ונשמע״ ובתורה המסורה „דודים דברי סופרים מדברי תורה״, „כל העובר על דברי חכמים חייב מיתה׳, „מכין אותו מכות מרדות עד שתצא נפשו״, 1) וגם „כל הפורץ גדר שגדרו חכמים ליטרקיה חויא דרבנן דלית לי׳ אסותא״! אבל בגלותו את הדבר הזה גלה גם את טעמו לאמור: „אם תקבלו את

1) מה שעשו כן בעתים רחוקות מאד להעובר על דברי תורת משה אף בעדים ובהתראה, עד כי קראו את הסנהדרין שדנו למיתה אחת בשבעים שנה בשם סנהדרין קטלנית. המו״ל.

כולם אשר לא נתנו אז לדפוס ורק נזכרו בהקול No 300 ובאגרת התלמוד השנית שהננו, מוצא לנחוץ לתת עקרי הדברים פה, מפני ששמה מבואר היטב סדרי המלאכה והכליתה ,אשר לא שניתי רבות גם עתה אחרי שעברו עלי עשר שנים שלא עסקתי בענין הזה ואת הקורא אבקש כי ישים לבו לדברי שאינם דברים של מה בכך ואלו הם:

פתח שני.

אם אתם מקבלים את התורה מוטב!

„ויתיצבו בתחתית ההר׳ א״ר אבדימא בר חמא מלמד שכפה הקב״ה עליהם את ההר כגיגית ואמר להם אם אתם מקבלים את התורה מוטב ואם לאו שם תהא קבורתכם. א״ר אחא בר יעקב מכאן מודעה רבה לאורייתא. אמר רבא אעפ״כ הדור קבלוה בימי אחשורוש דכתיב קימו וקבלו, קימו מה שקבלו כבר. (שבת פ״ז).

ומי מצו למימר הכי (שהקב״ה לא נתן את התורה לאומות העולם) והכתיב „ויאמר ה׳ מסיני בא וזרח משעיר למו, הופיע מהר פארן ואתא מרבבות קדש וגו׳״ מאי בעי בשעיר ומאי בעי בפארן? א״ר יוחנן מלמד שהחזירה הקב״ה את התורה על כל אומה ולשון ולא קבלוה עד שבא אצל ישראל וקבלוה? אלא הכי אמרי „כלום קבלנוה ולא קימנוה״ כו׳ אלא הכי אמרי „כלום כפית עלינו הר כגיגית ולא קבלנוה כמו שעשית לישראל״ כו׳. (ע״ז א׳).

אחי ואדוני! אך שבועות אחדים עברו מאת גליתי רעיוני בדבר התלמוד, ולשמחת לבבי הגיעוני מכתבים רבים אשר יברכו וישבחו את הרעיון הזה בכלל, כולם מודים ואומרים כי הדבר הזה ר״ל „קציר התלמוד״ נחוץ לנו מאד, וכולם מתאוננים על האינדפערענטיזמוס השוררת בין בני עמינו ואשר לכן יפונו רובם אם יעלה בידי לגמור את המלאכה הכבדה הזו, והאדון הפראפעססאר לאצארוס בברלין אשר הקדיש את כל ימיו לטובת היהדות וספרותה, יאמר גם זאת שאחרי אשר קרא את מאמרי בשום לב ובהתבוננות ובעליצת נפשו, אחיתו גם הונה הרייעית כאשר לא יאמין כי עוד בחייו יזכה לראות את הדבר יוצא לפעולתו ומתאונן מאד אשר הוא לבדו כבר עכום הנהו עבודה רבה אשר אין בכחו להזניחה ולכלותה במהרה, ולמצא קא-לעגיום לא יקוה מפני האנדפערענטיזם וכו׳ וכו׳.

ועוד יותר ממה שקבלתי בכתובים שמעו אזני מאנשים רבים השונים בדעותיהם ובמפעליהם אשר דברתי אתם אודות הרעיון הגדול הזה ובתוכם גם עם גאון אחד רב ואב״ד בכרך גדול ברוסיא אשר נהירין ליה שבילי דש״ס כשבילי עירו, וכולם מסכימים לעצם המלאכה, כולם יבינו את נחיצות „הש״ס הקצר״ אשר יפקח את עיני רבים להבין ולהשכיל בו, ואף דעותיהם שונות הםה בסדור המלאכה, זה יחפוץ להניח פירוש רש״י על הקיצור הנדפס, וזה יאמר כי הנוספות אשים כן הצד וארא עליהם, באצבע לאמר: „ראה זה הדש ונוסף הוא״, ועוד פרטים אחדים שאינן כדאי לפורטם אבל כולם כאחד מסופקים א) אם יהיה לאל ידי לגמור לבדי את המלאכה בלא עזרת רבים או יחידים, ב) לא יהא כדברי כי אחל ואכלה את מלאכתי, אם יקבל הכפר הזה לכל עדת ישראל אם יהיה אך כאיש אחד לבדו, ג) אם תהיה תפארת המלאכה הזאת להקרא שמי עליה, אחרי כי כבר יודעים ומכירים אותי מחבורי, שהנני עשה את החקירה חפשית בישראל, ד) ישאלו אחדים מדוע פרסמתי את הדבר הזה מראש למען העיר דיבת רבים? ולדעתם בטוחים המה שאם הייתי עשה את מלאכתי בחשאי והייתי גומרה ומדפיסה בליל. אז לא היה ע״ז שום פוצה פה אף כן הקנאים.

הדברים האלה עוררוני לפרש שנית באר היטב בדבר המלאכה הזאת, להגיד מפורש במה כחי גדול לגשת אל המלאכה, ומה הנה תקותי כי עשה אעשה וגם יכול אוכל. אבל טרם אעשה זאת הנני מוכרח לשוב ולהביט לאחור על השתלשלות

רואו את תקוני, לא התריז עליהם מאד, כאשר יראה הקורא במכתבו שנדפס אז בהקול בעתו). וכה אם נעתיק את הטעקסט מכל הש״ס אשר שני שלישים או גם יותר נתוספו בו לפי הדוגמא ההיא, הנה יישאר לנו ספר קטן בכמותו ורב מאד באיכותו. התורה שבע״פ שלמה תהיה אתנו ולא יחסר כל בה, והיא תהיה מסורה בידנו ונוכל להגביה ולהראותה בגאון לעיני כל האדם כמו שאנו מגביהין את תורת משה בכל שבת וקוראים ואומרים: „וזאת היא התורה אשר שם משה לעיני כל ישראל״.

אמנם כן, ידעתי גם ידעתי כי קצור התלמוד המדובר שאנחנו נקרא אותו: התלמוד העקרי „דער עכטער תלמוד״ ראוי הוא להעשות רק ע״י אספת חכמים גדולים „געלעהרטע קאללעגיום״ אשר יבררו אותו עפ״י הכללים אשר יניחו במלאכתם ורק מהסכמת כולם יפורסם בבית הדפוס, ולא לאיש אחד לעשותו ולתקנו אם גם יהיה מלומד גדול מן הראשונים שבדור, אבל ארוני הן רק זאת חפצי ומגמתי כי מלאכתי תובא לפני אספת החכמים אשר היא תחרוץ עליהם משפט. וגם זאת אני עשה רק מפני שארע עד מאד, כי אין גם אחד מן החכמים שבדור שיחפוץ לקבל עליו מלאכה כבדה ועצומה כזאת, ואם נבא לקרא ולבקש את החכמים, יעברו שנים רבות טרם יתאחדו בדעותיהם בענין הזה, ואם גם יתאחדו תתמשך המלאכה שנים רבות טרם תצא לפועל, כי יודע אני ומכיר את חכמי דורנו הגדולים עם הקטנים: רובם ככולם אינם פנוים ועתותם ספורות, כל אחד ואחד יש לו מלאכה מיוחדה שהוא עוסק בה שתקח כל עתו, והרבנים שבהם עסוקים בדרשותיהם ובעבודתם לעדתם. ובדרך כלל נוכל להגיד כי לא רבים מוכשרים למלאכה הזאת ואולי ימצאון רק מעטים מן המעטים, כי במלאכה הזאת לא החכמה היא העקר כ״א המעשה, למלאכה הגדולה הזאת צריכים אנו רק לאלה היודעים היטב את התלמוד וסגנון לשונו הבבלית והירושלמית, כגנון לשונה של המשנה, התוספתא והבריתא, וסגנון לשונם של המדרשים ובעלי ההגדה, ולא יחליפו ולא ימירו את זה בזה, למלאכה הזאת נצרכה עין חדה ואזן שומעת אשר תבחן מלים ולב מבין להבדיל בין קודש לחול, בין מאמר אשר אומרו כון בו ללמד ולהשכיל ובין מאמר אשר אומרו כון בו רק להתל ולדבר בלשון ערומים; וכל איש אשר אלה לו ראוי הוא למלאכה הזאת עם גם לא קבל חכמתו מבית מדרש המדעים. אם גם לא נסמך לדוקטור ולפראפעססאר: ועם גם אינו מבין השפות רומית יונית על בוריין; ויען כי מאלה האחרונים,— יודע אני ומרגיש אני בנפשי ולא לשפת יתר תחשב לי זאת — אמנה גם אנכי ונוסף לי עליהם רצון הזק ומוצק. רגיל כזקן לנשוא עמל ומתלאה, ולסבול עד כמה שבח הסבל יוכל שאת, שלא יפרגני ממלאכתי ורצוני, הנני מקבל עלי לגשת אל המלאכה הזאת טרם יבקשוני ונמצאתי טרם ידרשוני; שאם יחפצו חכמי ישראל לבקר את מלאכתי ולשום עינם עליהם טרם תצא לפרסום מוכן אני להגישה לפניהם בלא שום בקשת שכר ופרס,— וגם טובת הנאה, כי שכר המלאכה תהיה לי מלאכתי בעצמה ופעולתי זה שכרי.

כל הדברים האלה נדפסו אז בהקול ובאגרת פתוחה ובמקום הזה שמתי למבחן את הדוגמא ממכ׳ פסחים ושני מאמרים הגדים מחגיגה ומזבחים, דברתי במקצת גם מסדר המלאכה, ומהתועלת הגדולה אשר תצא ממנה לכל העולם כולו; לאיזה מטרה פרסמתי את המאמר טרם גשתי אל המלאכה ומה שאעשה אח״כ כאשר תוגמר המלאכה ברצות ה׳; וגם בקשתי את כל חכמי הדור כי בחסדם יכבדוני לשלוח לי חות דעתם וכו׳ וכו׳ והחפץ לדעתם ימצא אותם בהקול שנה ששית מצד 231 — 235. ובאגרת פתוחה בסופה. וגם מכתבים מיוחדים הריצותי לאחדים מחכמי הזמן ועל זה קבלתי תשובות החכמים הגדולים: הרה״ג דר׳ לאנדוא ז״ל, הרב תפ״פ דר׳ מ. לאצערוב, והרה״ג ר׳ מאיר איש שלום, שגם המה נדפסו בעתם (ואשוב להדפיסם גם בסוף מאמרי זה) ובחמשים מכתבים אחרים בדעות שונות ובחכמות

שארית ימי לא תוביל אל המטרה הדרושה, ואם אחבר ספר כזה, יתוסף רק באוצר הספרים אבל לא יזיז ולא יניע אף אות אחד מכל הש״ס ואם גם יטב בעיני רבים, ואם גם יכירו וידעו את כל המאמרים שבלי כל תפונה לא נאמרו מבעלי התלמוד ומאספיו, לא יוסרו מהתלמוד, המדפיסים לא יזרום הלאה, וכנדי התלמוד ינדוהו גם אז כמקדם טרם הופיע ספרי; ואלה שאינם יודעים אותו לא ידעוהו גם אז, כי מי הוא הפתי אשר יקח ספרי בידו בעת אשר יבא להגות בתלמוד, ועפ״י ספרי ידלג על המאמרים שאינם מן התלמוד? מה גם כי הקנאים הפונעים אשר גם מבלעדי זאת ירדפו אותי באף ובחמה שפוכה, אשר גם עתה יגבלו שמי ויציקו לי עד דכא, הנה אז חיים יבלעוני, ולמה איפוא ארע לנפשי, מבלי היטב למכרתי אף בקוצו של יוד?

הנה כי כן נתקו ממני מזמותי ולא ידעתי איככה לכונן מורשי לבבי, ולא אכחד, כי כבר עלה הרעיון על לבבי לקצר את התלמוד, היינו להתחיל מחדש להעתיק את כל הנראה לי מהתלמוד לבדו ולהניח את כל המאמרים אשר אדע מראש כי לא להתלמוד המה, או גם אלה אשר אפון בם וכה יצא התלמוד נקי וכלול בהדרו, למצער אלה המאמרים אשר אין לי בהם כל תפונה; אבל ראיתי כי המלאכה כבדה וקשה מאד, היא תחמוס ממני את כל מבחרי עתותי וסוף כל סוף אפונה אם יעלה זאת בידי לבדה, לגומרה לתקנה ולשכללה ברוח בער ובאר ולהעלותה על מזבח הדפוס, וכמעט אמרתי נואש גם לזאת, לולא הקרה המקרה קונטרס קטן לידי אשר מדי ראיתיו והתבוננתי בו, הרגשתי כנפשי כמו ניצוץ של איש בחבית מלאה אבק שרפה, הוא הרתיח במצולה את כל דמי לבבי, בו ראיתי אור גדול עד אשר כמעט כהו עיני לנשוא אותו; ויהי אך הרגעתי את רוחי, אך שבו דופקי עורקי למרוצתם המורגל, בינותי בלבי, חשבתי, העמקתי עצה, והחלטתי לגשת אל המלאכה, אם ימצאון עוזרים הרי טוב ואם לא אשען על מאחז״ל „במקום שאין אנשים השתדל להיות איש, ועם בר קפרא אקרא: זלת קפרן קנה באתר, ובאתר דלית גבר תהוי גבר (ברכות) אנסה, כחי לבדי ויעבור עלי מה!

הקונטרס הקטן אשר לקח את כל לבבי זה שמו „דבר על אודות התלמוד״ ואותו כוננו ידי הרב החריף בעל עין טובה ובוחנת ר׳ מאיר איש שלום, לכבוד רעו ואמתו הרב המובהק ר׳ א״ה וויס ליום מלאת לו שבעים שנה (וימסרנו לי בידו ביום הנ״ל ובבית האחרון) ותוכנו מכיל רק 5 עלים או 10 צד. והמה דוגמאות שתים שהן ארבע: שתים בהלכה ושתים בהגדה שבהדוגמאות האלו יראה לכל את כל הנמצא בהם מעקר התלמוד ואשר נתוספו בו אם בדרך אגב, או בדרך קושיא ופירוש, והם פרושי הדברים, שאם נסלקם יהיה מרוצת הענין נקי וברי בלא ערבוב ובלבול ואז יצא לנו גם התרגום, וכה הוא מסיים את דבריו:״ ובדרך אגב נעיר כאן שאם נדקדק בסנגון הלשונות שבתלמוד אז מיד ותיכף נוכל להכיר מה שהוא מעקר הסוגיא ומה שנתוסף בה, וגם אותו התוספות נכירם מה שנתוסף זה אחר זה, ומזה תשובה גדולה על אותם הסוברים שלא היה התלמוד כתוב ומונח״ דבריו אלו כנים ונכונים ואין צריכים חזוק לכל מי שיש לו חוש ההרגש והיודע ומכיר את סוגית התלמוד. והנה הוא מצא בהדוגמא האחרונה ההלכה ברייש מס״ פסחים כי הטעקסט המכיל $4\frac{1}{2}$ צד את התלמוד העקרי לא יותר מן 60 שורות שמהן רבות רחבות; ואני הסרותי בתקוני שתקנתי אז עוד 25 שורות עד שנשאר הטעקסט הנקי מכל הארבע והצי צד, רק כצד אחד קטן ועל כל זה לא יחסר לנו מאומה, לא כלום! מכל תוכן הענין האמור בו והסכימו על ידי הרב המלומד היותר גדול בזמננו הר ר לאנדוא ז״ל כאשר יראה הקורא במכתבו ואתו חכמים רבים וגם הוא בעצמו אם אמנם לא הזר מדעתו אחרי

יודעים מאומה ממנו ובכל המון בית ישראל גם המה אינם יודעים מה לרחק ומה לקרב: הראיתם חזיון מעציב כזה בכל העמים השונים לארציהם ולמשפחותיהם? ואין חולה מאתנו על הדבר הזה אין מי ידאג להשיב לנו את תורתנו ובבודנו, אין מישים לב לדבר הגדול הזה להחזיר עטרה ליושנה; ועד מתי תהיה כזאת בבית ישראל?

אליכם אישים אקרא! אליכם חכמי ישראל, רבניו, ראשיו, מנהליו, כופריו גאוריו ופליסופיו, אזעק ואשוע לאמר: „הבו לנו את תורתנו! הבו לנו את התלמוד צרוף ונקי בספר מיוחד אשר נוכל לקרא בו ולשום אליו לבנו. תורתנו הוא וללמדו אנו צריכים, הן בכם הדבר תלוי לנקותו ולטהרו ולתתו לנו למורשה! כי מי יבא אחריכם אחרי אשר ככר תעשו? מי יביא אתכם בדין? ומי יהרהר אחרי מעשיכם אם תהיו כולכם באגודה ובעצה אחת?

ידעתי אמנם גם ידעתי עד מאד כי קול קריאתי לא יהיה אף כקול קורא במדבר הוא ישוב אלי טרם יגיע לאזניכם, כי ידעתי אתכם ויודע אני את תנואותיכם, אתם לא תשימו לבבכם לדברי איש אשר לא בצל הכסף ישכון, ואם חכמת המסכן בזויה, ק״ו קריאתו ובקשתו, וק״ו בן בנו של ק״ו עצתו ודברו, ולעולם לא תתאספו באגודה ובעצה אחת לטובת ישראל ותורתו, ואם קראתי אליכם, לא קראתי אלא כדי לצאת ידי חובתי לעצמי, כדי להראות לכם כי קולי קול גדול הוא אם גם אין שומע לו, אבל הפעם אחלי אדוני שמעו נא לי ואתודה לפניכם על כל מעשי, (וידוי שאין בו חרטה) אגלה לפניכם את כל מחשבותי, ולא בידים ריקניות אבוא לפניכם כי גם אציע לפניכם הצעה אחת אשר אם אך תחפצו לקבלה תראו ברכה בה.

שמעו נא ואספרה!

אחד הסופרים אנכי, אחד מאלה הנני מודה ומתודה המוסיפים חטא על פשע בספרות העברית, הנני כותב ומדפים זה שנים רבות ספרים ומאמרים רבים אשר לפי ראות עיני, ככל איש הרואה את בניו ואת ילדי רוחו דרך זכוכית מגדלת, טובים המה ומועילים לכשירצו חכמי הדור, וגם אם שוגה אנני ראיתי כי כבר הביאו תועלת לאחרים המלומדים אשר יתאימו את דרכי ומחשבותי, וגם זכיתי לראות כי ספרי נכרכים ועומדים באוצרות הספרים אשר לא תגע בהן יד, אבל הנני מצטער כל ימי להביא תועלת לעמי, תועלת מוחשית, תועלת בפועל ולא תועלת לימודית אשר כבר הביאו ויביאו אותה חכמים רבים — ולא אכחד, לא לעמי לבדו חפצתי להיות לתועלת כ״א גם לכל מין האדם הישר והנני חושב, הנני מתבונן, הנני מעמיק ברעיוני: איככה להשיב את התלמוד להעם והעם אל התלמוד בפועל ולא באומר לבד, כי לוא יהיה כזאת, כי אז תהיה התועלת לא לעם ישראל בלבד, כ״א גם אל כל האנשים הישרים בלבותם אשר ישמחו על דבר אמת — וכבר יעצתי בלבי עצות שונות ומשונות, אבל אחרי שמתי עליהם עין בקרת ראיתי כי הבל המה ורעות רוח.

אבל רעיוני הזה לא יתן לי מנוח, הוא שיחתי והגיוני כל היום וגם בלילה לא ינוח לבי, על משכבי בלילות אתהפך מצד אל צד ואבקש החבולות איך להוציא את חפצי זה אל הפועל, ומתחלה אמרתי בלבי לאסוף את כל המאמרים אשר מצאתים כי נתוספו בו, אם מהישועים ואם ממנגדי התלמוד ומלעיניו, אל מקום אחד על ספר מיוחד ולהרימם על נס, בראיות מוצקות ובמופתים חותכים לעיני כל ישראל ולעיני כל העמים, וכל הנשמר יהיו כולו קודש לה׳ ולישראל; ובזה אמרתי לגול את חרפת התלמוד מעל ישראל ולהצדיקו בעיני מנדיו, וכמעט שמחתי על עצתי הזאת ואמרתי לגשת אל המלאכה, אבל אחרי התבוננתי מאד, והעברתי גם אותה תחת שבט הבקרת, מצאתי ראיתי כי גם זה הבל, גם מלאכתי הזאת אשר אולי אצטרך להקדיש לה כל

חרה לדעתם, והראו לנו על מקומות רבים כי המה נתוספו בדורות שלאחריהם מרבנן סבוראי מהגאונים והמפרשים אם בזדון או בשגגה, כה הועילו לנו החכמים מן המאספים עד החלוצים עד ראה"ו ור"י הלבן בבית מדרשיהם האחרונים אשר כתבו ספרים רבים בענינים כאלה? האם השליכו המה את המאמרים שאינם מן התלמוד החוצה, ויתנו לנו תלמוד נקי אשר נוכל לקרא ולהבין בו? הן גם היה רק חברו ספרים והגהות כהרבנים, והעירו ויעוררו מה שהעירו, ג"כ רק לאוצר הספרים אשר כפרידם יאסף אל תוכו 1), וכה יודפס התלמוד עם כל שבושיו וטעותיו אשר כאלה כן אלה מודים בהם, באין משים לב לנקותו ולטהרו ולהחליף שמלותיו אשר בלו מרוב שנים.

וכמעשה הרבנים הנאונים עם התלמוד כן עשו הפוסקים האחרונים עם שולחן הערוך אשר על פיו צריכים אנו לחיות ולהתנהג, גם אותו סבבו כדבורים, ויעטרו לו עטרות ואת תוכו מלאו בציונים, אותיות, ככבים, ועגולים, כפלו את ארבעת חלקיו ויעשו מהם שמונה ספרים גדולים ארוכים ורחבים ולבד אשר הוסיפו בספרים מיוחדים עד כי גם הלכה אחת ממנו עם כל מפרשיו פוסקיו ומשיגיו תספיק לנו לכל ימי היינו וגם אז לא נמצא בו ידינו ורגלינו כי זה אוסר וזה מתיר, זה מכשיר וזה פוסל, זה מיקל וזה מחמיר 2) וכה אם יקרה לפנינו מקרה אשר תצא מסדר היום — זולת כף חולבת שנתחבה בקדירה של בשר, צריכים אנחנו לרבנינו כי המה יפסקו לנו את הדין — אך המה מתונים המה בדין ולא ימהרו לחרוין משפט. ולכן ישאלו אחד מחבירו וישיבו כל אחד לחבירו עם אגרת שלומם וכל מיטול הם אחד לא נעדר — ומהם יצאו לנו „שאלות ותשובות" בכל ענפי החיים (!) והמכחור, המדות הטובות והרעות אשר יפרו ירבו וישרצו בכל שנה עד כי רשימת שמותיהם מחזיקים ספרים שלמים — וזאת היא ספרותנו אשר נוצרה באשמתנו, זאת היא חטאתנו החרותה בעט ברזל לחרפתנו ולבשתנו מזכרת נצח — ואנחנו מרחיבים אותה, מפארים אותה בפארי אלילים ופסילים — ונחפוץ כי נהיה ככל האדם?!

וכה אנחנו היהודים התלמודים 3) שאין לנו — בעולמנו הדתי ובהשם הזה אשר בו נקרא את עצמנו וכן נקרא מפי אוהבינו ושונאינו — אלא ד' אמות של התלמוד בלבד, לא נדע את התלמוד, ואין לנו ממנו גם מושג קטן! אין אנו יודעים מה הוא התלמוד בכל הכתוב והנדפס ומה הוא אינו מן התלמוד ולא רק המון עמנו בלבד אינם יודעים מה להבר ומה לזרות ממנו שע"כ המה מקדישים ומעריצים אותו כולו עם כל הנספח לו והדבוק והקשור בו למראה עיניהם, כ"א גם חכמינו מורינו ופליסופינו אינם

1) הגה חקרנוה כן הוא, כל הספרים היותר טובים והיותר מועילים, אשר החכמים יקנו אותם בנפש חפצה, יכרכום המה ויהפכו אותם מצד אל צד יראו ממנו איזה ענינים אשר מטבעם יש להם נטיה להם, ואח"כ יעמידוהו אל אוצר הספרים ואז לא תגע בו יד עדי ביאת הגואל.

2) על הלכות שחיטה וטריפות תמצא המשים ספרים אחרי השו"ע שכולם גבוהי קומה ועבי הכרס ולקטנים מהם אין מספר, מן ספק אחד נעשו ספקות רבים להצטרף לענין ספק ספקא, ומריעותא אחת נעשו ריעותות רבות מאד למען תצטרפנה לענין תרתי לריעותא, עד כי נהיה למשל כפי החסידים אם תרצה לאכול בשר כשר עליך לאכול גחלי רתמים, ועכ"ז עוד לא ינוחו השוחטים את ידיהם בצלחתם ויחברו ספרים קצרים וארוכים בעניני שחיטות ובדיקה.

3) כל היהודים לבד הקראים תלמודים המה, וגם אלה אשר כבר פסעו פסיעות גדולות והחליפו את יום השבת ביום א', ואשר כבר בטלו את כל המנהגים הדתים, גם המה אך תלמודים המה וזה לך האות כי חוגגים המה את חג השבועות בששי בסיון אשר רשם לנו רק התלמוד, ובתורה אנו קוראים ממחרת השבת ובאיזה יום לא נכמן, לבד אשר יתנהגו כמותו בדיני אבלות, ועי' במאמרנו: מה הוא התלמוד, בספרנו: The Pentateuch etc. ובהרעפארם אדוואקאט במאמרנו: Is the Jewish religion non dogmatic?

כן יקום? נשתומם לראות, כי השאלות תלויות ועומדות גם עתה כמקדם בלי כל פתרון [1], כי הדעות שונות הנה ומשונות גם עתה והפוכח על שתי הסעיפים, פוסח גם עתה ויפסח גם הלאה עד שתצא נפשו; וכל הספרים הרבים, השאלות והתשובות, הוויכוחים, והדעבאטען, המה רק גל של עצמות יבשות גדול, גל עד על חטאת הדור ועל משובתו!

שבתי הפכתי בדברי חז"ל האלו ושמתי עיני ולבי על הספרות של כל עם ועם ועל ספרותנו עתה. וראיתי כי דבריהם חיים וקימים המה בלי כל הפלגה ובלי כל גוזמא כי באמת אנחנו היהודים אשמנו מכל עם בושנו מכל דור בספרותנו הגדולה והרחבה, שהיא כמעט כולה רק דתית טהעאלאגית, קאטהאכיזית וכו׳, וספרים מרעים אשר השיעור וההגיון יסודם והחוש והנסיון יוכלו להרון משפטיהם על הדבר הנידון כשני פעמים שנים שהם ארבעה, לא נתחברו מאתנו כלל, או רק מעט מזער אשר העתיקו מספרי חכמי העמים, וכל עסקנו אנחנו הוא בפרושים, בהגהות, בהערות, בהיפאטעזן וסאפיסמוס בדבר הכתוב בתלמוד ובספרי הרבנים שלאחריו, ומכל אלה אנחנו מחברים ספרים חדשים סביב התלמוד ומחוברים לו וגם נפרדים ממנו, הרבה מאד, ואם לא נאמר כי חסרי התועלת המה כולם, הנה לא נפרוז על המדה אם נאמר כי תועלתם, גם של הטובים שבהם, מעטה מאד ויועילו רק לאחד בעיר ושנים במשפחה המלומדים ועוסקים בתורת הספרות, אך תועלת כללית לא תבוא כלל, גם להדבר שהמה מונעים עצמם להועיל.

נקח נא לדוגמא את ספרי הגאונים האחרונים (ונניח את ספרי ההלכות מהראשונים אשר כל אחד ואחד כנה במה לעצמו מפני שקינא בחברו או לא יישר בעיניו דברי שקדמו אשר כבר דברנו מזה במקום אחר) כהגר"א מווילנא, ר"ע איינער ר"י פיק, ועוד ועוד, אשר המה החלו להגיה את התלמוד ולדקדק במלותיו נקודותיו וטעמיו, ומה עשו? האם הדפיסו המה את התלמוד כהגהותיהם, האם הסירו ממנו את המלות אשר לא יישרו בעיניהם ושמו אחרות תחתיהן? לא! המה כתבו הגהותיהם על ספר לאמר „כן צריך להיות" והמדפיסים למען שבח מקחם הכניסום בשולי התלמוד ויעשו לו זר סביב מהגהות רבות ושונות מאד, וכה ידפיסו המדפיסים בכל שנה ושנה את הש"ס עם הגהות חדשות, עם הערות שונות ופרושים מיוחדים אשר יוסיפו תורני הדור המתחקים לעשות כמעשה הגאונים האחרונים, ויגדל וישמן התלמוד ומן שנים עשרה כרכים עבים ורחבים נעשו כ"ד כרכים גדולים דפוס ווילנא ומרוב העצים לא נראה את היער! לא נראה את התלמוד הבטל במיעוטו מרוב העוטרים אותו והמלא גם בתוכנו מאותיות שונים ומשונים, ציונים, כוכבים, עגולים ומרובעית מסוגרים בחצי לבנה, בתיבות מרובעות וכו׳ המורים כל אחד לעין בזר הזהב סביבו ואם נחפוץ ללמוד את התלמוד ולהבין בו, עם כל פירושיו והגהותיו אז תספק לנו מסכת אחת על כל ימי חיינו היפלא אפוא כי רוב העם אין לו כל מושג מהתלמוד?! האם נתפלא איפוא שגם בין החכמים המצוינים הטהעאלאגים והפלוספים נמצא אך מעט מן המעט אשר קראו ולמדו את כל התלמוד כולו? ומה הועילו לנו איפוא המגיהים בהגהותיהם והמפרשים בפירושיהם? הן המה רק גדרו בעדו — ואין בא ואין יוצא לתוכו וממנו.

וכן לאידך גיסא מה עשו לנו המשכילים אשר עברו על התלמוד בעין בקרת

[1]) לא לבד השאלות והויכוחים שנשאלו מאת האנטישמיטים והשמיטים בדבר התלמוד והשו"ע לא נתפתרו עד כה, כי גם שאלות ותשובות בדבר עגונות, מים שאין להם סוף, זיווגים, חליצות, כולנה עומדות וקימות ומחכות לפתרון הרבנים, אם כי מספר ספרי „שאלות ותשובות" יגיע לאלפים. האין זה פלא השמיני בתבל?

פרוזדור להכנם לטרקלין (ובו ג׳ פתחים).

פתח ראשון

ענף אחד קטן מענפי האילן הגדול והחזק אשר גבהו שחקים וברחבו יסוב את כל העולם ויקשר ויאחד את כל בית ישראל בארבע כנפות הארץ, הוא התלמוד בבלי, שנחתם לנו זה כשתים עשרה מאות שנה, הנהו לפניכם קוראים נבונים, במסכתא „ראש השנה“ הזאת עם העתקתה בשפה חיה אשר תאיר אורה ראשונה; ואחריה תבאנה חברותיה המסכתות הקודמות לפניה והמאוחרות בסדר הש״ס, כי כבר ערוכים בידנו ושמורים אתנו כל המסכתות מסדרי זרעים מועד נשים, כמוה וכמתכונתה, ואם יחיינו ה׳ בחסדו עוד שנה אחת, תהינה כל המסכתות מסדרי נזיקין קדשים טהרות פתוחם, בידינו.

קנקן חדש הוא, אם כי מלא ישן על כל נדותיו הנהו, שעל כן חובתנו היא להתיצב בפתח שעריו להטיף מלים אחדים בראשית ההוצאה החדשה הזאת לאמר: מה ראינו על ככה ומה הגיע אותנו לגשת אל המלאכה הגדולה והנכבדה הזאת, ומה היא התועלת אשר תצא ממנה לבית ישראל, ולכל העולם כולו?

חובתנו הזאת הננו ממלאים בשמחה, ובתודה לאל עליון הגומר עלינו, ונאמר: „לעולם יצפה אדם לחלום טוב עד כ״ב שנה“, אמרו חז״ל ואנחנו חלום נעים חלמנו, רעיוננו על משכבנו סלקנו זה כשתים עשרה שנה, ועוד בשנת תרמ״ב הראנו לדעת בספרנו „לבקר משפט“, כי מנדי התלמוד ומלעיגיו הכניסו בו דברים רבים נגד רצונם ודעתם של מאספי התלמוד, ובשנת תרמ״ה פרסמנו את החלום הזה ברוב ענין, במאמרים גדולים אשר הקדשנו בהקול 300, 99, 298, וגם בחוברות מיוחדות „אגרת פתוחה לכל התורנים והרבנים“ „ואגרת התלמוד השנית“ ועד כה לא מצאנו לו פתרונים אם כי מטיבי החלום הזה נמצאו אז רבים גדולים וכן שלמים; ולמען ידעו דורותנו והבאים אחרינו את כל חלופי הדברים שהיו בין חכמי הזמן ובינינו, עשר שנים לפנים, בענין הזה, נחשוב לא למותר לברר את עקרי הדברים ולשומם לפני קוראנו החדשים בארין החדשה. כה היו ראשית דברנו בהקול 298:

אר״א אר״ח אלמלא לא חטאו ישראל לא נתן להם אלא חמשה חומשי תורה וספר יהושע בלבד וכו׳ שנ׳ כי ברב חכמה רב כעס (נדרים כב). ויותר מהמה בני הזהר עשות ספרים הרבה וכו׳ שכל המכנים אותם לתוך ביתו מהומה הוא מכנים לביתו (מדרש קהלת).

הדברים האלה, אחי ואדוני, נאמרו עשר מאות שנה לפנים! ואנחנו החיים בדור הזה מה נענה אבתרייהו? אם חז״ל מטיבי רואי אמרו כזאת על ספרי הנביאים, על כתבי הקדש, ועל קדש הקדשים כשיר השירים, על המשנה והתלמוד שבימיהם, מה נאמר אנחנו על הספרות התלמודית והרבנית אשר פרצה קדמה ויםה צפונה ונגבה, ועוד תפרוץ תתגדל ותתרחב מיום אל יום? אם בעיניהם היתה ספרותם חטאת הקהל וכל המכניסה לתוך ביתו הכנים מהומה בביתו, מה תהיה ספרותנו הרבנית בעינינו? ואיזה שם נכנה אנחנו להספרים הרבים אשר נולדו, ויציצו חדשים לבקרים בדבר התלמוד וספרות הרבנית, מהמחייבים והמזכים, מהמקטרגים והמליצים? הן גם המה שטפו ועברו כל גבול ואם נאספם חד אל אחד ימלאו בית גדול ורחב ידים, תחתים שנים ושלישים באין מקום להכנים בו מחט כדקית! ואם בעינים הודרות נביט את כל הנאמר והנדפס, ונשאל האם נפתרה גם אחת מן השאלות שעליהן ידונו הספרים הרבים, אם באו בדבר אחד למצער לכלל דעה אחת והחליטו הממנה ואמרו

TRACT

ROSH HASHANA

OF THE

NEW EDITION

OF THE

ORIGINAL BABYLONIAN TALMUD

EDITED, FORMULATED AND PUNCTUATED

For the first time

BY

MICHAEL L. RODKINSON.

Author of Numerous Theological Works, Formerly Editor of the Hebrew "CALL" (in Koenigsberg, Berlin, Vienna and New York) etc., etc.

Published by the Editor.

NEW YORK,
Copyrighted February 25, 1895 by M. L. Rodkinson.

All rights reserved.

מסכת

ראש השנה

מן

ההוצאה החדשה

של

תלמוד בבלי

עם פירש"י ותורה אור.

הוכן מחדש, נסדר כהלכה ונסמן בנקודות המפסיקות וסמני שאלות וקריאות

בפעם ראשונה.

מאת

מיכאל ל. ראדקינסאן.

פהילאדעלפיא.

תרנ"ה

בדפוס טשארלעס סעסלער 1006 Chestnut St.,

www.ingramcontent.com/pod-product-compliance
Lightning Source LLC
Chambersburg PA
CBHW030434190426
43202CB00036B/822
* 9 7 8 3 3 3 7 2 4 4 0 6 4 *